D1666429

L'économie de l'Iran islamique : entre ordre et désordres

Par Thierry COVILLE

Préface de Michel AGLIETTA

L'Harmattan
5-7, rue de l'École-Polytechnique
75005 Paris
FRANCE

L'Harmattan Hongrie
Hargita u. 3
1026 Budapest
HONGRIE

L'Harmattan Italia
Via Bava, 37
10214 Torino
ITALIE

Collection **Points sur l'Asie**

dirigée par Philippe DELALANDE

Déjà parus

© L'Harmattan, 2002

ISBN : 2-7475-3148-1

PREFACE

par Michel AGLIETTA*

L'ouvrage de Thierry COVILLE donne un remarquable panorama de l'économie iranienne. Il est unique en son genre pour le public français. L'Iran est souvent présenté comme un pays mystérieux et inquiétant au détour d'articles de presse concernés surtout par son rôle stratégique dans une région déchirée par les conflits. D'ailleurs le manichéisme n'est jamais très loin dans les jugements portés sur l'Iran. Les autorités américaines ne l'ont-ils pas catalogué tout récemment encore « d'Etat terroriste » ! C'est pourquoi ce livre arrive à point nommé. Il est heureux qu'un des plus fins observateurs de l'Iran nous offre des moyens de comprendre une société en pleine transformation. Car l'évolution de cette société va peser d'un poids très lourd sur les convulsions du Proche et du Moyen Orient.

L'itinéraire dans les arcanes de la société iranienne que nous propose Thierry COVILLE englobe la période qui va de la révolution à la fin du XXeme siècle. Cette société n'a pas explosé en dépit de chocs terribles. Elle a même réalisé une croissance que nombre de pays en voie de développement pourraient lui envier.

---

* Professeur à l'université de ParisX-Nanterre

Elle possède un potentiel humain jeune et éduqué qui permet de nourrir les plus grands espoirs. Tout cela est fort loin du label obscurantiste et totalitaire que nous aimons bien accoler en Occident aux pays qui n'adoptent pas scrupuleusement nos institutions politiques. Cependant, il est vrai que la société iranienne est parcourue de contradictions redoutables qui tiennent à un conflit de souveraineté. Un principe théocratique et un principe démocratique se combattent à l'intérieur de l'Etat lui-même. Les préceptes de l'Islam et les aspirations à la liberté individuelle se heurtent et se concilient tout à la fois dans les conduites des citoyens. Ces tensions sont redoutables car elles portent sur les valeurs d'appartenance commune. Elles ont cependant été contenues parce que l'identité nationale est forte, d'autant plus qu'elle a été confortée par les agressions et les menaces extérieures. Aussi l'Etat, bien que concentrant les tensions qui parcourent la société, a-t-il toujours été capable de préserver une cohésion qui a permis une continuité de la vie économique sans crise catastrophique, comme en ont connue la Russie et la plupart des pays d'Amérique latine.

Car c'est avec le regard de l'économiste que Thierry COVILLE nous guide dans l'initiation à la connaissance de l'Iran que son livre constitue. Cette économie est suffisamment monétisée pour appliquer les outils de l'analyse économique. Mais elle est suffisamment loin de la logique d'une économie de marchés pour devoir faire l'objet d'une problématique adaptée. Dans cette économie, la richesse est instrumentale et les finalités politico-religieuses sont prépondérantes. L'Etat a une importance écrasante par rapport au secteur privé, si l'on entend celui-ci dans le sens d'un marché concurrentiel. Mais les groupes d'intérêts à caractère privé, dont les fondations religieuses qui exercent une influence majeure, sont présents au sein de l'Etat et exercent une grande influence sur la politique économique. Il ne serait donc pas plus pertinent d'étudier l'économie iranienne en la supposant entièrement absorbée par un Etat monolithique qui en ferait un instrument docile de ses finalités, que de lui appliquer un modèle d'équilibre d'une économie de marché.

Le mérite de Thierry COVILLE est d'avoir évité cet écueil en choisissant d'organiser sa lecture de l'économie iranienne autour de la monnaie. Cette approche procède du point de vue théorique selon lequel la monnaie est le lien social le plus fondamental. La monnaie est ambivalente car elle est investie de l'autorité de l'Etat, mais elle lui échappe toujours en exprimant les rivalités privées. La monnaie n'est ni un contrat entre les agents économiques, ni un instrument aux mains de l'Etat. Elle est un rapport collectif d'acceptation mutuelle des membres de la société que l'on appelle la confiance. Lorsque celle-ci vacille, l'Etat ne parvient pas à imposer la monnaie officielle par le seul commandement appuyé sur la force. Les agents privés trouvent toujours le moyen de détenir des formes de liquidité et d'échanger des moyens de paiements qui échappent au système officiel. Ainsi la monnaie est-elle une expression de la souveraineté de l'Etat et une forme des rapports sociaux par laquelle la souveraineté est contestée. Or, en Iran, tant les conflits de souveraineté que les rivalités privées se déroulent au sein de l'Etat. C'est pourquoi le livre s'intéresse à l'organisation du système monétaire marqué par la place prépondérante de la banque centrale, aux liens étroits entre le budget et la monnaie, aux opérations quasi-budgétaires par lesquelles les transferts privés se déroulent en grande partie de manière occulte au sein de l'Etat. Le livre montre que l'appropriation de la rente pétrolière est la base de la capacité de dépenses de l'Etat, que la vente des recettes en devises à la banque centrale est une source importante de création monétaire et que la multiplicité des taux de change selon lesquels les devises sont allouées est un vecteur puissant de répartition du revenu national entre les groupes d'intérêt qui gravitent autour de l'Etat.

Du point de vue de l'organisation du système monétaire, l'ambivalence de la monnaie se manifeste par deux tendances polaires : la centralisation et le fractionnement. La manière dont la monnaie exprime les déséquilibres économiques et transmet les ajustements par lesquels ces déséquilibres peuvent être résorbés ou contenus plutôt qu'amplifiés, dépend de la tendance qui est prépondérante. Le système monétaire iranien penche fortement du côté de la centralisation en se rapprochant du cas extrême de la monobanque. Dans ce système, les épargnants n'ont pas d'influence directe sur les débiteurs puisque les marchés financiers n'existent pas. Ils sont prisonniers d'une gamme d'actifs très étroite. Les banques commerciales, dans la mesure où il en existe, sont entièrement dépendantes de la banque centrale pour leur refinancement. Elles n'ont ni l'autonomie, ni l'expertise pour allouer le crédit sur base décentralisée à partir d'une évaluation microéconomique des risques de crédit.

Dans le système centralisé, la proximité de l'Etat et de la banque centrale est grande. La monétisation des dettes est facilitée. L'inflation est la forme par laquelle les déficits sont contenus. Mais la crise d'inflation extrême est la manière dont les agents privés marquent leur perte de confiance dans le régime monétaire que l'Etat cherche à leur imposer. Elle peut se déclencher à la suite d'affrontements politiques aigus, de chocs extérieurs sévères (baisse brutale et prononcée du prix du pétrole) et, bien sûr, de guerres ruineuses. Or Thierry COVILLE montre que l'inflation en Iran, certes élevée, n'a jamais dégénéré en hyper-inflation. Il y a certes eu des crises de confiance manifestées par la recherche de formes de liquidité de protection (principalement le dollar) hors du système bancaire, des arriérés de paiements et l'usage du dollar comme moyen de transaction. Tous ces phénomènes sont des symptômes du retour de la tendance opposée au fractionnement monétaire sous la forme d'une concurrence des monnaies initiée par le secteur privé et échappant au système monétaire officiel. Cependant l'inflation a un caractère cyclique qui indique que les phases de dérapage ont été stoppées, à défaut d'être maîtrisées. C'est là que la légitimité de l'Etat islamique paraît se manifester. Jamais la spéculation contre le rial et vers le dollar ne s'est généralisée et n'a menacé de détruire le système monétaire. En conservant un ferme contrôle de l'usage des devises, en limitant étroitement les canaux de leur exportation, en segmentant les opérations sur les devises par une multiplicité des taux de change, le gouvernement a toujours été capable de circonscrire les pressions sur les réserves de la banque centrale.

Certes le fonctionnement économique résultant de ces cycles d'inflation horrifierait les puristes de l'économie de marché. C'est oublier la logique politique qui inspire la régulation de la monnaie en Iran. La beauté du processus est que le contrôle saccadé de l'offre de monnaie utilise les moyens par lesquels se font les arbitrages entre les groupes politiques qui se partagent les prébendes de la rente pétrolière : allocation des devises étrangères, rationnement sélectif du crédit, subventions dissimulées dans les conditions de financement accordées à différentes clientèles selon leur degré d'influence sur le pouvoir politique. On peut à juste titre soutenir que la monnaie en Iran a de nombreux traits communs avec la Russie. Mais la différence majeure est la souveraineté sous un double aspect : la non-dépendance vis-à-vis du capital étranger et la faible vulnérabilité aux fuites de capitaux d'une part ; l'adhésion aux valeurs islamiques suffisamment forte pour conforter l'Etat en préservant l'identité nationale d'autre part. Cela veut dire que parmi ses clientèles l'Etat iranien n'a jamais oublié la redistribution vers les catégories sociales les plus défavorisées. Cela veut dire aussi que dans les périodes de déficits aigus de la balance des paiements, il n'a jamais abandonné la priorité aux importations de médicaments essentiels. Cela veut dire enfin que l'investissement éducatif a été soutenu dans toutes les circonstances.

Aussi, le troisième chapitre sur les redistributions par les activités quasi-budgétaires est-il le chapitre central de l'ouvrage. Les relations intimes entre l'Etat et la banque centrale y sont décortiquées. La grande complicité du public et du privé y est illustrée. Certes l'opacité de ces transferts est grande et ne permet que des chiffrages approximatifs et partiels des intérêts en jeu. L'analyse justifie cependant la démarche du livre qui consiste à éclairer la société iranienne à travers le fonctionnement de son économie.

La cohérence de ce système explique sa longévité qu'une analyse purement politique ne permet pas de comprendre. *A contrario*, la possibilité de réformes radicales est difficile à concevoir dans leur contenu économique. Thierry COVILLE s'y

9

essaie dans le dernier chapitre. Il existe des forces de changement. La société civile s'est développée sous le primat de l'Islam par l'éducation et l'urbanisation d'une population très jeune. Comme la société devient plus perméable aux influences culturelles étrangères, l'individualisme travaille les mentalités et expose les codes de conduite à une critique qui revendique l'autonomie des personnes. Au plan politique, la légitimité démocratique fait des progrès à chaque élection et se heurte à la souveraineté théocratique qui détient toujours les moyens de contrôle essentiels de l'Etat. Comment les évolutions en profondeur de la société civile vont-elles trouver une représentation politique suffisamment puissante pour submerger la légitimité du pouvoir clérical, de manière à éviter la guerre civile menaçante lorsqu'il y a un choc de deux souverainetés au sein d'une même nation ?

Nul ne peut répondre à une telle question. Mais l'analyse de Thierry COVILLE indique un point d'application. Pour détruire le réseau des transferts de clientèles, il faut pouvoir ouvrir le pays sur l'extérieur. L'irruption d'une modernité économique qui peut modifier irréversiblement le rapport des forces passe par la transformation d'une économie de rente en économie de production marchande. On peut saisir dans cette perspective l'absurdité insensée de l'administration américaine actuelle qui, en jetant l'opprobre sur l'Iran, consolide le pouvoir des mollahs qu'il prétend combattre. Le livre de monsieur COVILLE devrait être lu dans toutes les chancelleries européennes. Il montre que les Européens devraient prendre le contre-pied des Etats-Unis et explorer les occasions d'échange dans tous les domaines. Sous cette hypothèse, l'auteur s'exerce à décrire une séquence possible de réformes. Son mérite est de faire apercevoir l'ampleur de la tâche qui rencontrerait des embûches à toutes les étapes si elle devait être entreprise. On peut ne pas être convaincu par ce scénario. Mais la force du livre pour le lecteur est en amont de cet exercice. Elle vient de la découverte de la société iranienne dans le prisme de sa monnaie, justifiant une attitude politique d'échanges constructifs avec l'Iran.

IRAN : villes et voies de communication

Source : Hourcade, B., Mazurek, H., Papoli-Yazdi, M. H., Taleghani, M., *Atlas d'Iran*, Reclus - Documentation Française, (Dynamiques du territoire, 17), 1998.

INTRODUCTION

Ce travail sur l'Iran depuis la révolution a d'abord un intérêt historique et politique, lié au fait que l'on se trouve en présence d'une formation sociale en transition rapide. En effet, la société iranienne est, contrairement aux apparences, en pleine évolution depuis la révolution. Cet événement, s'il représente une rupture dans l'histoire de l'Iran, ne semble en rien avoir constitué une réponse définitive. Au contraire, l'étude de ce pays depuis le début des années 1980 indique que l'on est en présence d'une société en transition qui manifestement cherche encore sa "voie".

L'Iran, depuis la révolution a fait l'objet d'un nombre considérable d'études portant sur la politique, les facteurs socioculturels ou l'idéologie, mais il faut constater que les travaux concernant l'économie iranienne après la révolution islamique ont été plus limités[1]. Pourtant, il est indispensable de pouvoir porter un jugement sur l'évolution de l'économie depuis la révolution, ce qui constitue le deuxième intérêt de ce travail. Ceci est tout d'abord indispensable car l'économie iranienne se révèle un objet d'étude très complexe. Tout observateur attentif de l'Iran depuis la révolution est ainsi frappé de l'écart entre la situation de crise que révèlent les statistiques disponibles et le sentiment que le système économique fonctionne tant bien que mal et qu'une partie de la population dispose d'un niveau de vie que l'on peut qualifier de très aisé. En outre, il est difficile de caractériser l'économie iranienne. *A*

---

[1] *Certains ouvrages sur la République islamique ont fait une assez large place aux problèmes économiques comme le livre de Nomani, F. et Rahnema, A (1990). Parmi les ouvrages consacrés uniquement à l'économie iranienne depuis la révolution, on peut citer Amirahmadi, H. (1990) et Coville, T. (1994). Par ailleurs, Sohrab Behdad (1996) a analysé le poids des groupes sociaux dans le mode de détermination de la politique économique depuis la révolution.*

priori, les nationalisations ont conduit à un développement du rôle de l'Etat qui contrôlerait près de 70 % de l'appareil productif[2]. Toutefois, l'observation quotidienne de l'économie révèle que, dans les comportements tout au moins, on est très loin d'une économie étatisée. Ainsi, des classes sociales comme les *bazaris* (grands commerçants du bazar) ont su effectuer un lobbying efficace auprès du gouvernement pour infléchir la politique économique dans le sens de leurs intérêts. Il est donc important d'essayer d'expliquer ces contradictions apparentes. Enfin, il est quasiment impossible de comprendre comment fonctionne l'Iran islamique si l'on ne met pas à jour les dynamiques économiques qui caractérisent ce pays. Ainsi, les mouvances du régime se sont régulièrement affrontées sur la base de programmes économiques différents, et ce positionnement a joué un rôle déterminant dans le succès de telle ou telle faction[3]. De plus, la dégradation régulière de la situation économique depuis la révolution est sûrement l'un des principaux moteurs des évolutions politiques internes à la République islamique. Il ne faut pas oublier que l'un des objectifs majeurs de la révolution était de promouvoir la justice sociale et de mener une politique en faveur des "déshérités". L'appauvrissement croissant d'une grande partie de la population, lié à l'incapacité des autorités à mener une politique économique cohérente, a donc particulièrement influencé les évolutions politiques de ces dernières années en alimentant un mécontentement populaire croissant. Enfin, la manière dont la rente pétrolière a été redistribuée depuis la révolution a joué de manière décisive sur la capacité du régime à perdurer. La redistribution de la rente a en effet permis de "solidifier" des liens politiques avec un certain nombre de groupes sociaux. Elle est donc très révélatrice des choix politiques et sociaux du régime. L'Iran islamique est aussi un terrain d'étude intéressant pour s'interroger sur la validité d'un éventuel modèle économique "islamique" : il a réalisé une islamisation complète de son système financier en 1984, en pleine guerre avec l'Irak, imposant de nouvelles règles de fonctionnement

---

[2] *Rashidi, A. (1994), p. 54*
[3] *Behdad, S. (1996)*

aux banques (ces règles étant censées supprimer l'utilisation du taux d'intérêt).

L'économie iranienne permet aussi d'étudier les problèmes posés par une économie en transition. Le fait que l'on soit en présence d'une société en transition se reflète dans l'instabilité des évolutions macroéconomiques et dans la difficulté à définir une limite claire entre secteurs public et privé.

L'analyse économique de l'Iran est également riche d'enseignements car on se trouve face à un système économique qui a dû faire face à des chocs exogènes que peu de pays ont connus depuis la fin de la deuxième guerre mondiale. L'économie iranienne a en effet subi le contrecoup de l'une des révolutions politiques et culturelles les plus importantes de cette fin de siècle. Cet évènement s'est notamment traduit par une désorganisation totale du système économique et par une fuite extrêmement importante des cerveaux. Puis, le système économique a été marqué par le conflit le plus long depuis la deuxième guerre mondiale : la guerre avec l'Irak (1981-1988). Cette guerre a eu des effets désastreux et dramatiques, en particulier dans les régions du front totalement dévastées (les villes d'Abadan et de Khorramshahr où vivaient environ 600 000 personnes au début du conflit ont été entièrement détruites). Les pertes humaines ont également été considérables (500 000 victimes), et un grand nombre de jeunes gens sont restés invalides. De plus, ce conflit a évidemment eu un coût élevé pour les finances publiques tout en donnant la priorité aux questions militaires et politiques aux dépens de l'économie ou du développement culturel. En outre, les sanctions imposées par les Etats-Unis (embargo, sanctions financières) ont entraîné des coûts supplémentaires et contribué à accentuer un isolement économique déjà considérable, lié aux options politiques des premières années de la révolution. L'environnement international a également affecté très directement et négativement l'économie iranienne car, à la guerre d'Irak, a succédé celle du Koweït avec l'afflux de réfugiés arabes et kurdes s'ajoutant aux deux millions d'Afghans fuyant l'interminable guerre qui a ravagé leur pays[4]. Enfin, l'économie a été particulièrement affectée par deux périodes d'effondrement des prix du pétrole (crises de 1986 et de 1997). L'Iran a également dû faire face à de violents chocs endogènes. S'est notamment posé le problème de la croissance démographique. L'Iran comptait 49,7 millions d'habitants en 1986 contre 33,7 millions en 1976. En 1999, la population iranienne était estimée à 62,8 millions d'habitants dont la moitié, avait moins de 17 ans. Une telle situation n'est pas exceptionnelle pour un pays en voie de développement, mais en Iran, la fécondité est demeurée à un niveau très élevé jusqu'à la fin des années 1980, alors qu'elle baissait rapidement dans la plupart des pays comparables. Tous les ans, la population iranienne augmente de près de 1 million de personnes, ce qui impose des investissements en infrastructures considérables (logements, éducation, santé, emploi) que l'Etat a beaucoup de difficulté à assurer. Le système économique a également été caractérisé par une emprise croissante de l'Etat. Le régime islamique a largement nationalisé ou donné en gérance à des fondations (*boniyâds*) la quasi-totalité des grandes entreprises industrielles et commerciales du pays, ce qui lui a permis de contrôler directement ou indirectement près de 70 % du secteur productif du pays.

Et pourtant, en dépit de l'ensemble de ces chocs, le système économique a fonctionné en démontrant une résilience extrêmement forte. Il importe donc de s'interroger sur cette capacité du système économique iranien à continuer de fonctionner de manière cohérente dans un environnement où d'autres économies se seraient sûrement effondrées.

L'économie iranienne est abordée dans cet ouvrage à travers le rôle de la monnaie. L'ordre monétaire reflétant d'abord une totalité sociale[5], cette approche permet notamment d'aborder la question de

---

[4] *La rédaction de ce livre s'achève alors que le régime des talibans s'est effondré et qu'un nouveau gouvernement afghan a été mis en place. Une stabilisation de la situation en Afghanistan pourrait permettre un retour progressif des réfugiés afghans dans leur pays.*
[5] *Aglietta, M., Orléan, A. (1998).*

la relation entre les facteurs sociaux et politiques et l'économique. Cet angle d'attaque permet aussi de s'intéresser à la nature des institutions monétaires et à la macroéconomie de l'Iran depuis la révolution. A cet effet, seront notamment analysés les liens entre les finances publiques et la monnaie, ainsi que les conséquences de ces relations sur la capacité de la Banque Centrale d'Iran (BCI) à maîtriser les évolutions macroéconomiques. Enfin, l'analyse du rôle de la BCI est particulièrement instructive quant au rôle des banques centrales dans les économies en développement. Les travaux dans ce domaine sont relativement peu nombreux et concernent surtout le cas des banques centrales des économies en transition et plus particulièrement les économies de l'ex-URSS[6].

Les analyses proposées dans cet ouvrage reposent sur deux types de sources. Tout d'abord, la plupart des statistiques utilisées proviennent des rapports annuels de la BCI. Il faut souligner que, contrairement aux idées reçues, ces statistiques reflètent de manière relativement précise la réalité de la situation économique du pays, même si elles restent imparfaites. Pour bien utiliser les chiffres officiels, il est toutefois indispensable d'avoir une approche concrète de cette économie. J'ai donc également fait usage, dans le cadre de ce travail, de la connaissance directe de ce pays que j'ai pu acquérir grâce aux nombreux séjours que j'y effectue depuis 1988. J'ai notamment eu l'opportunité de vivre en Iran de 1991 à 1994 au titre d'allocataire à l'Institut Français de Recherche en Iran (IFRI) à Téhéran.

---

[6] *Downes, P., Vaez-Zadeh, R. (1991) ; Wagner, H. (1998).*

CHAPITRE I

UN ENVIRONNEMENT MACROECONOMIQUE EXTREMEMENT INSTABLE DEPUIS LA REVOLUTION

L'économie iranienne a subi de profonds chocs externes et internes depuis la révolution islamique : désorganisation du système administratif, politique et économique suite à la révolution, fuite des cerveaux, nationalisation et expropriation de la quasi-totalité de l'appareil productif, guerre avec l'Irak entre 1981 et 1988, embargo des Etats-Unis, effondrement du prix du pétrole lors de la crise de 1986. Néanmoins, l'ampleur de ces chocs n'a en rien changé le mode de fonctionnement structurel de l'économie iranienne basé sur le recyclage de la rente pétrolière.

I - UNE ECONOMIE "ENSERREE" DANS UNE LOGIQUE PETROLIERE

L'économie iranienne est avant tout une économie pétrolière. Les exportations de pétrole représentent durant la période 1980-1999 près de 90 % en moyenne annuelle des exportations totales de biens. De même, les recettes pétrolières représentent sur la période près de 55 % des recettes totales en moyenne annuelle. Ainsi, en dépit des nombreux discours révolutionnaires (et pré-révolutionnaires !) sur la nécessité de diminuer la dépendance pétrolière, les ventes d'hydrocarbures assurent toujours la quasi-totalité des ressources en devises du pays et plus de la moitié des recettes budgétaires de l'Etat.

**Tableau 1 – Part des exportations pétrolières
(en % des exportations totales)**

	1980	1986	1988	1990	1993	1999
Exportations pétrolières	93,0	83,4	90,3	93,2	79,3	81,3

**Tableau 2 – Parts des recettes pétrolières
(en % des recettes budgétaires totales)**

	1980	1986	1988	1990	1993	1999
Recettes pétrolières	67,0	24,4	38,5	59,8	72,5	48,2

Source : Banque Centrale d'Iran

Cette dépendance vis-à-vis de cette matière première est la source de bien des maux de l'économie iranienne.

1 - Une désindustrialisation liée à cette dépendance pétrolière

L'économie iranienne possède donc, en tant qu'économie pétrolière, l'ensemble des dysfonctionnements propres à ce type d'économie. De ces dysfonctionnements, la littérature économique a généralement retenu le phénomène de désindustrialisation. Ce processus a été décrit théoriquement sous le terme de "*Dutch Disease*" en se basant sur les expériences des économies du Royaume-Uni et des Pays-Bas après la découverte des réserves pétrolières et gazières de la Mer du Nord. Selon cette théorie, dans une économie à l'équilibre de plein emploi et pour un niveau technologique donné, une augmentation permanente du flux de fonds externes conduit à une modification des prix relatifs, qui entraîne le développement du secteur protégé (généralement les services) et le déclin du secteur exposé (généralement l'industrie). L'évolution de la structure productive de l'économie iranienne rentre dans ce cadre théorique. La structure du PIB est en effet caractérisée par le poids des activités de services et la part relativement plus faible de l'industrie (cf. tableau 3). En fait, l'économie iranienne est d'abord une économie d'intermédiaires basée sur le recyclage de cette rente pétrolière et non une économie orientée vers les activités productives.

Très peu exposée à la concurrence étrangère, elle s'est plutôt développée en s'appuyant sur un marché intérieur alimenté par la manne pétrolière. Ceci a favorisé la mise en place d'une économie d'intermédiaires où les possibilités de profit sont surtout liées à des opérations spéculatives de court terme. Dans ces conditions, on s'est plutôt orienté vers une économie où l'activité productive et l'efficacité des investissements n'ont jamais été véritablement encouragés.

Tableau 3 - Répartition sectorielle de la production nationale en valeur

En % du PIB	1980	1988	1999
Agriculture	17,1	20,7	20,9
Pétrole	13,6	3,6	8,4
Sect. Manuf. et Mines	17,4	14,5	22,7
Services	46,7	57,8	48

Source : Banque Centrale d'Iran

Plus généralement, l'économie iranienne est caractérisée par un certain nombre de dysfonctionnements caractéristiques de l'ensemble des économies rentières.

21

2 - *Des dysfonctionnements propres à une économie rentière*

Ces dysfonctionnements[7] sont les suivants : poids écrasant de la rente dans la création de valeur ajoutée, absence de classe d'entrepreneurs et présence d'une bourgeoisie "dépendante" de l'Etat, faible compétitivité et dépendance en *inputs* importés de l'industrie, absence d'un véritable système fiscal ou financier, prépondérance d'une culture commerçante aux dépens d'une culture industrielle, poids élevé de la corruption, forte propension à consommer de la population (sans rapport avec les capacités de l'appareil productif national), etc.

Ces problèmes ne sont pas nés avec la révolution. Il a été démontré que l'existence d'une bourgeoisie dépendante était également une des caractéristiques des régimes Safavides et Qadjar[8]. Plus récemment, Richard Elliot Benedick[9] écrivait, au sujet de l'économie iranienne du début des années 1960, qu'"une majorité des entrepreneurs industriels d'aujourd'hui sont d'anciens marchands du bazar, dont la philosophie traditionnelle de profits élevés à partir de coups, se traduit dans l'industrie par un désintérêt relatif pour des considérations de long terme, telles que l'amélioration du produit ou du *process* ou la maintenance des équipements". D'autre part, Benedick notait déjà l'importance de la corruption dans la société iranienne il y a près de 40 ans. En fait, ces dysfonctionnements sont inhérents au mode de développement qui a été choisi par l'Iran. L'Etat, propriétaire de la rente pétrolière, a choisi d'être également l'investisseur principal. Il a donc investi directement ou indirectement en protégeant l'industrie locale (barrières tarifaires, crédits à taux subventionnés, etc.). Du fait de la rente pétrolière, le problème du manque de capitaux ne s'est jamais posé et il n'a pas été nécessaire de bâtir de véritable système fiscal et bancaire. Cette politique a permis, par ailleurs, le

---

[7] *On peut se référer à ce sujet à Sid Ahmed, A. (1983). Concernant les dysfonctionnements induits par la dépendance pétrolière de l'économie iranienne, on peut se référer à Katouzian, H. (1981); Pesaran, M. (1982).*
[8] *Ashraf, A. (1970).*
[9] *Benedick, R.E. (1964), p. 37.*

développement rapide mais artificiel, car bâti de toute pièce "clef en main", du secteur productif. Par contre, la question de l'efficacité des investissements réalisés n'a jamais été résolue. L'appareil de production est resté peu compétitif, complètement dépendant de l'aide de l'Etat et des importations en biens d'équipement.

Si ces dysfonctionnements sont d'abord inhérents au mode historique de développement de l'économie iranienne basé sur la gestion de la rente pétrolière, force est cependant de constater que la révolution n'a introduit aucune rupture dans ce domaine. Ainsi, un certain nombre de travaux ont insisté sur le fait que la bourgeoisie iranienne est restée une classe "dépendante" de l'Etat après la révolution[10]. Au contraire, dans certains cas, la révolution a même conduit à travers le développement du rôle de l'Etat dans l'économie à une accentuation des dysfonctionnements, une vague de nationalisations au moment de la révolution ayant conduit au fait que l'Etat contrôle au moins 70 % de l'économie. Il a même été démontré que la dépendance de l'économie (et plus particulièrement de l'industrie) vis-à-vis du pétrole s'est accrue après la révolution[11]. De plus, le caractère plus incertain de l'environnement politique et économique après la révolution (instabilité politique, guerre Iran-Irak, sanctions économiques internationales, etc.) a accru la préférence des agents économiques pour le court terme et pour des activités à caractère commercial et/ou spéculatif.

Dans ces conditions, on est bien face à une économie qui est fondamentalement celle d'un pays en voie de développement. Il ne faut pas se laisser abuser par la richesse "factice" apportée par la rente pétrolière. Cette richesse artificielle ne suffit d'ailleurs plus pour assurer le développement de l'Iran face notamment à sa croissance démographique. Ainsi, d'après la Banque Mondiale, l'Iran se situe dans la tranche basse des pays à revenu moyen. Mais surtout, comme on l'a déjà évoqué, l'insertion internationale de l'Iran est typiquement celle d'un pays en voie de développement.

---

[10] *Hourcade, B. et Khosrokhavar, F. (1990).*
[11] *Behdad, S. (1994).*

En effet, ce pays exporte essentiellement des matières premières et importe les biens d'équipement et les biens de consommation dont il a besoin.

Tableau 4 - Structure du commerce extérieur en 1999 (en %)

Exportations :	
Pétrole et gaz	76,0
Fruits frais et fruits secs	4,5
Tapis	4,3
Hydrocarbone (gaz)	1,4
Produits sidérurgiques	1,4
Produits chimiques inorganiques	1,1
Caviar	0,3
Autres	11,0
Total	100
Importations :	
Véhicules de transport, machines	44,3
Produits chimiques	12,4
Produits alimentaires	11,0
Acier et fer	9,0
Matières grasses de légumes	4,4
Autres	18,9
Total	100

Source : Douanes d'Iran

3 - Une conjoncture complètement dépendante des évolutions pétrolières

Last but not least, à toutes ces difficultés, s'ajoute un environnement conjoncturel complètement conditionné par les évolutions du prix du pétrole. Du fait du poids déterminant des recettes pétrolières dans les exportations et les recettes budgétaires, toute variation du prix du pétrole a un très fort impact sur la croissance. Ainsi, une hausse du prix du baril gonfle les recettes en devises et induit une poussée des importations. Or, l'industrie iranienne étant très dépendante en inputs importés[12], toute hausse des importations conduit à une accélération de l'activité. De même, tout relèvement du prix du pétrole conduit à une augmentation des recettes budgétaires et permet au gouvernement d'augmenter ses dépenses, ce qui a un impact positif sur l'activité. Inversement, une baisse du prix du baril a un impact récessif sur l'activité à travers ces mêmes canaux de transmission : les importations et les dépenses budgétaires.

D'autre part, la variation du prix du pétrole a un impact direct sur l'inflation. Ainsi, le gouvernement vendant les devises résultant des exportations pétrolières à la Banque Centrale d'Iran, une hausse de ces recettes donne la possibilité à l'institut d'émission d'intervenir sur le marché des changes pour soutenir la monnaie nationale. Or, l'appréciation de la monnaie iranienne contre les autres monnaies permet de réduire l'inflation importée. Par ailleurs, une hausse des recettes pétrolières permet de gonfler les recettes budgétaires. Ceci réduit le déficit budgétaire et donc la création monétaire généralement utilisée pour financer les déficits budgétaires, ce qui limite les tensions inflationnistes. On le voit, l'activité et l'inflation dans l'économie iranienne sont étroitement dépendantes des évolutions du prix du pétrole.

Ces problèmes structurels ajoutés aux chocs internes et externes déjà évoqués ont notamment conduit à une très forte volatilité de la croissance depuis la révolution.

II - UNE FORTE VOLATILITE DE LA CROISSANCE

La croissance économique a fait preuve d'une grande volatilité depuis le début des années 1980. Le PIB a enregistré une baisse de 16,4 % en 1980 puis une faible progression de 2,8 % en 1981. Une telle évolution s'expliquait par la désorganisation liée à la révolution, ainsi que par la volonté du gouvernement d'économiser les réserves pétrolières en n'exploitant pas les gisements au

---

[12] *Cette caractéristique est liée à la manière, déjà évoquée, dont le tissu industriel s'est développé dans les années 1960.*

maximum. Mais cette politique a été abandonnée dès le début de la guerre avec l'Irak, l'Iran bénéficiant de plus de l'impact du deuxième choc pétrolier. La croissance a alors été très soutenue en 1982 et 1983. Puis, dans un contexte d'effondrement du prix du pétrole, elle a été négative de 1984 à 1988, avec un taux de croissance annuel moyen de - 2,5 % sur cette période. La meilleure orientation des cours des hydrocarbures, liée notamment à la guerre du Golfe, a ensuite permis de redresser le rythme de progression du PIB, son taux de croissance annuel moyen étant proche de 8 % entre 1989 et 1992. Après la crise des paiements extérieurs de 1993, le gouvernement a dû réduire les importations, entraînant par là même un tassement de la croissance (+ 3,9 % en moyenne annuelle en 1993 et 1994), mais l'activité s'est redressée grâce à la hausse du prix du pétrole et le PIB a progressé respectivement de 4,5 % et 5,8 % en 1995 et 1996. Depuis la chute du prix du pétrole à l'automne 1997, la croissance a enregistré un nouveau tassement (+ 2,9 % en 1997 et + 2,1 % en 1998). Enfin, avec la hausse du prix du pétrole depuis le printemps 1999, elle a de nouveau enregistré une légère accélération en 1999 (+ 2,4 %).

Graphique 1 - Taux de croissance du PIB en volume en %

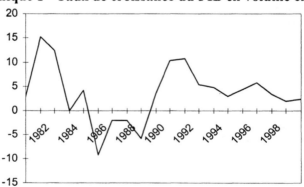

Source : Banque Centrale d'Iran

Au total, l'économie iranienne a enregistré un taux de croissance annuel moyen de 3,8 % sur la période 1980-1999, tandis que la population augmentait à un rythme de 2,7 % l'an. Le taux de croissance du PIB par habitant s'est donc élevé à 1,1 % entre 1980 et 1999. Cependant, si l'on prend comme base l'année 1977, c'est-à-dire l'année précédant la révolution, on aboutit à une baisse annuelle moyenne du PIB par tête de 1,2 % entre 1977 et 1999. La volatilité de la croissance n'est pas le seul mal qui a affecté l'économie iranienne. Celle-ci a également dû faire face à une forte poussée inflationniste depuis le début des années 1980.

III - UNE DYNAMIQUE INFLATIONNISTE JUSQUE-LA INCONNUE PAR L'IRAN MODERNE

L'inflation s'est élevée, en moyenne annuelle, à 21,7 % sur la période 1980-1999. L'économie iranienne est rentrée, depuis le début des années 1980, dans une véritable dynamique inflationniste. Cela fait en effet près de vingt ans maintenant que dure ce cycle de hausse des prix soutenue. C'est donc une période d'inflation extrêmement longue qui n'a pas de précédent dans l'histoire économique iranienne (cf. graphique 2). Il est intéressant de noter, qu'en fait, l'inflation s'est accélérée depuis le début des années 1970, à cause de l'impact macroéconomique du premier choc pétrolier.

Graphique 2 - Taux de croissance de l'indice des prix à la consommation, en % (1960-1999)

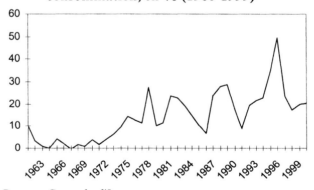

Source : Banque Centrale d'Iran

27

Ce cycle inflationniste post-révolutionnaire s'est néanmoins illustré par un rythme de hausse des prix relativement modéré par rapport à des situations d'hyper-inflation classiques[13]. Il n'en reste pas moins que l'inflation a été très élevée car, depuis la naissance d'une économie moderne, l'Iran n'avait jamais connu une inflation aussi élevée sur une aussi longue période. Ainsi, si l'on excepte les années 1977 à 1979, où les désordres politiques et sociaux liés à l'avènement de la révolution ont conduit à une accélération de l'inflation, la seule phase d'accélération des prix qu'ait connue l'économie iranienne est intervenue entre 1973 et 1976 : dans un contexte d'emballement de l'activité compte tenu de la très forte augmentation des recettes pétrolières, le rythme de hausse des prix a atteint, en moyenne annuelle, 12 %.

Ce régime d'inflation élevée est en fait le résultat d'une dynamique dont on verra par la suite que les principales caractéristiques la rapprochent de celles généralement observées dans les cas d'hyper-inflation. Toutefois, en dépit de ces points communs, l'économie iranienne n'est jamais tombée dans une situation d'hyper-inflation et s'est donc située dans un régime d'inflation élevée. On peut notamment constater une certaine variabilité du rythme d'inflation, ce dernier ralentissant très nettement durant certaines périodes. Il importe donc d'essayer d'expliquer les caractéristiques de cette dynamique inflationniste.

1 - Déséquilibres budgétaires

Cette forte inflation trouve son origine dans un accroissement des déséquilibres budgétaires. Ainsi, le déficit budgétaire a représenté 4,3 % du PIB et 30,6 % des recettes budgétaires en moyenne sur la période 1980-1999. De plus, sur cette même période, et compte tenu du sous-développement du système

---

[13] *Cagan (1956) considère que l'on fait référence à une telle situation d'hyper-inflation quand le taux d'inflation est de 50 % par mois ou de 12875 % par an. De même, Dornbusch, Sturzenegger et Wolf (1990) estiment que l'on peut parler d'inflation extrême quand le taux d'inflation atteint 15 à 20 % par mois.*

financier, il a été financé à 83 % en moyenne par endettement auprès du système bancaire. Le taux de croissance de l'agrégat monétaire M2 s'est ainsi élevé à 22,3 % en moyenne annuelle sur la période considérée.

Graphique 3 - Solde budgétaire en % du PIB

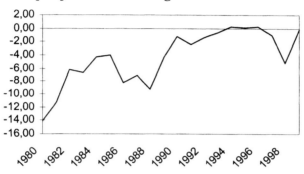

Source : Banque Centrale d'Iran

Le déficit est en fait plus élevé que ne le reflètent les statistiques officielles. Pour estimer l'importance du déséquilibre des finances publiques, il est intéressant de calculer l'évolution de l'endettement net du secteur public vis-à-vis du système bancaire. Celui-ci a représenté, en moyenne annuelle, 6,3 % du PIB sur la période 1980-1999. On constate également que l'évolution de l'endettement net du secteur public a été extrêmement sensible à l'évolution des recettes pétrolières, et donc du prix du pétrole. Ainsi, la progression de l'endettement public net a connu plusieurs phases de ralentissement liées à la bonne tenue du prix des hydrocarbures (1980-1985 ; 1988-1991; 1993-1996). De plus, le gouvernement n'a jamais payé de charges d'intérêt sur les crédits accordés par le système bancaire. Dans ce contexte, si l'on prend en compte la charge nette d'intérêt et si on lui applique un taux d'intérêt fictif de 30 %, qui correspond plus ou moins au taux d'intérêt du marché informel, on obtient un déficit moyen de 14,2 % du PIB sur la période 1980-1999. Une autre méthode d'évaluation des déséquilibres budgétaires consiste à calculer le déficit hors recettes

29

pétrolières, pour tenir compte de l'effort fiscal réalisé. Celui-ci s'est élevé, en moyenne annuelle, de 1980 à 1999, à 14 % du PIB.

Graphique 4 - Taux de croissance de l'agrégat monétaire M2 en %

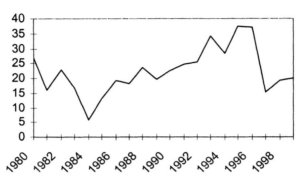

Source : Banque Centrale d'Iran

a - La guerre n'est pas la seule cause des déséquilibres budgétaires

Il est clair qu'une telle dynamique inflationniste est toujours présente dans une économie de guerre. Le cas de l'Iran n'a donc rien de surprenant. Il reste toutefois à déterminer si c'est véritablement l'effort de guerre qui explique ce déficit élevé. Les dépenses militaires ont représenté en moyenne annuelle 3,7 % du PIB entre 1981 et 1988 contre 1,7 % sur la période 1989-1999. On peut donc estimer que, sans la guerre, le déficit budgétaire aurait été en moyenne de 5 % du PIB sur la période 1981-1988, ce qui reste élevé. De même, sans la guerre, le déficit budgétaire aurait atteint 3,4 % du PIB en moyenne annuelle de 1980 à 1999. Ainsi, si l'on ne prend pas en compte les dépenses militaires, tout en intégrant une charge nette de la dette du gouvernement avec un taux d'intérêt de 30 %, on obtient un déficit moyen de 12,5 % l'an entre 1980 et 1999. Il est donc difficile de considérer que l'économie iranienne a connu un régime d'inflation élevée exclusivement à cause de la guerre.

b - Un endettement excessif des secteurs public et privé

A partir de ces remarques, on peut tenter d'analyser quels sont les enchaînements qui ont lié l'évolution de l'endettement du secteur public à l'évolution des prix. Il est possible de se faire une première idée à partir de l'évolution des contreparties de la masse monétaire (cf. tableau 5). Celle-ci indique que la croissance de la masse monétaire doit être analysée en quatre phases distinctes :

Tableau 5 - Contributions des contreparties à la croissance de l'agrégat monétaire M2, en %

	1980	1986	1988	1993	1999
M2	27,0	19,1	22,7	34,2	20,1
Réserves en devises	-8,6	0,3	-0,2	29,1	1,6
Créances sur le gouvernement	36,7	19,7	16,3	25,1	-0,2
Créances sur les entr. publiq.	-1,6	0,3	0,1	8,6	2,2
Créances sur le secteur privé	13,6	5,5	8,9	19,8	24,7
Divers	-13,1	-6,7	-2,4	-48,4	-8,2

Source : Banque Centrale d'Iran

- de 1980 à 1988, la croissance de la masse monétaire s'est principalement expliquée par la croissance des crédits au gouvernement. Cette période correspond à la phase pendant laquelle le déficit budgétaire a été très élevé. L'ampleur des financements bancaires du gouvernement s'explique, sans doute, par les dépenses liées à la guerre, mais aussi par la politique économique menée à l'époque qui mettait l'accent sur le rôle directeur de l'Etat dans l'économie.

- de 1989 à 1993, ce sont les crédits au secteur privé qui ont été le principal facteur explicatif de la progression de la masse monétaire. Cette situation s'explique par une certaine remise en ordre des finances publiques, qui s'est traduite par une très nette réduction du déficit budgétaire. De plus, la fin de la guerre avec l'Irak a permis de réduire les dépenses militaires. Enfin, la période considérée correspond à un changement d'orientation de la politique économique : à partir du début des années 1990, une

31

certaine priorité a été accordée au secteur privé.

• de 1993 à 1998, les crédits à l'ensemble du secteur public sont devenus le poste dont la contribution à la croissance de l'agrégat monétaire M2 a été la plus forte. En outre, à cause des dévaluations de 1993 et de 1994, les réserves en devises ont été un élément moteur de la forte augmentation de la masse monétaire durant cette période. On peut observer l'importance du choc inflationniste qu'a constitué cette dévaluation. D'autre part, l'effondrement du prix du pétrole en 1997-1998 a conduit à un accroissement du déficit budgétaire et donc à une hausse des financements monétaires accordés au secteur public.

• en 1999, la hausse du prix du pétrole, et donc des recettes pétrolières, a permis de limiter les crédits accordés au secteur public. Cependant, l'orientation favorable des recettes pétrolières a également favorisé une hausse des crédits au secteur privé (notamment à l'importation).

En fait, la forte croissance de l'offre de monnaie depuis la révolution trouve son origine dans la progression de l'endettement des secteurs public et privé vis-à-vis du système bancaire. Cependant, les crédits au secteur privé ont joué le rôle de variable d'ajustement, notamment sur période 1980-1988. La politique monétaire menée depuis la révolution semble avoir suivi un schéma directeur selon lequel le gouvernement prenait d'abord en compte ses propres besoins de financement, puis déterminait le montant de financement qui pouvait ensuite être accordé au secteur privé. Ainsi, lors de l'effondrement du prix du pétrole en 1986, l'accélération des financements accordés à l'Etat a été compensée par un tassement des crédits accordés au secteur privé. Puis, après la guerre avec l'Irak, le gouvernement a su limiter les crédits aux secteurs privé et public pour limiter la création monétaire lorsque celle-ci devenait trop importante (notamment en 1994 et 1997). Enfin, en 1998, la hausse des crédits au secteur privé a été limitée pour faire face à l'accélération des crédits au secteur public dans un contexte de déséquilibres budgétaires accrus du fait de la baisse du prix du pétrole. A l'inverse, quand les besoins de financement du secteur public ont été réduits, ceci a permis une accélération de la hausse du montant de financement accordé au secteur privé. Cette politique a sans doute permis d'éviter que l'économie iranienne ne tombe en situation d'hyper-inflation. On constate toutefois qu'il est relativement difficile de trop freiner les financements accordés au secteur privé quand les recettes pétrolières se réduisent. En effet, d'une part, le secteur privé doit déjà faire face à un tassement de l'activité qui pèse sur ses résultats. En outre, une baisse des recettes pétrolières conduit à une dépréciation du taux de change utilisé pour les importations (notamment depuis l'unification progressive du système de change à la fin des années 1990). Ceci renchérit les coûts des entreprises structurellement dépendantes des importations. Une diminution des recettes pétrolières aggrave donc la situation financière des entreprises privées. Dans ces conditions, le système bancaire est obligé d'accorder des crédits pour éviter qu'une partie de ces entreprises ne tombe en faillite. Ceci conduit donc à un volant incompressible de crédits accordés au secteur privé, ce qui alimente la création monétaire.

Ces résultats ne doivent pas nous faire penser que les problèmes budgétaires n'ont pas eu d'impact *per se* sur la croissance de l'offre monétaire. Tout d'abord, on constate une progression de la contribution des crédits bancaires aux entreprises publiques à la croissance de la masse monétaire dans les années 1990, cette évolution compensant en partie la plus faible contribution des crédits au gouvernement. Par ailleurs, il faut prendre en compte le fait que les fondations religieuses sont inclues, selon la comptabilité iranienne, dans le secteur privé. En fait, la comptabilité nationale distingue le secteur public et le secteur "non public". Or, les fondations religieuses, inclues dans le "non-public", constituent une force économique particulièrement importante, qui serait à l'origine de près de 10 % de la production industrielle et minière[14]. De plus, le "poids" politique de ces organisations leur permet de bénéficier de financements

---

[14] *Rashidi, A. (1994), p. 56.*

automatiques de la part de l'Etat. Il est en effet précisé dans la Constitution que le gouvernement financera ces institutions.

Le deuxième point à considérer est le fait que l'évolution de l'endettement net du secteur public ne prenne pas en compte l'ensemble des avantages financiers dont ce secteur a bénéficié. Ainsi, le gouvernement a accordé une masse énorme de subventions par le biais notamment d'allocations de change à un taux subventionné.

Deux remarques conclusives s'imposent donc. La relation établie entre l'endettement net des secteurs public et privé vis-à-vis du système bancaire et la masse monétaire peut provenir de la manière dont la Banque Markazi a conçu la politique monétaire depuis la révolution. Les autorités monétaires iraniennes prenaient d'abord comme un facteur exogène le besoin de financement du secteur public. Puis, elles se fixaient un objectif de croissance de la masse monétaire en utilisant les financements alloués au secteur privé comme variable d'ajustement[15]. Par ailleurs, la Banque Markazi a su, grâce à sa politique d'encadrement du crédit, limiter la croissance des crédits quand l'économie risquait de tomber dans une situation d'hyper-inflation.

2 - Dépréciation du taux de change du marché noir

Un autre facteur jugé déterminant dans le développement de l'inflation est le taux de change. Une dépréciation du taux de change entraîne notamment des anticipations d'une accélération de l'inflation. Ces anticipations sont "validées" par une accélération de la création monétaire ou par un mécanisme d'indexation des salaires et se traduisent, effectivement, par une accélération du

---

[15] *Ce type de politique monétaire incite même à penser qu'on était plutôt en présence d'un diviseur monétaire, c'est-à-dire d'une relation de causalité entre la masse monétaire et la base monétaire. La politique monétaire iranienne depuis la révolution a, en effet, avant tout été dictée par les besoins de financement des secteurs public et privé. Face à ces besoins de financement, un montant suffisant de monnaie devait être créé. Et, à cet effet, il était nécessaire, initialement, de créer une base monétaire suffisante.*

rythme de hausse des prix. Dans ces conditions, un déficit budgétaire va conduire à une accélération de l'inflation, car ce déséquilibre va provoquer une diminution des réserves de devises de la banque centrale, ce qui entraînera une crise de la balance des paiements. Une telle crise sera le facteur explicatif de l'inflation à travers, entre autres, le mécanisme précité[16].

Entre 1974 et 1979, c'est-à-dire avant la révolution, un système de change comprenant deux taux fut mis en place. Un taux officiel fut appliqué sur un marché "commercial" et un autre taux, dépendant de l'offre et de la demande, le fut sur un marché "non commercial". Des interventions soutenues de la Banque centrale d'Iran sur le marché "non commercial" et le libre accès aux deux marchés ont permis d'unifier ces marchés dont les taux se situaient au même niveau. Après la révolution, ce système fut maintenu quelques mois et le taux sur ces deux marchés était alors de 70 rials pour un dollar. Par la suite, dès le début des années 1980, le gouvernement iranien a appliqué une politique de rationnement des devises basée sur un contrôle des changes et la mise en place d'un budget en devises (voté chaque année au Parlement). Ce budget servait surtout à déterminer les allocations en devises par secteur selon les priorités des autorités.

Comment fonctionnaient le marché officiel et le marché noir ? En fait, des allocations en devises étaient attribuées à différents types d'importations prioritaires à travers un budget en devises. On était donc dans une situation où le gouvernement fixait à la fois le prix et la quantité de devises allouées. Le marché parallèle était alimenté par le reste des recettes en devises, c'est-à-dire les recettes pétrolières non affectées par le gouvernement au budget en devises (vendues directement sur le marché noir par la banque centrale) ainsi que des recettes non pétrolières obtenues par les exportateurs

---

[16] *Ce mécanisme est mis en avant par l'école de la balance des paiements qui souligne l'importance du taux de change dans les régimes d'inflation élevée. Cette école avance un autre mécanisme par lequel la dépréciation du taux de change a un impact sur l'inflation : en cas de dépréciation du taux de change, le maintien à l'équilibre du salaire réel moyen pour la vie du contrat implique une accélération de l'inflation. On peut se référer à ce sujet à Livatian, N. (1986).*

(les autorités monétaires n'exigeant pas toujours un rapatriement de l'ensemble des recettes) ou non déclarées par les exportateurs (sous-facturation) ou par les importateurs (surfacturations). La demande sur ce marché provenait des importateurs, qui n'avaient pas obtenu d'allocations au taux officiel, ou d'agents économiques qui désiraient détenir une partie de leurs avoirs financiers en dollars. Ce dernier motif était très important compte tenu du rythme d'inflation et des rendements insuffisants des produits d'épargne.

Au début des années 1980, ces allocations étaient toutes calculées au taux officiel (1 dollar étant égal à 70 rials). Or, ce taux s'est vite révélé surévalué et l'écart avec le taux du marché noir a régulièrement augmenté, le gouvernement ne procédant qu'à une dévaluation très insuffisante compte tenu de l'évolution de la prime de risque entre les taux du marché noir et le taux officiel. Deux dévaluations sont intervenues coup sur coup. En 1993, le taux de change officiel passant de 1 dollar pour 70 rials à 1 dollar pour 1450 rials. Puis, en 1994, il a été fixé à 1750 rials. La dépréciation du taux de change du rial sur le marché noir a été très rapide du fait, dans un premier temps, de la situation d'instabilité politique, puis de la guerre avec l'Irak. D'autres éléments, tels qu'un déséquilibre budgétaire persistant, un niveau élevé d'inflation, la fragilité du secteur bancaire, les crises pétrolières de 1986 et de 1997, le développement des opérations spéculatives ont été des facteurs poussant à l'affaiblissement de la monnaie iranienne sur le marché parallèle. Il est clair également que, compte tenu de l'écart croissant entre le taux de change officiel et celui du marché noir, et donc des profits à réaliser en jouant sur ces deux taux, un certain nombre d'agents avaient intérêt à spéculer sur une dépréciation du rial sur le marché noir. Depuis le début 1980, la dépréciation du rial vis-à-vis du dollar sur le marché parallèle a été de plus de 12600 % ! Dans ce contexte, l'écart entre le taux officiel et le taux du marché noir, c'est-à-dire la prime de risque, est devenu un facteur déterminant de la fixation des prix.

Graphique 5 - Ecart entre le taux de change du dollar du marché noir et le taux de change officiel (rials)

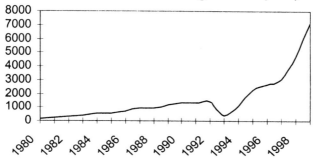

Source : Banque Centrale d'Iran

L'existence de marchés parallèles, c'est-à-dire un marché officiel et un marché noir, apparaît comme le résultat d'une stratégie volontariste du gouvernement, et non pas comme un accident lié à un taux de change officiel surévalué et à un système de contrôle des changes. En effet, le système de change à taux multiples a été utilisé par le gouvernement à la fois pour augmenter ses recettes, et pour effectuer des dépenses à caractère public (cf. chapitre III). On peut d'ailleurs noter que, selon certains observateurs, la BCI est un des principaux (si ce n'est le principal) intervenants sur le marché noir des devises depuis la révolution[17]. Toutefois, la mise en place d'un système de change à taux multiples s'explique également par la volonté de limiter les tensions inflationnistes qu'aurait occasionnées un ajustement induit par une variation du taux de change, un système de change à taux multiples permettant de concentrer les coûts de l'ajustement sur certains secteurs de l'économie[18]. L'utilisation de ce type d'instrument doit cependant rester limitée dans le temps pour faire face à des

---

[17] *Parmi les principaux intervenants sur ce marché, on cite aussi la communauté des marchands iraniens installés à Dubaï, point d'entrée du principal circuit d'importations non officielles en Iran.*
[18] *Dornbusch, R. (1985).*

37

déséquilibres temporaires comme des variations brutales des prix mondiaux. Or, l'Iran a mis en place ce système de change pendant près de 20 ans !

3 - Accélération de la fréquence d'ajustement des prix

L'accélération de la fréquence d'ajustement des prix est également un élément important de la dynamique inflationniste iranienne depuis la révolution. En période d'inflation forte, une plus grande incertitude quant à la valeur des prix relatifs peut conduire les entreprises à ajuster leurs prix plus fréquemment. Dans un tel contexte, les prix peuvent également être fixés en dollars. Or, en Iran, un certain nombre de prix, notamment ceux concernant les secteurs en contact avec des étrangers comme le tourisme, la restauration, le sport, ont commencé à être fixés en dollars. On a donc, probablement, été en présence d'une accélération de la fréquence des ajustements de prix depuis la révolution.

4 - Accélération de la vitesse de circulation

L'économie iranienne se trouve en fait en situation de surliquidité, ce qui s'est traduit par une accélération progressive de la vitesse de circulation de la monnaie. Cette dynamique de fuite devant la monnaie a connu plusieurs phases. De 1980 à 1985, on constate une accélération progressive de la vitesse de circulation de la monnaie. Cette évolution s'explique sans doute par le manque de confiance de la population dans les moyens officiels de paiement, du fait de la situation politique (révolution, guerre), mais aussi par le taux élevé d'inflation, la dépréciation régulière du rial sur le marché noir, etc. Sur la période 1986-1989, par contre, la vitesse de circulation de la monnaie ralentit. En 1986 et 1987, ce ralentissement traduit une période d'ajustement des agents face à la brutale accélération de la création monétaire, aux tensions inflationnistes et à la dépréciation du taux de change sur le marché noir. En 1988-1989, le tassement de la vitesse de circulation de la monnaie a pu refléter une confiance accrue dans la monnaie, liée à la fin de la guerre avec l'Irak mais aussi au ralentissement de l'inflation et à la réappréciation du rial sur le marché noir. Entre 1989 et 1995, la nouvelle accélération de la vitesse de circulation de la monnaie traduit sans doute la reprise d'un comportement de fuite devant la monnaie lié, une fois encore, à des tensions inflationnistes croissantes ainsi qu'à la dépréciation régulière du rial sur le marché noir. La politique de libéralisation économique intervenue entre 1989 et 1994 n'a d'ailleurs introduit aucune rupture dans le comportement des agents économiques en matière de fuite devant la monnaie. Cette incapacité des autorités à enrayer ce phénomène peut être considéré comme l'un des éléments à l'origine de l'échec de cette politique. En 1996, la vitesse de circulation de la monnaie a de nouveau légèrement diminué, une évolution qui reflète le ralentissement de l'inflation ainsi qu'une moindre dépréciation du taux de change sur le marché noir. Le retournement de l'inflation et du taux de change sur le marché noir, lié à l'effondrement du prix du pétrole, a ensuite conduit à une réaccélération de la vitesse de circulation de la monnaie en 1997. Il est intéressant de constater que la stabilisation de l'inflation en 1999 n'a pas empêché une nouvelle accélération de la vitesse de circulation cette année-là.

Graphique 6 - Vitesse de circulation de la monnaie à partir de l'agrégat monétaire M2

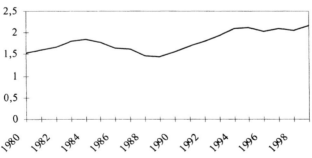

Source : Banque Centrale d'Iran

39

Selon le schéma explicatif présenté par Dornbusch, Sturzenegger et Wolf (1990), on peut considérer que l'accélération de la vitesse de circulation de la monnaie devient un élément constitutif de la dynamique inflationniste. En effet, avec la hausse du rythme d'inflation, le public se détourne progressivement des moyens de paiement officiels au profit d'autres actifs financiers ou même de biens. Dans un tel contexte, on assiste à une accélération de la vitesse de circulation de la monnaie du fait de phénomènes de fuite devant la monnaie et de dollarisation. Cette fuite devant la monnaie n'est pas seulement une conséquence de l'inflation, elle en devient l'une des composantes car il y a une adaptation de l'ensemble du système économique et financier à un régime d'inflation élevée. Dans le cas de l'Iran, on est en présence d'un profond mouvement de démonétisation depuis la révolution lié à la perte de confiance des agents économiques dans la monnaie officielle en tant que moyen de paiement et réserve de valeur. Il s'explique notamment par l'absence de placements auprès du système bancaire ou sur des marchés de capitaux assurant un rendement réel positif. Une telle situation est manifestement liée au caractère "réprimé" du système financier. Or, ce mouvement de fuite devant la monnaie s'est bien accompagné d'une adaptation des agents à un régime d'inflation élevée. Ainsi, le phénomène de la dollarisation a pris une telle ampleur, qu'il est devenu très pratique pour les agents de détenir une partie de leur épargne en dollars.

L'accélération de la vitesse de circulation -ou la fuite devant la monnaie- a pris trois formes en Iran :

• la dollarisation, une composante même de l'inflation : ce phénomène s'est développé après la révolution sous différentes formes comme le poids croissant du marché parallèle, l'essor des transactions en dollars (transactions avec les étrangers, moyen de paiement dans le secteur informel, etc.), le poids croissant du dollar dans l'épargne des agents, l'essor des comptes à l'étranger, etc. Il est clair que la dollarisation est devenue, au bout d'un certain temps, un véritable élément constitutif de la dynamique inflationniste. En effet, comme l'ont avancé certains auteurs en se basant sur l'analyse des situations d'hyper-inflation en Amérique latine dans les années

1970, si, au début, c'est l'accélération de l'inflation qui conduit à un processus de dollarisation, il arrive un stade où il n'existe plus de relation stable entre inflation et dollarisation, cette dernière poursuivant une dynamique autonome[19]. En effet, au bout d'une certaine période, on constate une "adaptation financière" : les vendeurs et acheteurs de dollars sont dans toutes les rues, ils accostent les passants et même les automobilistes, des bureaux de change sont installés dans toutes les galeries marchandes. Il est, dans ces circonstances, plus pratique qu'avant de détenir des dollars, que ce soit pour des motifs de placement ou de transaction. En effet, le dollar n'est pas seulement comparé favorablement avec la monnaie nationale en tant qu'instrument de réserve de valeur, il peut également servir à réaliser de nombreuses transactions : achat immobilier, voyages, achat de biens "interdits" -comme l'alcool sur le marché noir-, transactions dans l'économie parallèle -comme le paiement de cours privés supplémentaires pour les enfants ou de cours de sport-, etc. Le dollar devient également un élément déterminant du développement de la corruption, puisque ce type de "transaction" s'effectue souvent en dollar[20]. On peut noter que le gouvernement lui-même s'est adapté à ce régime d'inflation élevée en vendant une part croissante des recettes pétrolières en devises sur le marché noir pour gonfler les recettes budgétaires. Même pour des raisons de commodité, il est plus facile d'effectuer des transactions en dollars qui nécessitent moins de billets qu'en rials[21]. La demande de dollars est alors indépendante de l'évolution de l'inflation. C'est l'acquisition de la "bonne monnaie" qui devient plus aisée, ce qui conduit *per se* à un mouvement de démonétisation, et cela indépendamment de l'évolution de l'inflation. Ainsi, sur la période 1980-1985, la vitesse de circulation de la monnaie s'est nettement accélérée alors que l'inflation était

---

[19] *Dornbusch, R., Sturzenegger, F., Wolf, H. (1990), p. 24 ; Guidotti, P.E., Rodriguez, C.A. (1991).*
[20] *On peut citer notamment les pourcentages versés à des intermédiaires, dans le cas de contrats passés en dollars avec des entreprises étrangères.*
[21] *On peut noter que des chèques émis par des signatures de confiance ont également été utilisés comme monnaies parallèles de transaction.*

ramenée de 23,5 % en 1980 à 6,9 % en 1985.

• le développement des placements bancaires parallèles : l'insuffisance des rendements proposés par le système bancaire, les difficultés à obtenir un prêt (liées au poids excessif des réglementations) ont conduit au développement d'institutions financières parallèles. Celles-ci ont été de deux types :

- les institutions financières islamiques : l'émergence de ces "banques islamiques" a été un des phénomènes majeurs après la nationalisation du système bancaire en 1979. Elles étaient contrôlées par des *bazaris* (commerçants du bazar) et étaient censées fonctionner sans taux d'intérêt. Après l'introduction d'un système bancaire islamique, elles ont commencé à fortement concurrencer les banques nationalisées en promettant aux épargnants potentiels des "taux de profit" variant entre 28 et 48 %. Elles fonctionnaient en prenant des participations dans les entreprises industrielles et commerciales, ou en intervenant directement dans différents secteurs, offrant des taux de rentabilité élevés (import-export, immobilier, marché noir des devises, etc.). Ces institutions ont été officiellement interdites à la fin des années 1980 mais un certain nombre d'entre elles ont continué de fonctionner.

- le marché du bazar : il est possible de placer son épargne au bazar depuis la révolution. En fait, des marchands jouent le rôle d'usurier. Ils sont connus de tous et il est très facile de les contacter.

Dans ces deux cas, il s'agit bien "d'adaptation financière", car les rendements obtenus grâce à des placements dans ces institutions sont largement supérieurs à l'inflation.

• le développement de l'épargne réelle : les agents économiques ont commencé à acquérir des biens qui pouvaient leur assurer un rendement supérieur à celui accordé par les placements financiers traditionnels : biens de consommation durables, biens immobiliers, tapis, or, etc.

Dans ce contexte, on peut se demander pourquoi l'économie iranienne a pu fonctionner si longtemps avec une telle inflation ?

Pourquoi la situation n'a-t-elle pas dégénéré, conduisant à de l'hyper-inflation ? Tout d'abord, il est clair que cet état de fait doit beaucoup à l'adaptation financière qui s'est mise en place. On peut également noter que l'Iran n'a pas institué de système automatique d'indexation. Il y a donc eu une très nette diminution du pouvoir d'achat de tous les Iraniens qui avaient un salaire fixe. Par ailleurs, l'économie informelle, qui représente selon certaines estimations environ 30 % du PIB, a sans doute joué le rôle de soupape de sécurité en produisant des biens qui ont permis de combler le déficit d'offre. De son côté, l'importance des recettes pétrolières a permis d'assurer un rythme de croissance moyen minimum, tout en évitant l'apparition de déficits externe et interne trop élevés. La mise en place d'une économie à caractère centralisé (contrôle des changes, contrôle du commerce extérieur, subventions, rationnement) a également pu être un facteur explicatif de la préservation de cet "équilibre". Enfin, le maintien d'une certaine cohésion sociale a aussi pu jouer un rôle déterminant dans ce domaine (cf. chapitre IV).

L'instabilité de l'environnement macroéconomique de l'Iran depuis la révolution a aussi résulté de la volatilité de ses échanges extérieurs. Cette volatilité provenait de l'impact des évolutions du prix du pétrole sur les exportations ainsi que de celui des changements d'orientation de la politique économique du pays sur les importations.

IV - Des echanges exterieurs completement dependants des evolutions du prix du petrole

Les échanges extérieurs iraniens dépendent de deux facteurs depuis la révolution. Du côté des exportations, c'est naturellement le prix du pétrole qui a été l'élément clef de l'évolution des ventes à l'étranger (les exportations d'hydrocarbures représentent près de 90 % des exportations en moyenne depuis 1980). Concernant les importations, c'est la politique du gouvernement qui a été déterminante. Compte tenu de la dépendance de l'industrie iranienne en inputs importés, le gouvernement a laissé croître fortement les importations quand il voulait obtenir un fort taux de croissance (notamment après la guerre avec l'Irak). A l'inverse, en d'autres occasions (crises pétrolières de 1986 et 1997, crise des paiements extérieurs de 1993), les autorités ont pratiqué une politique de compression des importations.

L'Iran a traversé plusieurs phases en matière d'équilibre extérieur depuis la révolution. En 1980-1981, il a connu un déficit de sa balance commerciale lié à la faiblesse des exportations et notamment des recettes pétrolières pour les raisons évoquées plus haut. Par la suite, la forte croissance des exportations pétrolières en 1982 et 1983 et une politique d'ajustement des importations par rapport aux capacités d'exportations ont permis de dégager un excédent commercial jusqu'en 1985. L'effondrement du prix du pétrole en 1986 s'est de nouveau traduit par un déficit de la balance commerciale en 1986 et 1987, en dépit d'un ajustement à la baisse des importations en 1986 (-13,8 % par rapport à l'année précédente). Après un retour à l'équilibre en 1988, au prix d'une très nette baisse des importations (-14,1 % par rapport à 1987), l'économie iranienne est entrée dans une phase de déséquilibre sur la période 1989-1993, la balance commerciale enregistrant un déficit chaque année à l'exception de 1990. Cette situation est intervenue en dépit de la croissance des exportations au début des années 1990. Les importations ont, en fait, enregistré une forte hausse avec un pic en 1991 lié à différents facteurs (forte demande de biens de consommation à la fin de la guerre, volonté de mener une politique expansionniste de la part du gouvernement). Ces évolutions ont entraîné des défauts de paiement qui ont commencé en 1993, les déséquilibres ayant été financés par un endettement à court terme excessif. L'Iran a alors obtenu des rééchelonnements de la part de ses créditeurs et s'est engagé sur la période 1994-1996 dans une politique de compression des importations. Cette stratégie, alliée à la bonne orientation des prix du pétrole, a de nouveau permis de dégager des excédents importants. Puis, en 1997, l'effondrement des prix du pétrole a conduit à une nouvelle baisse des exportations, mais un ajustement à la baisse des importations a permis de conserver un excédent commercial. En 1998, par contre, l'orientation à la baisse du prix du pétrole et des exportations, alliée à une stabilisation des importations, ont conduit à un nouveau déséquilibre de la balance commerciale. Enfin, l'orientation haussière du prix du pétrole en 1999 et donc des exportations a permis d'accélérer les importations tout en obtenant un excédent de la balance commerciale.

Graphique 7 - Exportations et importations de biens en millions de dollars courant

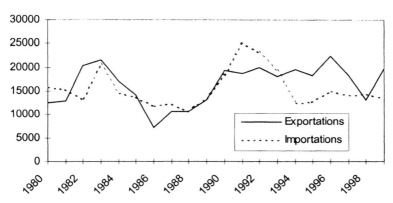

Source : Banque Centrale d'Iran

Ce poids des hydrocarbures dans les exportations et l'absence de ligne claire en matière de politique économique ont donc conduit à une profonde instabilité du commerce extérieur iranien depuis la révolution. Ces difficultés ont en outre été aggravées par des problèmes liés au caractère rentier de l'économie. Ainsi, la forte propension à consommer des agents économiques iraniens (Etat, entreprises, ménages) n'est pas en rapport avec les réelles capacités de développement du pays car liée à l'illusion de richesse que crée la rente pétrolière. Ceci conduit donc à une forte propension à importer pour le pays. En outre, l'absence d'un réel développement du secteur agricole (faible productivité, forte dépendance aux variations climatiques) liée aux effets du "*Dutch Disease*" (ainsi

45

qu'à une politique de contrôle des prix à la production), fait que l'Iran est de plus en plus dépendant pour ses besoins alimentaires de base de l'importation d'un certain nombre de produits alimentaires[22]. Enfin, les difficultés à stabiliser les échanges extérieurs iraniens sont également dues aux possibilités limitées d'endettement externe de l'Iran du fait de son retrait du système financier international. Il faut noter que ce retrait a été autant subi (du fait de la rupture des relations diplomatiques avec le monde occidental) que voulu (les autorités souhaitant limiter au maximum le recours à l'endettement extérieur). Or, un recours modéré à l'endettement extérieur aurait pu permettre de lisser l'évolution des importations. Les contraintes institutionnelles limitant les possibilités de recours à l'endettement à long terme (le gouvernement devant notamment obtenir l'autorisation du Parlement) ont même accru la volatilité des échanges extérieurs iraniens puisque le recours de manière excessive à l'endettement extérieur à court terme au début des années 1990 a conduit à la grave crise des paiements extérieurs de 1993, et donc à un ralentissement brutal des importations.

Or, face à ces difficultés, aucune stratégie n'a été mise en place pour lutter contre cette instabilité du commerce extérieur. Il n'a ainsi été mené aucune véritable politique pour développer les exportations non pétrolières. Les exportations de biens industriels se situaient ainsi en 1999 à près de 1,9 milliard de dollars, soit à peine 10 % des exportations de biens. Par comparaison, un pays voisin de taille similaire en termes de population, la Turquie, exportait pour près de 24 milliards de dollars de biens industriels en 1998, soit près de 87 % de ses exportations. En fait, les autorités économiques ont surtout pratiqué une politique d'adaptation aux contraintes extérieures en ajustant les importations à l'évolution des recettes pétrolières ou en réorientant les exportations de pétrole vers d'autres clients que les Etats-Unis après que ce dernier pays ait

---

[22] *En 2000, la production locale de blé s'est élevée à 4,5 millions de tonnes pour une consommation annuelle de 15 millions de tonnes.*

mis en place un embargo commercial sur l'Iran en 1995[23].

Tableau 6 - Répartition géographique des exportations pétrolières (en %)

	1977	1998
Europe de l'Ouest	43,3	49,8
Japon	22,7	18,7
Asie du Sud-Est	2,6	27,8
Amérique du Nord	11,7	0,0
Afrique	8,7	0,0
Autres	11,0	3,7
Total	100	100

Source : Banque Centrale d'Iran

Cette analyse de l'environnement macroéconomique de l'Iran depuis la révolution permet de mettre l'accent sur plusieurs facteurs importants. Tout d'abord, on perçoit à quel point les évolutions macroéconomiques de ce pays ont été dépendantes de facteurs exogènes (évolution des recettes pétrolières, guerre). Un autre élément essentiel est la profonde instabilité de ces évolutions macroéconomiques. La croissance a fait preuve d'une grande volatilité, l'inflation a été élevée et l'Iran a dû faire face à deux crises de ses échanges extérieurs (1986 et 1991-1992). La dynamique inflationniste apparaît notamment particulièrement préoccupante, car jamais l'Iran n'avait connu une inflation aussi élevée. De plus, elle laisse apparaître de nombreuses caractéristiques qui la rapprochent des dynamiques hyper-inflationnistes. Cette forte inflation ayant pour origine le financement par la création monétaire du déficit budgétaire, il est apparu nécessaire d'analyser, dans un deuxième temps, les finances publiques de l'Iran depuis la révolution.

---

[23] *Il est intéressant de constater que les Etats-Unis étaient en 1994 le deuxième client de l'Iran pour ses exportations de pétrole et de gaz (avec 13,9 % des exportations totales).*

CHAPITRE II

LES FINANCES PUBLIQUES DEPUIS LA REVOLUTION : DESEQUILIBRES ET LOGIQUE CLIENTELISTE

Les déséquilibres budgétaires ont joué un rôle essentiel dans la dynamique inflationniste à l'œuvre depuis la révolution. Dans un premier temps, on a essayé de voir quel était l'impact du déficit budgétaire sur les équilibres macroéconomiques du pays. Par la suite, on a procédé à une étude détaillée des évolutions des dépenses puis des recettes budgétaires.

I - DES TRANSFERTS DES MENAGES VERS L'ETAT

Le déficit budgétaire a été en moyenne sur la période 1980-1999 de 4,3 % du PIB. On peut distinguer clairement deux grandes phases dans son évolution. De 1980 à 1989, le déficit budgétaire a été très élevé, égal à 7,8 % du PIB en moyenne. L'importance des déséquilibres des finances publiques était alors notamment due au poids des dépenses militaires. De plus, la crise pétrolière de 1986 a eu un fort impact dépressif sur les recettes et a donc conduit à un accroissement des déficits. Enfin, la politique budgétaire, elle-même, n'était pas rigoureuse. D'une part, l'équilibre des finances publiques a pu apparaître comme un objectif secondaire compte tenu de la guerre. De plus, les autorités, à l'époque, n'étaient elles-mêmes pas convaincues de l'absolue nécessité d'équilibrer les finances publiques, pratiquant une politique de "contraintes budgétaires molles".

Un élément déterminant dans ces choix a été que l'inflation générée par ces déséquilibres budgétaires a permis le développement de ressources budgétaires "parallèles" (ou quasi-budgétaires) plus faciles à mettre en place. De ce fait, il y avait une dynamique autonome au déséquilibre des finances publiques.

Puis, de 1990 à 1996, le déficit budgétaire a été, en moyenne, de 0,7 % du PIB. Ce rééquilibrage s'explique naturellement en partie par l'arrêt des hostilités avec l'Irak et la diminution des dépenses militaires. Il a également résulté de la dévaluation de 1993, qui a permis de gonfler artificiellement les recettes. De même, l'accroissement de la prime de risque entre le taux de change officiel et le taux de change du marché noir sur cette période a entraîné une augmentation considérable des recettes liées à la revente des devises induite par les recettes pétrolières. Enfin, le gouvernement a aussi bénéficié de la remontée du prix du pétrole de 1990. Ce rééquilibrage des finances publiques se reflète dans les évolutions des dépenses et des recettes en termes réels. De 1980 à 1990, les dépenses ont été nettement supérieures aux recettes en termes réels. Par la suite, l'écart entre dépenses et recettes a diminué et a été annulé à partir de 1994.

Une troisième phase est intervenue durant la période 1997-1998, pendant laquelle le déficit budgétaire s'est nettement accru sous l'impact de la nouvelle crise du marché pétrolier atteignant en moyenne annuelle 3,2 % du PIB. Enfin, sous l'impact de la nouvelle hausse du prix du pétrole, le déficit budgétaire s'est de nouveau réduit à 0,2 % du PIB en 1999.

Graphique 8 - Dépenses et recettes budgétaires en rials aux prix de 1980

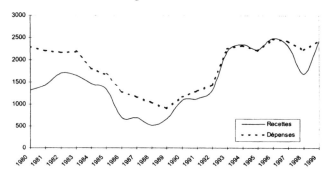

Source : Banque Centrale d'Iran

Compte tenu du sous-développement des marchés de capitaux, ces déficits ont été financés à près de 80 % en moyenne par recours à des crédits bancaires gratuits. Celui-ci s'est traduit par un accroissement de l'endettement net de l'Etat vis-à-vis du système bancaire de 5 % du PIB en moyenne annuelle sur la période 1980-1999. En termes d'équilibre macroéconomique, ceci signifie que c'est l'épargne des autres agents économiques qui a permis de financer ce déficit. On ne dispose que de peu d'informations sur l'épargne brute des ménages, des entreprises non financières et des institutions financières. Il apparaît néanmoins clairement, d'après de nombreux recoupements, que le système bancaire a accumulé les pertes depuis la révolution. Il en a été de même pour les entreprises non financières faisant partie du secteur public. Il est plus difficile de se prononcer sur les entreprises non financières du secteur privé, une des difficultés étant qu'en Iran, le secteur privé inclut les fondations religieuses. Toutefois, l'accroissement de l'endettement net du secteur privé vis-à-vis du système bancaire a été de 5,8 % du PIB en moyenne annuelle sur la période 1980-1999, soit un résultat proche de celui du secteur public (6,3 % du PIB). On peut donc en déduire que le secteur privé a globalement été en déficit. Seuls les ménages ont pu dégager une épargne brute sur la période.

Graphique 9 - Répartition de l'épargne nationale (en %)

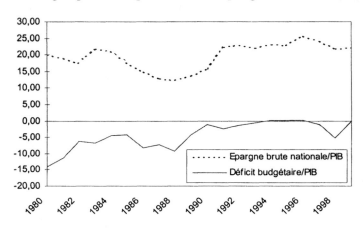

Source : Banque Centrale d'Iran

L'épargne des ménages a donc été utilisée en partie pour financer les déficits budgétaires de l'Etat. On peut donc parler d'un transfert de la richesse des ménages vers l'Etat. Le mécanisme pour réaliser ce transfert a été simple. Le financement monétaire du déficit budgétaire a généré une forte inflation qui a été équivalente à un impôt prélevé sur les détenteurs de billets et de dépôts d'épargne dont le rendement était inférieur à l'inflation. Cette situation reflète donc la totale domination de la politique budgétaire sur la politique monétaire qui a eu un rôle relativement passif. Ceci traduit en fait une totale asymétrie. Cette dernière a d'abord dû prendre en compte les besoins de financement du gouvernement puis appliquer ensuite sa politique monétaire.

II - DES DESEQUILIBRES BUDGETAIRES PLUS IMPORTANTS QU'EN APPARENCE

L'analyse de ces résultats ne donne pourtant qu'une image incomplète de l'état réel des finances publiques. En effet, les statistiques disponibles portent sur le solde budgétaire. Il s'agit donc des finances publiques de l'Etat iranien. Or, cette définition est évidemment trop restrictive car le secteur public a un poids considérable dans l'économie iranienne : certaines estimations considèrent que 70 % de la valeur ajoutée produite dans le pays provient du secteur public. Or, les industries du secteur public sont caractérisées par une grande inefficacité, enregistrent des déficits importants et ont ainsi besoin d'une aide de l'Etat pour subsister. La solution idéale serait même de pouvoir inclure les fondations religieuses dans le secteur public compte tenu du rôle important que jouent ces institutions et du soutien financier illimité qu'elles reçoivent de l'Etat. Par ailleurs, l'importance des recettes pétrolières (51,7 % du PIB en moyenne annuelle sur la période 1980-1999) a permis au gouvernement de gonfler artificiellement les recettes dans les années 1990. En effet, les recettes pétrolières sont perçues en dollars par le gouvernement. Celui-ci les vend à la Banque Centrale contre des rials. Or, cette transaction s'effectue au taux de change officiel. Le taux de change officiel du dollar en rials a été de 1$ pour 70 rials sur la période 1980-1992. Puis sont intervenues deux dévaluations en 1993 et 1994 qui ont porté le dollar à 1750 rials. Une telle opération a conduit à gonfler artificiellement les recettes budgétaires et a permis une très nette réduction du déficit budgétaire à partir de 1993. Enfin, les finances publiques iraniennes sont très difficiles à analyser du fait de la multiplicité des activités quasi-budgétaires. Ce sont des actions qui consistent à générer des revenus budgétaires ou à effectuer des dépenses budgétaires mais qui sont menées en dehors du cadre budgétaire. Ces activités sont généralement conduites par l'intermédiaire de la Banque Centrale ou du secteur bancaire. Mais, elles peuvent prendre également d'autres formes. Ainsi, le fait que l'Etat accorde une licence d'importation ou une autorisation pour créer une entreprise peut être considéré comme relevant du ressort de la fiscalité compte tenu des avantages financiers dérivés de ces autorisations. En fait, la multiplicité des activités quasi-budgétaires est liée au fait que l'économie iranienne est une économie de rente. La plus grande part de la valeur ajoutée est générée par l'Etat qui redistribue par la suite cette manne. Cette relation de dépendance entre l'Etat et les agents économiques fait qu'il y a "perversion" de la politique fiscale. L'Etat accorde des avantages financiers sur la base de différents critères, l'un d'entre eux étant la nécessité de constituer des réseaux de soutien au régime en place. Dans ces conditions, la plupart des activités économiques impliquant une relation avec l'Etat prennent un caractère fiscal. Cette caractéristique du mode de fonctionnement de l'économie iranienne concerne d'ailleurs l'ensemble des économies pétrolières et même rentières. Une évaluation plus fiable des déséquilibres des finances publiques impliquerait donc d'inclure les recettes et les dépenses quasi-budgétaires dans les comptes officiels.

Dans ces conditions, une approche statistique complémentaire consiste à prendre l'accroissement de l'endettement net du secteur public vis-à-vis du système bancaire comme indicateur du déficit du secteur public. Cette méthode permet tout d'abord d'inclure les activités du secteur public. Elle donne également l'opportunité d'intégrer une partie des activités quasi-budgétaires, les crédits gratuits ou quasi-gratuits du système bancaire au secteur public pouvant être assimilés à des prélèvements sur le système bancaire que l'Etat aurait dû compenser par des versements équivalents. Or, l'accroissement de l'endettement net du secteur public vis-à-vis du système bancaire a atteint 6,3 % du PIB en moyenne annuelle de 1980 à 1999, soit un chiffre supérieur à celui du solde budgétaire durant cette période (4,3 % du PIB en moyenne). De 1990 à 1999, on constate qu'il existe un écart très important entre la croissance moyenne de l'endettement net du secteur public (4,8 % du PIB de 1990 à 1999) et celle du déficit budgétaire, les statistiques officielles faisant état d'un quasi-équilibre des finances publiques dans les années 1990. On peut en déduire que la part des activités quasi-budgétaires dans les opérations budgétaires a été relativement plus importante durant cette période. Ceci peut apparaître comme un choix implicite des autorités qui ont voulu masquer les déséquilibres des finances publiques. Plus généralement, si l'on calcule la capacité de financement de la nation à travers le solde de la balance des opérations courantes et que l'on met ces résultats en rapport avec l'accroissement de l'endettement du secteur public (cf. graphique 10), on se rend compte qu'il existe une corrélation entre la croissance de l'endettement du secteur public et la dégradation de la situation financière du pays.

Graphique 10 - Capacité de financement de la nation et endettement du secteur public (% du PIB)

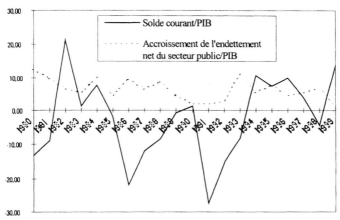

Source : Banque Centrale d'Iran

Manifestement, durant certaines périodes (1986, 1991, 1998), la capacité de financement des ménages n'a pas été suffisante pour faire face aux besoins de financement du secteur public. En fait, dépassant le cadre d'un simple financement monétaire du secteur public, il y a eu un véritable transfert de richesse des ménages vers le secteur public depuis la révolution. Cette situation ne traduit pas en fait une volonté d'étatiser l'économie mais plutôt une politique de redistribution d'un Etat rentier visant à "solidifier" ses relations avec les classes le soutenant. En effet, on constate notamment à travers l'inefficacité du système fiscal qu'il n'y a pas de politique classique de redistribution mais au contraire, compte tenu de la faible imposition par rapport aux revenus, une volonté de favoriser les groupes sociaux qui accroissaient leur part dans le revenu national. De même, l'évolution des dépenses budgétaires ne traduit pas une stratégie de redistribution des richesses en fonction des revenus mais la même logique clientéliste.

Enfin, l'inefficacité globale de la politique budgétaire a été renforcée par sa sensibilité à des facteurs externes tels que l'évolution des recettes pétrolières.

III - LES DEPENSES BUDGETAIRES : FORTE DEPENDANCE VIS-A-VIS DE FACTEURS INCONTROLABLES (GUERRE, RECETTES PETROLIERES)

Les dépenses budgétaires ont représenté en moyenne annuelle près de 22,2 % du PIB sur la période 1980-1999. Globalement, les dépenses budgétaires ont très nettement baissé sur l'ensemble de la période, étant ramenées de 33,2 % du PIB en 1980 à 22,4 % du PIB en 1999. Leur évolution a été marquée par un tassement progressif sur la période 1980-1989 lié notamment à la diminution régulière du prix du pétrole, puis par une remontée sur la période 1990-1999 du fait notamment d'un ajustement à la hausse des dépenses suite au surplus de recettes lié à la dévaluation de 1993-1994. Globalement, les dépenses ont été dépendantes de facteurs exogènes tels que l'évolution des recettes pétrolières ou la guerre avec l'Irak, le poids des recettes pétrolières apparaissant toutefois déterminant.

Graphique 11 - Dépenses budgétaires (% du PIB)

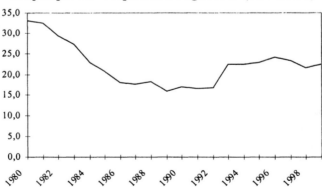

Source : Banque Centrale d'Iran

56

1 - Une politique de dépenses "asservie" à des facteurs exogènes et sans volonté de redistribution

a - Une forte sensibilité à des facteurs exogènes

Ces facteurs externes concernent les recettes pétrolières et la guerre avec l'Irak.

Le poids des recettes pétrolières

Les dépenses budgétaires ont ainsi été marquées par une forte dépendance vis-à-vis des recettes pétrolières. Ainsi, la hausse du prix du pétrole au début des années 1980 a permis de maintenir un niveau très élevé de dépenses (30,6 % du PIB en moyenne annuelle de 1980 à 1983). A l'inverse, la baisse progressive des prix des hydrocarbures puis leur effondrement en 1986 ont entraîné un très important ajustement des dépenses à la baisse (de 27,3 % du PIB en 1983 à 18 % du PIB en 1986). Il en a été de même lors de la baisse du prix des hydrocarbures en 1997 et en 1998, ce qui a conduit à un recul des dépenses budgétaires durant ces deux années. L'impact de la baisse des recettes pétrolières a également concerné la composition des dépenses puisque, durant les deux périodes d'effondrement du prix du pétrole en 1984-1986 et 1997-1998, l'ajustement des dépenses à la baisse a surtout porté sur les dépenses d'investissement. Les périodes haussières du prix du pétrole en 1990, en 1996 et en 1999, ont également eu un impact positif sur les dépenses budgétaires. L'incidence des recettes pétrolières sur les dépenses budgétaires s'est également traduite par une forte hausse des dépenses budgétaires en 1993-1994 quand la dévaluation a gonflé les recettes pétrolières.

L'impact de la guerre avec l'Irak : un effet important mais pas déterminant

L'évolution des dépenses budgétaires a également été marquée par la guerre avec l'Irak. Cet impact s'est traduit de deux

57

manières : l'une a concerné le poids effectif des dépenses militaires sur les dépenses totales, l'autre la politique générale en matière de dépenses :

Impact direct des dépenses militaires

Selon les statistiques officielles, les dépenses d'ordre militaire qui étaient quasiment nulles en 1980, ont représenté en moyenne annuelle 3,5 % du PIB de 1981 à 1988 durant la guerre avec l'Irak. Les dépenses militaires ayant atteint en moyenne annuelle 1 % du PIB depuis la fin du conflit, l'effort de guerre, et donc l'impact de la guerre sur les dépenses totales, a été de 2,5 % du PIB en moyenne annuelle durant la période 1981-1988, soit près de 11 % des dépenses budgétaires durant cette période. Les dépenses militaires ont donc un impact important sur les dépenses totales durant la guerre avec l'Irak.

Cependant, l'impact des dépenses militaires sur les dépenses totales apparaît bien moindre que celui des recettes pétrolières. On remarque ainsi que l'effondrement des recettes pétrolières durant la période 1984-1986 a entraîné un ajustement à la baisse des dépenses militaires qui ont reculé de 3,7 % du PIB en 1983 à 2,5 % du PIB en 1986. On peut ainsi apprécier l'impact des évolutions des recettes pétrolières sur le fonctionnement de l'économie et de la société iranienne car, dans tous les autres conflits de cette importance, il a été constaté que l'ensemble des dépenses budgétaires progressait fortement pour ensuite se stabiliser à ce niveau une fois la guerre terminée. Or, c'est le contraire que l'on perçoit dans le cas de l'Iran : les dépenses budgétaires (rapportées au PIB) ont diminué pendant la période du conflit.

Graphique 12 - Dépenses militaires (% du PIB)

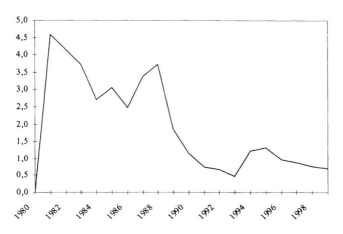

Source : Banque Centrale d'Iran

Plusieurs explications peuvent toutefois être aussi avancées quant à cette diminution des dépenses militaires. En premier lieu, un certain nombre de ces dépenses ont pu intervenir en dehors du cadre de la comptabilité nationale. Il est fort probable qu'une partie de ces dépenses a pu être financée en faisant directement appel à des contributions des entreprises privées et publiques ou des grands marchands du bazar. Par ailleurs, il est possible que l'on ait été en présence d'un effort de guerre limité pour tout ce qui concernait l'achat d'équipement militaire, l'Iran axant principalement son dispositif militaire sur l'utilisation d'hommes plutôt que de matériel[24]. On peut d'ailleurs noter que les dépenses d'investissement (dont l'achat de matériel lourd) ont représenté près de 10 % des dépenses militaires totales durant la guerre avec l'Irak (cf. graphique 13). Cependant, il est clair toutefois que l'évolution des recettes pétrolières a eu un réel impact sur les dépenses

---

[24] *On a d'ailleurs de plus en plus d'informations qui révèlent une armée manquant de tout à la fin de la guerre. Ceci confirmerait que la fin de la guerre est liée à l'incapacité économique de l'Iran de poursuivre ce conflit.*

militaires durant le conflit avec l'Irak. En fait, en dépit de l'effort de guerre à mener dans le cadre d'un conflit à caractère vital (l'Iran faisant face à une tentative d'invasion), la baisse du prix du pétrole de 1984-1986 a eu un impact récessif sur l'ensemble des dépenses et, notamment, les dépenses militaires.

Graphique 13 - Composition des dépenses militaires de 1981 à 1988 (moyenne annuelle, en %)

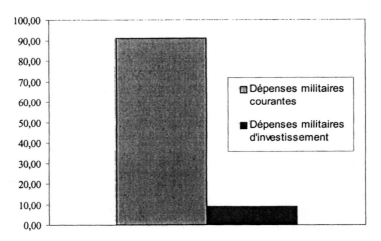

Source : Banque Centrale d'Iran

Impact sur la politique de dépenses

La guerre avec l'Irak s'est également caractérisée par une priorité accordée aux dépenses courantes sur les dépenses d'investissement. Ce choix reflétait ainsi une priorité logique compte tenu de la situation de guerre. Après la guerre, la part des dépenses d'investissement dans les dépenses totales a nettement progressé, passant de 24,7 % à 32,9 % de la période 1980-1988 à la période 1989-1999 (cf. graphique 14). Une telle évolution traduit ainsi la volonté du gouvernement de Rafsandjani de reconstruire l'infrastructure économique du pays après la guerre avec l'Irak.

Graphique 14 - Impact de la guerre sur la répartition des dépenses budgétaires (%)

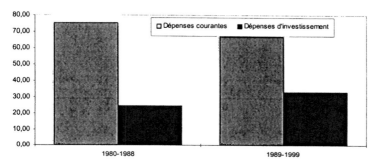

Source : Banque Centrale d'Iran

Une telle situation rend difficile toute tentative de mise en place d'une politique budgétaire cohérente. L'impact de ces facteurs externes a notamment rendu relativement inopérant les plans quinquennaux qui étaient censés assurer le développement de l'économie. En fait, compte tenu de cette sensibilité à des facteurs non contrôlables, les autorités ont dû pratiquer une politique d'adaptation *ex post*. Une telle stratégie a conduit à très forte variabilité des dépenses budgétaires.

Par ailleurs, l'analyse de l'évolution des dépenses budgétaires révèle que le gouvernement iranien n'a pas mis en place de politique classique de redistribution du revenu en faveur des classes les plus défavorisées. Par contre, on décèle une volonté de pratiquer une politique officieuse de redistribution visant d'abord à développer des liens étroits avec certains groupes sociaux.

b - Absence d'une politique classique de redistribution

Il est intéressant de constater, qu'en dépit de la rhétorique populiste qui a dominé dans de nombreux courants politiques à l'origine de la révolution, on ne distingue que peu de volonté d'opérer une politique de redistribution des revenus à travers l'évolution des dépenses budgétaires. Les seuls éléments liés à cet objectif concernent, d'une part, la montée en puissance des subventions sur les produits de première nécessité, qui ont atteint un point haut à 2,8 % du PIB en 1994. D'autre part, la priorité accordée en matière de dépenses d'investissement aux infrastructures de transport et à l'électrification, procède en fait d'arbitrages effectués en faveur des investissements en zone rurale. Cependant, ces mesures sont loin de constituer une véritable politique de redistribution. En fait, l'Etat iranien a surtout cherché à travers sa politique budgétaire à soutenir les groupes sociaux qui lui étaient favorables. C'est cet objectif qui explique la montée en puissance de la politique de subventions, qui concerne surtout les classes les plus défavorisées de la population ou l'effort d'équipement entrepris dans les zones rurales. Toutefois, la véritable politique de transfert de l'Etat iranien est intervenue à travers l'essor de dépenses effectuées à l'aide des activités quasi-budgétaires (cf. chapitre III).

2 - *Evolution des principaux postes des dépenses budgétaires : le choix d'une logique clientéliste*

L'examen des principaux postes des dépenses budgétaires fait apparaître un certain nombre d'évolutions significatives qui reflètent notamment la politique "officieuse" de redistribution de l'Etat.

a - Probable diminution de la part de la masse salariale de la fonction publique en pourcentage du PIB

La part de la masse salariale de la fonction publique rapportée au PIB a probablement reculé depuis la révolution. Il n'a pas été possible d'obtenir des statistiques officielles concernant l'évolution de ce poste depuis 1980 (ce qui est sans doute révélateur) mais l'ensemble des informations recueillies sur le terrain indique déjà que les salaires en termes réels des fonctionnaires ont nettement baissé depuis la révolution. De plus, on sait que la part des fonctionnaires dans la population active est passée de 16,6 % en

1980 à 12,5 % en 1999, ce qui dénote une politique d'emploi public peu dynamique et renforce l'hypothèse d'un recul de la masse salariale de la fonction publique rapportée au PIB.

Toutefois, il apparaît nécessaire d'ajouter que ces évolutions ne signifient pas forcément une diminution aussi conséquente du pouvoir d'achat des fonctionnaires. En effet, depuis la révolution, il est clair que l'Etat a toléré un absentéisme très important de la part des employés du service public, ce qui leur a permis de compléter leur salaire par un deuxième, voire, un troisième emploi. On a également constaté dans certaines administrations que des avantages en nature (denrées alimentaires, voitures de service, etc.) pouvaient s'ajouter à la rémunération officielle. Cependant, au total, les fonctionnaires n'ont manifestement pas fait partie des classes privilégiées de l'Etat et on peut opposer la diminution de part de la masse salariale de la fonction publique rapportée au PIB à la montée des subventions durant la période considérée.

b - Essor des subventions

Après la révolution, le gouvernement a mis en place un système complexe de rationnement et de subventions. Cette politique a été appliquée afin de faire face à la diminution du pouvoir d'achat de la population du fait de fortes tensions inflationnistes. L'objectif était également de lutter contre les pénuries de certains produits dans le contexte d'une économie de guerre. Ces subventions étaient accordées par l'Organisation pour la protection des producteurs et des consommateurs. Elles concernaient des produits et des aliments de première nécessité (tels que les engrais chimiques, les aliments pour le bétail, le sucre, le blé, le ciment, la viande, les œufs, les poulets, le riz, le coton, le lait, etc.). Ainsi, dans le cas du blé, ces subventions étaient soit versées aux producteurs afin de maintenir les prix relativement bas, soit dépensées pour importer du blé à très faible coût en utilisant le taux de change officiel.

Le poste des subventions a nettement augmenté de 0,5 % à

1,9 % du PIB de 1980 à 1999[25]. En fait, c'est surtout à la fin de la guerre avec l'Irak que ce poste a progressé passant de 0,6 % du PIB en 1989 à 2,8 % du PIB en 1994. Puis, du fait de la crise pétrolière de 1997, il a été ramené à 1,9 % du PIB en 1998 puis s'est stabilisé à ce niveau en dépit de la nouvelle hausse du prix du pétrole.

Graphique 15 - Subventions (en % du PIB) [(1)]

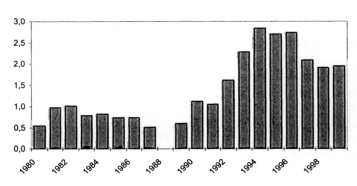

[(1)] *Les statistiques ne sont pas disponibles pour 1989*
Source : Banque Centrale d'Iran

En fait, l'essor de ce type de dépenses reflète la volonté du gouvernement de soutenir la classe des plus défavorisés, celle des "déshérités" dans la rhétorique révolutionnaire. Ce sont en effet les

---

[25] *Il est à noter que ces statistiques ne donnent qu'une mesure imparfaite du niveau réel de subventions allouées par l'Etat. Par exemple, les allocations en rials budgétisées pour importer du blé à bas prix à partir du taux de change officiel conduisent à une sous-évaluation de l'aide de l'Etat. Celle-ci doit être estimée en calculant la différence entre ces importations de blé à bas prix et leur coût réel à partir du taux de change du marché noir. De même, ces statistiques n'intègrent pas les subventions accordées de manière implicite à travers la fixation des prix de biens et de services publics tels que l'essence, l'électricité, le téléphone, l'eau, le gaz, etc. Cet aspect n'a pas été abordé car le calcul du montant véritable des subventions accordées dans ces domaines demande la prise en compte d'un certain nombre de données dont l'auteur ne disposait pas (coût de production, impact sur le salaire moyen, comparaison avec d'autres pays, etc.).*

classes sociales aux revenus les plus faibles qui ont pris part le plus activement à la révolution. De plus, on peut remarquer que la politique de soutien du gouvernement à cette classe traduit sans doute autant la volonté de garder ce groupe parmi les "piliers" du régime que la peur de voir émerger des tensions sociales.

Il faut noter que l'un des groupes les plus actifs dans la révolution a été celui des immigrés urbains en provenance des zones rurales qui faisaient partie des laissés pour compte du développement d'alors. Par ailleurs, depuis la fin de la guerre, on a assisté à des explosions sociales d'une grande violence mais localisées géographiquement (Meshed, Islamchar dans la banlieue de Téhéran).

Ce système, mis en œuvre dans le cadre de l'économie de guerre à caractère centralisé de l'Iran des années 1980, a été maintenu et même amplifié depuis. Cette progression est même intervenue alors que l'un des éléments importants du débat économique en Iran, notamment après la guerre, a porté sur la nécessité de diminuer ces subventions, voire de les supprimer. Or, il n'en a rien été, bien au contraire. En fait, cet écart entre le discours et la réalité reflète bien une volonté de soutien à cette classe. Celle-ci s'est également traduite par le fait que si la progression de ces subventions peut être liée à l'accélération de l'inflation, inversement, ces subventions ne diminuent pas forcément quand l'inflation ralentit. De 1994 à 1996, les subventions sont restées relativement stables (en % du PIB) en dépit du ralentissement de l'inflation. Une nouvelle fois, on constate que la baisse de ce poste à partir de 1997 doit surtout être reliée à la chute du prix du pétrole en 1997-1998.

Tableau 7 - Répartition des subventions
(en % des subventions totales)

	1980	1986	1989	1993	1998
Engrais chimiques	39,1	15,7	22,4	11,2	7,2
Lait et Fromage	8,6	0,0	13,1	4,8	4,5
Médicaments pour les animaux	0,0	7,0	0,0	0,0	0,0
Sucre	32,2	10,0	18,3	9,6	1,4
Achat de blé	9,9	52,3	27,8	54,4	70,7
Achat de ciment, poulet, œufs par la CNC	8,0	0,0	0,0	0,0	0,0
Viande	0,0	0,0	0,0	0,0	0,0
Essence pour les taxis	0,0	3,1	0,0	0,0	0,0
Huile et riz	0,0	0,0	0,0	0,0	5,3
Fixation du prix des produits sidérurgiques	0,0	5,4	18,4	20,0	0,0
Subventions de change pour les pèlerins de la Mecque					3,1
Autres	2,2	6,5	0,0	0,0	6,3
Total	100,0	100,0	100,0	100,0	100,0

Source : Banque Centrale d'Iran

Par ailleurs, l'étude des dépenses d'investissement donne un certain nombre d'éléments de réponse quant aux choix économiques du gouvernement. Cette analyse renforce également l'impression d'une logique clientéliste dans la mise en œuvre des choix budgétaires.

c - Répartition des dépenses d'investissement : priorité aux zones rurales

On peut déterminer quelques tendances fortes dans l'évolution de la répartition des dépenses d'investissement (cf. tableau 8). Le poids des dépenses dans les secteurs de l'électricité, des infrastructures de transport et de l'eau, ainsi que l'essor des dépenses d'investissement concernant la rénovation des zones rurales durant cette période, doivent être notamment reliés à la volonté du gouvernement d'équiper les zones rurales. Cet objectif peut être mis en rapport, une nouvelle fois, avec la volonté du régime de satisfaire les groupes sociaux qui lui sont favorables[26]. Ces choix peuvent être aussi le fruit de la volonté du gouvernement de freiner l'exode rural, compte tenu notamment du poids de ce phénomène dans les facteurs explicatifs de la révolution islamique.

On constate tout d'abord qu'en près de 20 ans, il y a eu effectivement un effort important mené en matière d'électrification. Ce poste est le premier poste de dépenses en 1999 avec 11,8 % du total. Les infrastructures de transport sont restées un secteur prioritaire. Ce secteur, qui était le premier poste de dépenses (14,7 % des dépenses totales) en 1980, a reculé mais reste l'un des principaux postes de dépenses avec 8,4 % du total. Cette situation traduit bien l'importance de ce secteur dans l'économie iranienne[27]. D'autre part, les investissements dans le secteur de l'eau sont passés du sixième au quatrième rang sur la période. Par ailleurs, leur poids relatif est passé de 6,8 à 10,6 % des dépenses totales. On constate que ce type de dépense n'a pas connu les violents ajustements qui ont caractérisé d'autres secteurs comme l'éducation. Ces éléments reflètent le caractère stratégique de ce secteur dans l'économie iranienne. L'Iran a, compte tenu de sa croissance démographique et d'un certain nombre de caractéristiques (faible pluviosité, distance moyenne très élevée entre les sources d'eau et les villes, forte consommation d'eau de la part des ménages, etc.), d'immenses besoins dans ce domaine.

---

[26] *Il est intéressant de constater que, si les classes rurales n'ont pas été à l'avant-garde de la révolution, elles ont largement et directement (en étant volontaires) participé à la guerre contre l'Irak.*

[27] *On constate cependant que si les infrastructures de transport sont restées un poste important des dépenses d'investissement, les efforts réalisés dans ce domaine n'ont pas contribué à modifier le fait que ces infrastructures restent beaucoup plus orientées vers l'importation que vers l'exportation. Ceci démontre une nouvelle fois que le caractère rentier de l'économie n'a absolument pas été modifié.*

Tableau 8 - Répartition des dépenses d'investissement (%)

	1980	1986	1988	1993	1999
Affaires générales	**4,3**	**4,6**	**4,5**	**4,2**	**3,5**
Affaires sociales	**29,4**	**15,3**	**27,8**	**33,8**	**19,8**
dont logement	9,3	2,5	3,3	2,3	1,7
dont éducation	10,6	1,8	6,7	13,3	3,0
dont rénovation des zones rurales	0,5	1,0	1,1	1,2	3,0
dont recherche et éducation supérieure	0,0	2,5	3,1	3,4	4,0
dont santé	4,3	2,5	5,0	7,5	1,9
dont développement urbain	3,2	1,7	3,7	4,5	2,5
Affaires économiques	**56,7**	**63,1**	**53,3**	**61,7**	**54,7**
dont eau	6,8	6,4	9,0	11,9	10,6
dont pétrole	0,0	6,4	0,4	12,8	10,1
dont industrie	12,4	12,7	12,1	2,8	0,3
dont transports	14,7	13,9	15,2	16,5	8,4
dont électricité	11,7	8,7	4,0	20,6	11,8
dont agriculture	4,7	8,9	9,3	7,2	3,0
dont postes-télécom.	2,1	0,3	0,2	0,3	4,3
Total	**100,0**	**100,0**	**100,0**	**100,0**	**100,0**

Source : Banque Centrale d'Iran

Par ailleurs, l'analyse de l'évolution de la répartition de ces dépenses révèle une absence de continuité dans les choix de politique budgétaire. Cette situation est le résultat du poids des facteurs exogènes déjà cités (évolution des recettes pétrolières, poids de la guerre, etc.) mais traduit aussi des changements d'orientation de la politique économique. Les investissements dans l'industrie se sont effondrés à partir de 1990, ce qui reflète l'abandon de la politique industrielle volontariste appliquée par le gouvernement de Moussawi durant la période 1981-1989. Les dépenses d'investissement dans le système éducatif ont diminué de 1980 à 1999, passant de 10,6 % à 3 % des dépenses totales, ce qui reflète également une très forte diminution des dépenses par élève compte tenu de la très forte croissance démographique depuis la révolution. On peut remarquer, d'autre part, que ce secteur a été utilisé relativement plus que d'autres comme variable d'ajustement pendant la guerre avec l'Irak. Alors que son poids dans les dépenses totales se situait à 10,6 % en 1980, celui-ci a été ramené à 3,5 % en 1983 puis à 1,8 % en 1986[28]. On constate que les dépenses d'investissement dans le secteur du logement se sont effondrées de 1980 à 1999 passant de 9,3 % à 1,7 % des dépenses totales. Cette évolution traduit sans doute une évolution dans la politique générale du gouvernement. Dans les premières années de la révolution, la politique économique du gouvernement était caractérisée par une composante populiste assez forte. Un effort assez important a alors été accompli en matière de logement. Par la suite, cette dimension populiste s'est amoindrie et ce poste a perdu de son importance. Un autre élément important est le très net essor des dépenses d'investissement dans le secteur pétrolier durant cette période. Les dépenses d'investissement dans le secteur pétrolier, qui étaient nulles en 1980, ont atteint 10,1 % des dépenses totales en 1999 et sont devenues le cinquième poste de dépense par ordre décroissant. Cette évolution traduit également un changement profond dans la politique économique du gouvernement. Au moment de la révolution, l'un des objectifs du gouvernement était d'en finir avec la dépendance excessive vis-à-vis des recettes pétrolières. Il avait donc été décidé de limiter l'exploitation et d'économiser cette ressource. Toutefois, devant la nécessité d'augmenter les recettes budgétaires du fait notamment de la guerre avec l'Irak, les dépenses d'investissement dans ce secteur sont montées en puissance. Après un pic à 18,4 % des dépenses totales en 1994, elles ont été ramenées à 10,1 % des dépenses totales en 1999. Cette diminution relative des dépenses d'investissement dans le secteur pétrolier ces dernières années s'explique sans doute par la politique d'accueil des investissements étrangers dans ce domaine depuis 1995.

---

[28] *Il est intéressant de constater que le fait que le gouvernement ait diminué ses dépenses dans le domaine de l'éducation durant certaines périodes a contribué à l'inverse à accroître les inégalités car il s'est développé en Iran un système d'enseignement privé très onéreux de cours du soir de soutien qui permet de pallier les déficiences du système scolaire public.*

On retrouve les mêmes éléments (poids des recettes pétrolières, logique clientéliste) dans les facteurs explicatifs des recettes budgétaires.

III - DES RECETTES BUDGETAIRES "CANNIBALISEES" PAR LES RECETTES PETROLIERES

L'évolution des recettes budgétaires depuis la révolution est marquée par plusieurs caractéristiques :

Tout d'abord, les recettes globales sont évidemment extrêmement liées aux recettes pétrolières. Ces dernières ont représenté en moyenne annuelle près de 51,7 % des recettes totales sur la période 1980-1999. Les recettes pétrolières ont même constitué certaines années près des trois quarts des recettes totales. Cette situation est véritablement inhérente à une économie pétrolière où le gouvernement, étant propriétaire de la rente pétrolière, est peu incité à mettre en place une véritable politique fiscale. Le système d'imposition classique reste donc sous-développé, marqué par la corruption et l'évasion fiscale, de nombreuses exemptions et donc l'absence de lien entre le rendement de l'impôt et l'évolution de l'activité.

L'autre élément déterminant des évolutions des recettes totales est le système de change utilisé. Par définition, dans une économie pétrolière, les recettes liées à la vente d'hydrocarbures étant obtenues en dollars, la variation de la parité dollar-monnaie nationale est un élément déterminant de l'évolution des recettes. La situation est relativement compliquée en Iran du fait de l'existence de plusieurs taux de change. Dans ces conditions, l'évolution des recettes a été déterminée par les variations du taux de change officiel ainsi que par l'évolution de l'écart entre le taux de change officiel et les autres taux de change. La dépréciation du taux de change du rial sur le marché noir ou plutôt l'augmentation de l'écart entre le taux de change du marché noir et le taux de change officiel conduisait en fait à indirectement augmenter les recettes pétrolières du gouvernement (la différence entre la vente de dollars aux différents taux autorisés et l'achat de dollars au taux officiel étant transférée de la BCI au gouvernement).

Graphique 16 - Recettes budgétaires durant la période (en % du PIB)

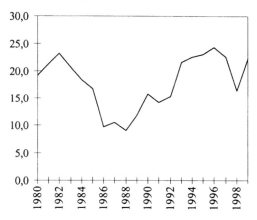

Source : Banque Centrale d'Iran

Enfin, l'évolution des recettes budgétaires traduit également les choix politiques du gouvernement. Il est ainsi très révélateur que l'impôt à l'importation ait eu un rendement extrêmement faible depuis la révolution alors que, durant la même période, des sur-profits ont été réalisés à l'importation par les marchands qui pouvaient jouer sur les différents taux de change (par exemple en obtenant des allocations de change au taux officiel pour des importations et en revendant une partie de ces devises sur le marché noir). Ceci traduit bien un soutien très clair du régime à la classe des marchands. De même, le statut particulier des fondations religieuses qui n'étaient pas assujetties à l'impôt alors qu'elles possèdent une part importante des richesses nationales reflétait bien le fait que ces organisations étaient l'un des principaux soutiens du régime. Plus indirectement, le sous-développement du système fiscal a permis de limiter les tensions sociales en ne s'attaquant pas aux revenus générés dans l'économie parallèle. En effet, ces derniers ont donné l'opportunité à certaines classes de la population (employés, fonctionnaires, etc.) de faire face à la baisse de leur pouvoir d'achat. Le gouvernement a donc été finalement assez pragmatique en permettant, à travers l'inefficacité du système fiscal en place, que ces revenus ne soient pas taxés.

Plus fondamentalement, la structure des revenus budgétaires caractérisée par le poids des recettes pétrolières et la faiblesse des recettes fiscales reflète le type de relation qui s'est établi en Iran entre l'Etat et le citoyen. Le citoyen iranien n'est pas responsabilisé et ne se sent pas responsable vis-à-vis de la politique générale de l'Etat. Ce dernier est plutôt vu comme un corps étranger qui doit surtout laisser tranquille les agents économiques. Dans ces conditions, l'évasion fiscale fait partie de la culture nationale et la mise en place d'une véritable réforme fiscale impliquera également une évolution du rapport entre l'Etat et le citoyen.

1 - Les recettes pétrolières

Les recettes pétrolières doivent être séparées en deux composantes : les recettes obtenues à partir de la vente de la rente pétrolière au taux de change officiel et le bénéfice remis par la banque centrale au gouvernement et obtenu par la différence entre la vente des recettes pétrolières en devises aux différents taux de change en vigueur et le coût lié à l'achat des recettes pétrolières au taux de change officiel[29]. Les évolutions de change ont ainsi permis d'augmenter artificiellement les recettes pétrolières depuis la révolution. En effet, comme cela a déjà été expliqué, le gouvernement reçoit dans un premier temps les recettes pétrolières en dollar. Puis, il les vend à la banque centrale au taux officiel. Par la suite, la banque centrale vend les devises aux différents taux de

---

[29] *Comme il sera précisé plus tard, la revente des recettes pétrolières sur le marché noir avait également comme objectif de stabiliser le taux de change de ce marché parallèle.*

change en vigueur à l'ensemble des agents économiques. Puis, la différence entre la vente de ces devises aux différents taux de change en vigueur (dont le taux du marché noir) et l'achat de ces devises au taux officiel est attribuée au gouvernement. Le gouvernement inclut explicitement ces recettes comme l'un des postes de ses recettes pétrolières depuis 1986. Cette décision a sûrement été motivée par l'effondrement des recettes pétrolières à l'époque. De plus, compte tenu de l'écart croissant entre le taux de change officiel et les autres taux de change, ces recettes d'appoint ont constitué une part croissante des recettes pétrolières pour représenter près de quatre fois les recettes pétrolières *stricto sensu* en 1992.

Graphique 17 - Recettes pétrolières totales (en % du PIB)

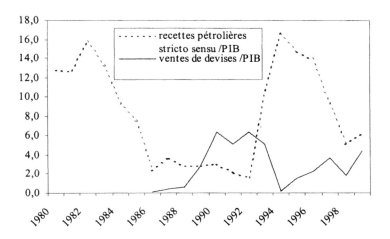

Source : Banque Centrale d'Iran

a - Les recettes pétrolières obtenues à partir des ventes des devises au taux de change officiel

Les recettes pétrolières ont connu plusieurs phases liées d'abord

73

à l'évolution du prix du pétrole et du taux de change officiel. Juste après la révolution, le gouvernement avait comme objectif l'économie des ressources pétrolières, ce qui a entraîné la stabilisation des ressources pétrolières autour de 12,8 % du PIB. Puis, le déclenchement de la guerre avec l'Irak a contraint le gouvernement à réviser sa position et à exploiter au maximum les ressources pétrolières qui ont atteint 15,7 % du PIB en 1982. La baisse progressive du prix du pétrole a entraîné une diminution régulière des recettes pétrolières, avant qu'elles ne s'effondrent en 1986 à 2,4 % du PIB. Puis, les recettes pétrolières *stricto sensu* sont restées faibles jusqu'en 1992, du fait de l'absence de variation du change dans un environnement inflationniste (qui gonflait le PIB nominal). Les dévaluations de 1993 et 1994 ont entraîné un doublement des recettes pétrolières qui ont atteint 10,6 % du PIB en 1993 et 16,6 % du PIB en 1994 (car les recettes pétrolières sont obtenues en dollar puis échangées contre des rials à partir du taux de change officiel). Ensuite, sur la période 1995-1996, la forte inflation a pesé sur les recettes qui se sont tassées, se situant à 13,9 % du PIB en 1996. Ce mouvement a été accentué par la chute du prix du pétrole, les recettes pétrolières représentant en 1997 et 1998 respectivement 11,5 et 5,1 % du PIB. Puis, avec la remontée du prix du pétrole, les recettes pétrolières se sont relevées à 6,2 % du PIB en 1999.

b - Les recettes pétrolières obtenues à partir de la vente de la rente pétrolière aux différents taux en vigueur

Différents éléments incitent à penser que les autorités ont obtenu des recettes supplémentaires à partir de la vente des recettes pétrolières aux différents taux en vigueur dès le début des années 1980. Toutefois, ces recettes n'ont été officiellement comptabilisées qu'à partir de 1986. Sur la période 1989-1993, l'existence d'un écart croissant entre le taux de change du marché noir et le taux de change officiel et un afflux de devises, du fait de la remontée du prix du pétrole en 1990, ont induit une hausse de ces recettes qui ont atteint 5,1 % du PIB en moyenne durant cette période. Puis, du fait notamment de la dévaluation, les recettes liées aux reventes de devises ont chuté jusqu'à 0,2 % du PIB en 1994. Puis, pendant la période 1996-1997, une nouvelle hausse des recettes en devises, du fait d'une remontée du prix du pétrole, et la forte dépréciation du taux de change sur le marché noir ont permis une hausse de ces recettes qui ont atteint 2,3 % et 3,1 % du PIB en 1996 et 1997. La chute du prix du pétrole a conduit à une diminution des rentrées de devises et donc des recettes de change du gouvernement qui ont été réduites de 3,1 % du PIB en 1997 à 1,8 % du PIB en 1998. L'année suivante, les recettes liées à la revente des devises par la BCI ont fortement progressé de 1998 à 1999 de 1,8 % à 4,4 % du PIB, reflétant ici l'afflux de devises et la politique de change de la BCI qui visait alors à soutenir le rial en vendant massivement des dollars sur le marché noir.

Si l'on analyse l'évolution des recettes pétrolières, on perçoit donc très bien l'impact de deux facteurs : le prix du pétrole et le taux de change.

• les variations du prix du pétrole déterminent évidemment le profil d'évolution générale. On remarque surtout les reculs de 1986 et de 1998 ainsi que le rebond de 1999.

• la dévaluation du taux de change officiel en 1993-1994 a conduit à une très forte augmentation des recettes pétrolières. Cette méthode pour "gonfler" artificiellement les recettes pétrolières a en fait été utilisée car c'est une des solutions les plus aisées pour augmenter les recettes budgétaires. Les recettes pétrolières en dollars sont déterminées par l'évolution du prix du pétrole. Il est très difficile de faire progresser rapidement les recettes non pétrolières. Dans ces conditions, faire varier le taux de change pour gonfler les recettes pétrolières apparaît comme un moyen aisé d'augmenter les recettes pétrolières. Toutefois, cette méthode a un coût qui est l'appauvrissement de la banque centrale puisque cette institution comptabilise à son actif les réserves en devises au taux de change officiel.

Au total, on perçoit qu'il existe un certain nombre de facteurs encourageant le gouvernement à favoriser une inflation élevée qui permet de rétablir en apparence l'équilibre des finances publiques. Ainsi, toute dépréciation rapide du taux de change sur le marché noir a des conséquences inflationnistes mais permet également de gonfler artificiellement les recettes budgétaires grâce à la revente des devises sur le marché noir.

2 - Des recettes non pétrolières résiduelles

a - Le sous-développement du système fiscal

Les recettes fiscales ont représenté en moyenne annuelle 32,5 % des recettes totales sur la période 1980-1999. Comme le gouvernement n'a jamais entrepris de bâtir un véritable système fiscal, ce poste doit être considéré comme un poste résiduel, une fois décomptées les recettes pétrolières. Ainsi, en 1986, l'effondrement des recettes pétrolières a conduit la part des recettes fiscales dans les recettes totales à 60 %. En fait, le gouvernement ne s'intéresse véritablement aux recettes fiscales que dans le cas où les recettes pétrolières reculent. D'ailleurs, globalement, les recettes fiscales ont, depuis la révolution, suivi une tendance globalement baissière passant d'un point haut à 6,7 % du PIB en 1981 à 6,2 % du PIB en 1999, ceci étant une marque supplémentaire du peu d'importance de ces recettes pour les autorités.

En fait, les recettes fiscales sont encore largement insuffisantes du fait des nombreux dysfonctionnements qui affectent le système fiscal perse. Celui-ci est d'abord marqué par sa complexité. Il existe une grande quantité de régimes différents pour le même type d'impôt. Le système d'imposition iranien souffre également du trop grand nombre d'exemptions accordées sans véritable logique économique. L'environnement fiscal est non seulement complexe mais aussi extrêmement volatil. La réglementation concernant les droits de douanes a été continuellement modifiée depuis la révolution. En outre, les taux d'imposition sont extrêmement faibles. Ainsi, le rendement de l'impôt sur les revenus et les sociétés représente à peine 1,9 % du PIB en moyenne annuelle sur la période 1980-1999, soit 11 % des recettes totales. De même, les droits de douanes sont trop bas surtout par rapport au montant des profits réalisés par les importateurs. Ainsi, les droits de douane sont calculés en utilisant le taux de change officiel, ce qui conduit à attribuer d'énormes subventions aux importateurs, compte tenu de l'écart croissant entre le taux de change officiel et le taux de change du marché noir. Certains impôts sont encore très insuffisamment développés comme la TVA (0,8 % du PIB en moyenne annuelle sur la période). Le gouvernement n'a jamais entrepris de réforme de fond de son système fiscal. Il a tout juste entrepris des réformes encore timides depuis deux ans avec notamment l'instauration d'une TVA pour quelques produits. Mais le véritable problème concerne l'évasion fiscale. Elle prend de multiples formes : fausses déclarations, corruption des agents des impôts, essor de l'économie parallèle, etc. Elle est principalement due au fait que, dans une économie pétrolière, l'Etat n'est jamais véritablement incité à développer ses recettes fiscales et prête donc peu attention à la fraude fiscale, voire, l'accepte. Il en est de même du côté des agents économiques qui, dans le cadre d'une économie pétrolière, ne se sont jamais sentis responsables devant l'Etat. Il est clair que l'environnement politique a également joué un grand rôle, le mécontentement populaire vis-à-vis du régime en place conduisant à l'essor de la fraude. En outre, le gouvernement a lui-même laissé cette situation se développer en changeant complètement la nature de la politique fiscale. Une des caractéristiques d'un Etat rentier est, en effet, de bâtir des réseaux de soutien politiques en échange d'avantages financiers et économiques. Cette politique a été suivie par le régime iranien depuis le développement des ressources pétrolières. Elle a été confortée et amplifiée avec la révolution islamique, le régime iranien tentant de s'attacher le soutien d'un certain nombre de réseaux politiques en accordant de nombreux avantages financiers et économiques. Dans ces conditions, il est difficile de parler de politique fiscale au sens classique du terme. Le gouvernement accorde de nombreux avantages tels que des allocations de change à un taux de change subventionné, des financements bancaires à des taux bonifiés, des licences d'importation, des autorisations pour créer son entreprise, etc. Ces avantages ont une nature fiscale mais ne sont pas inclus dans le budget du gouvernement. De plus, les impôts classiques n'échappent pas à cette logique. Le faible niveau des droits de douanes constituait une subvention accordée aux *bazaris* qui ont compté parmi les soutiens les plus importants du régime islamique. L'exemption d'impôt pour les fondations religieuses relève de la même logique. En Iran islamique, les activités fiscales et quasi-budgétaires échappent à une logique économique pour suivre une logique de "récompenses en échange de services rendus ou à venir".

Des travaux économétriques ont établi une absence de corrélation entre les différents types d'impôts et l'activité, ce qui confirme le caractère archaïque du système fiscal ainsi que le poids des exemptions et de la fraude fiscale.

Tableau 9 - Les recettes fiscales (en % du PIB)

	1980	1986	1988	1993	1999
Recettes fiscales dont :	**4,9**	**5,9**	**4,3**	**4,3**	**6,2**
impôt sur les sociétés	0,7	2,1	1,7	1,7	2,4
impôt sur le revenu	1,0	0,9	0,8	0,8	1,3
impôt sur la richesse	0,3	0,3	0,5	0,3	0,3
taxes à l'importation	2,3	1,3	0,6	1,2	1,4
TVA	0,7	1,3	0,8	0,3	0,8

Source : Banque Centrale d'Iran

b - Les recettes non fiscales : le poids croissant des taxes sur la consommation interne de pétrole

Sur l'ensemble de la période, les recettes non fiscales ont progressé de 0,8 % du PIB en 1980 à 1,5 % du PIB en 1999. En fait, les recettes non fiscales ont enregistré une forte progression à partir de 1995 sous l'impact d'une très nette hausse des ventes de biens et services. Cette évolution a résulté de l'augmentation d'un certain nombre de tarifs. Plus particulièrement, le prix de vente des produits pétroliers a été multiplié par deux à cause de la mise en place d'une nouvelle taxe sur les produits pétroliers de 100 %.

Depuis, le prix des produits pétroliers a été augmenté de 20-30 % au début de chaque année fiscale.

En conclusion de ce chapitre, on peut relever tout d'abord que la politique budgétaire iranienne souffre d'un premier dysfonctionnement : elle a été asservie à des facteurs exogènes depuis la révolution. Ces facteurs sont les recettes pétrolières et la guerre avec l'Irak. Ce dernier évènement a évidemment entraîné une hausse des dépenses militaires durant le conflit. D'autre part, l'évolution des recettes pétrolières, compte tenu du faible développement des recettes non pétrolières, conditionne complètement l'orientation de la politique budgétaire. Ainsi, à chaque fois que les recettes pétrolières sont en retrait, le gouvernement doit procéder à un ajustement à la baisse en diminuant de manière arbitraire tel type de dépenses. C'est ce qui explique l'absence de continuité dans les choix de la politique de dépense d'investissement public depuis la révolution.

La deuxième caractéristique de la politique budgétaire iranienne est l'absence de politique "traditionnelle" de redistribution. En fait, au lieu et place d'une politique classique de redistribution, l'Etat iranien mène une politique qui vise à récompenser financièrement les réseaux socio-politiques qui le soutiennent. C'est ce qui explique, du côté des dépenses, le maintien d'une politique de subventions en faveur des plus déshérités ou la priorité accordée aux dépenses visant les infrastructures de base (surtout en faveur des zones rurales). *A contrario*, cette stratégie explique le probable effondrement du pouvoir d'achat des fonctionnaires depuis la révolution. En matière des recettes, on peut citer le faible rendement des taxes à l'importation (relativement aux sur-profits réalisés) qui constituait une subvention en faveur des *bazaris* ou l'exemption totale dont ont bénéficié les fondations religieuses. Cette politique de "récompenses pour des services rendus ou à venir" a également reposé sur le développement des activités quasi-budgétaires.

Finalement, expliquer l'importance des déficits budgétaires et de l'inflation par le laxisme des autorités en matière de finances publiques n'apparaît pas convaincant. La politique budgétaire iranienne doit être replacée dans le contexte d'une vaste politique officieuse de redistribution qui a permis à l'Etat de récompenser ses alliés politiques. Cette politique a pris la forme d'un accaparement des ressources de l'Etat ainsi que d'un appauvrissement des ménages au profit de réseaux soutenant le régime : déshérités, *bazaris*, fondations religieuses et leurs mouvances, etc. Or, cette politique de redistribution "officieuse" est devenue un élément propre de la dynamique inflationniste. Le développement des activités quasi-budgétaires, utilisées pour cette redistribution, a en effet induit une inflation forte. Mais, par ailleurs, l'existence d'une inflation élevée a encouragé cette politique de redistribution : elle a appauvri les fonctionnaires et les déposants au profit de ceux qui, comme les *bazaris*, recevaient des subventions proportionnelles à l'écart entre le taux de change officiel et le taux de change du marché noir. Une telle politique de redistribution parallèle permet également de saisir ce qui est l'une des caractéristiques du système économique depuis la révolution, l'absence de frontière nette entre les secteurs public et privé. Le gouvernement a utilisé des instruments de politique économique à sa disposition pour favoriser des groupes sociaux "privés" comme les *bazaris*. En retour, les *bazaris* ont participé à l'effort de guerre. La distinction secteur public-secteur privé s'efface d'une certaine façon devant une logique de réseaux ou de clans.

Cette politique de redistribution parallèle s'est donc effectuée de manière officieuse grâce au développement des activités quasi-budgétaires. Or, celles-ci trouvent leur origine dans le type de relation qui s'est établi entre la BCI et l'Etat. Il est donc indispensable de l'analyser.

CHAPITRE III

UNE POLITIQUE MASSIVE DE REDISTRIBUTION OFFICIEUSE GRACE AUX ACTIVITES QUASI-BUDGETAIRES

L'analyse des finances publiques depuis la révolution a permis de mettre en avant que la dynamique inflationniste présente dans l'économie ne doit pas être uniquement reliée au financement par la création monétaire des déséquilibres budgétaires. L'inflation est aussi la résultante du développement d'activités quasi-budgétaires d'une grande ampleur. Ces activités ont notamment permis à l'Etat d'amplifier la politique classique de redistribution clientéliste dans une économie pétrolière. Elles ont été largement développées par le gouvernement car elles se situent au cœur de la problématique de l'économie iranienne depuis la révolution. Elles représentent, d'une certaine façon, la face cachée de la République islamique. D'une part, l'Iran, en dépit d'une inflation élevée, n'a pas sombré dans l'hyper-inflation parce que la monnaie est restée légitime sous la République islamique, l'Etat incarnant un certain nombre de valeurs basées sur une identité islamique. Mais, d'autre part, le maintien de cette cohésion sociale a également exigé que les groupes sociaux soutenant le régime soient fidélisés par l'octroi d'avantages financiers. Or, ce sont les activités quasi-budgétaires qui ont permis cette redistribution du revenu national. On est donc face à une contradiction entre la cohésion sociale qu'a su préserver le régime et la redistribution officieuse qui mine cette cohésion.

I - L'ECONOMIE IRANIENNE DEPUIS LA REVOLUTION : UNE ECONOMIE SANS CONTRAINTE FINANCIERE

Le système économique mis en place après la révolution ressemble sur de nombreux points à ceux mis en place dans les économies appartenant à l'ex-URSS. Parmi ces éléments, on relève l'absence de contraintes budgétaires dans le secteur public. Cette situation s'est traduite pour le gouvernement par un déséquilibre permanent des finances publiques et pour les entreprises du secteur public par une multiplication des situations déficitaires. Ces déficits ont été financés essentiellement par de la création monétaire. Or, on peut se demander quels sont les facteurs qui ont fait que ce financement automatique d'une dette publique croissante n'ait pas conduit à une situation d'hyper-inflation. On aurait pu, en effet, imaginer que les agents économiques rejettent complètement la monnaie officielle. Face à cette fuite devant la monnaie, l'Etat aurait fait appel, de manière encore plus aiguë, à la création monétaire pour financer la dette publique. Ceci aurait créé un environnement propice à l'avènement d'une crise monétaire caractérisée par une fuite devant la monnaie, qui aurait permis aux agents économiques de sauvegarder la valeur d'échange des avoirs privés. Ce type de crise monétaire est intervenu notamment en Allemagne dans les années 1920 et en Amérique latine dans les années 1970. Une telle crise se serait sans doute doublée, comme dans les cas précités, d'une crise politique. Il est d'ailleurs intéressant, à ce propos, de constater que la contestation "indirecte" du régime de la part de la population se manifeste par des lamentations sur la perte du pouvoir d'achat de la monnaie sous le régime islamique en prenant comme base de comparaison les années 1970 du régime du Chah.

Or, en dépit de l'ampleur des déficits publics, l'économie s'est toujours maintenue dans un régime d'inflation élevée sans jamais basculer dans l'hyper-inflation. Deux éléments peuvent expliquer cet état de fait.

1 - *Une politique économique mêlant contrainte et laisser-faire*

La première explication à ce phénomène est le fait que les autorités aient su pratiquer une politique économique qui a allié habilement contrainte et espace de liberté. Les autorités ont ainsi limité toutes les possibilités de contestation de l'ordre monétaire officiel en mettant en place une politique stricte de contrôle des changes pour éviter les fuites de capitaux. Le gouvernement a également réussi à limiter la création de réseaux bancaires parallèles en parvenant à faire interdire les banques islamiques qui s'étaient multipliées dans les premières années après la révolution. Dans le même temps, il a réussi à contrôler les évolutions du taux de change sur le marché noir. Cette gestion a pris la forme d'interventions massives de la BCI sur ce marché. Elle a également consisté à restreindre plus ou moins fortement l'activité des intervenants. Après la crise de change de 1995, le gouvernement a rendu temporairement illégale l'activité des bureaux de change qui auparavant achetaient et vendaient des devises au cours du marché noir. Parallèlement, les autorités ont su, avec pragmatisme, laisser un certain espace de liberté aux agents économiques pour que ceux-ci protègent la valeur de leurs encaisses. Ainsi, il était très facile, en dehors des périodes de crise, d'acheter et de vendre des dollars au cours du marché noir, les bureaux de change effectuant ce type de transaction étant extrêmement nombreux. Cette situation traduisait en fait l'accord tacite du gouvernement pour que se développe une économie parallèle où la plupart des transactions (versements de salaires, achats de biens ou de services) était effectuée en dollars. Cette économie non officielle génère selon certaines estimations à peu près le tiers du PIB. Or, le gouvernement n'a jamais entrepris aucune action sérieuse et durable pour limiter l'ampleur de ce phénomène. Au contraire, il a favorisé son développement comme le démontre la faible taxation des emplois à mi-temps qui permettaient justement à cette économie informelle[30] de fonctionner. De même, le gouvernement n'a jamais cherché à limiter l'action des usuriers du bazar qui prêtaient et empruntaient à des taux d'intérêt nettement supérieurs aux taux d'intérêt officiels.

2 - Une monnaie légitime en dépit de tout

Le deuxième type d'explication tient à la légitimité de la monnaie[31] sous la République Islamique. Cette légitimité depuis la révolution n'a pas été liée à l'efficacité économique de l'Etat, la création de monnaie n'étant pas gagée sur la valeur actualisée des investissements futurs. La légitimité de la monnaie a reposé sur la cohérence sociale apportée par la République islamique. L'ordre monétaire était basé sur une confiance "hiérarchique" de la population dans la monnaie. Cet ordre a pris la forme d'une institution qui a énoncé les règles d'usage de la monnaie et qui émettait le moyen de règlement ultime, la Banque Markazi. En fait, cette confiance "hiérarchique" signifiait l'adhésion de la population à une autorité souveraine, l'Etat, l'autorité devant être ici définie comme un ensemble de valeurs collectives au nom desquelles est affirmée la cohésion d'une société. Ce phénomène a été particulièrement fort en Iran où, sur les billets, à partir de la révolution islamique, ont été représentées non plus l'effigie du Chah mais celles de hauts dignitaires religieux. La monnaie, enracinée dans la totalité sociale de l'Iran islamique, a ainsi symbolisé l'affirmation de l'identité islamique du pays. Accepter cette monnaie, c'était en fait adhérer à l'ensemble des valeurs (croyances et/ou pratiques) qui devait fonder une société islamique. Il est évident que la monnaie de la République islamique ne doit pas être rapprochée d'un calcul rationnel de l'individu sur la valeur de la contrepartie de la création monétaire mais sur la notion de

---

[30] *Khalatbari, F. (1994), p. 121.*
[31] *Cette partie fait référence aux travaux analysant les rapports entre monnaie et totalité sociale. Une présentation générale de ces analyses a été effectuée dans l'introduction de La monnaie souveraine, Aglietta, M., Orléan, A. (1998), pp. 9-34.*

"dette de vie", l'Etat iranien s'engageant à construire une société où la vie individuelle devait respecter les principes islamiques. Toutefois, il est également important de ne pas réduire cette légitimité de l'Etat iranien à la défense exclusive de l'Etat islamique. C'est également la capacité de l'Etat à défendre des valeurs collectives mettant en avance l'Iran en tant que nation qui lui a assuré sa légitimité. A ce propos, il est clair que la capacité du régime à organiser la résistance à l'attaque irakienne ainsi qu'à préserver l'intégrité territoriale du pays a également participé à la construction de la légitimité de l'Etat.

Au total, on a été en présence d'un ordre monétaire extrêmement cohérent basé sur l'affirmation d'un certain nombre de valeurs mêlant Islam et nationalisme. Toutefois, le maintien de la cohésion sociale a également exigé qu'un certain nombre de groupes sociaux privés bénéficie sur le plan matériel de cet ordre monétaire. Ceci a été possible grâce à la mise en place d'une politique budgétaire "parallèle". A partir du développement d'activités quasi-budgétaires qui sont restées dans l'ombre de la procédure budgétaire officielle, l'Etat a été en mesure d'assurer les transferts nécessaires à l'adhésion de ces groupes sociaux à cet ordre monétaire. L'ordre monétaire de la République islamique est donc empreint d'une contradiction entre la défense des valeurs collectives qui le sous-tende et la protection des intérêts matériels de certains groupes sociaux alliés du régime.

Les activités quasi-budgétaires sont donc des actions menées par une entité publique pour le compte de l'Etat dans le but, soit d'effectuer des dépenses qui sont en fait des dépenses budgétaires, soit d'accroître les revenus du gouvernement. Elles sont souvent accomplies par l'intermédiaire de la banque centrale.

II - POURQUOI A-T-ON ASSISTE A UN DEVELOPPEMENT DES ACTIVITES QUASI-BUDGETAIRES APRES LA REVOLUTION ?

Ces activités se sont développées parce que le coût de leur gestion était faible et parce qu'elles pouvaient être facilement dissimulées vis-à-vis de la population. Le gouvernement devait par ailleurs développer rapidement de nouvelles ressources budgétaires. Enfin, l'environnement économique et financier était favorable au développement de telles activités, compte tenu du rôle central de la BCI.

1 - Faible coût de gestion des activités quasi-budgétaires

Ces activités sont intéressantes pour le gouvernement d'un pays en voie de développement, car le coût de leur gestion est faible. En effet, dans la plupart de ces économies, l'appareil fiscal est en mauvais état. Or, il peut se révéler très coûteux pour le gouvernement sur le plan budgétaire de vouloir réformer ou plutôt développer ce système fiscal. Dans le cas de l'Iran, l'accumulation des déficits budgétaires depuis la révolution signifiait qu'il était difficile d'augmenter les dépenses budgétaires pour développer le système fiscal. Il est donc apparu plus avantageux pour le gouvernement, sur la base d'un raisonnement de court terme, d'utiliser la banque centrale à des fins fiscales plutôt que de supporter les coûts de cette modernisation de l'appareil fiscal.

2 - Des activités difficilement décelables par le public

Ces fonctions quasi-budgétaires ne sont pas enregistrées dans le budget du gouvernement. Il est, en outre, souvent très difficile de distinguer les activités quasi-budgétaires des activités monétaires de la banque centrale. Le taux d'imposition que ces activités impliquent n'est jamais explicitement précisé. En d'autres termes, leur coût économique, social et politique est difficile à déterminer dans un premier temps. Il est donc tentant pour le gouvernement de mettre en œuvre des activités quasi-budgétaires à son profit. Par exemple, leur développement coexiste souvent avec une gestion budgétaire laxiste. En fait, ces activités quasi-budgétaires permettent souvent au gouvernement de dissimuler le coût économique et politique des déficits budgétaires. Dans le cas de l'Iran, ces arguments sont renforcés par la traditionnelle réticence des agents économiques iraniens à faire face à leurs obligations fiscales.

C'est ainsi que le gouvernement iranien a pu accumuler des déficits budgétaires tout en ne laissant pas apparaître le véritable coût économique et social de leur financement. Il a, de plus, pu dissimuler les conséquences de ces opérations fiscales en matière de redistribution des revenus. Le gouvernement a donc pu pratiquer une politique de grande ampleur de redistribution des revenus conforme à ses objectifs, sans contrôle parlementaire. Ces éléments ont eu une importance capitale sur le plan politique : le gouvernement a essayé de constituer des groupes de soutien politique en accordant des avantages économiques aux différents groupes de pression qui lui étaient favorables.

3 - *Nécessité de développer rapidement des ressources budgétaires*

Le gouvernement iranien a accumulé des déficits budgétaires depuis la révolution et s'est trouvé dans l'obligation de disposer rapidement de nouvelles recettes pour pallier ses difficultés. Or, de toutes les sources possibles de revenus, les recettes quasi-budgétaires étaient les plus faciles à collecter.

a - Impossibilité de faire appel aux financements extérieurs

Le gouvernement iranien a considéré après la révolution que l'endettement extérieur constituait un élément propre à entraîner une situation de dépendance. De ce fait, les emprunts souscrits à l'étranger sous le régime précédent ont été remboursés par anticipation. Parallèlement, il a été décidé qu'aucun nouvel emprunt ne serait souscrit. C'est ainsi que le contrôle parlementaire sur l'endettement extérieur a été renforcé :

• l'article 77 de la Constitution de la République islamique indique que tous les contrats passés avec l'étranger par le secteur public sont soumis à une autorisation parlementaire ; cet article s'applique aux contrats de financement.

• l'article 80 de la Constitution réaffirme explicitement

l'obligation d'autorisation parlementaire pour les emprunts du secteur public auprès de l'étranger.

b - Difficulté à faire varier les recettes pétrolières

Le gouvernement était évidemment dans l'impossibilité de contrôler les recettes pétrolières en dollars. Il a d'abord essayé toutes les méthodes possibles et imaginables pour gonfler ces recettes pétrolières : ventes d'une partie à un prix plus élevé que celui du marché, ventes à l'avance sur les recettes pétrolières futures, ventes supérieures à la part définie par l'OPEP. Toutefois, cette stratégie n'a pas permis de faire face aux besoins de financement du gouvernement. L'autre possibilité, devant la nécessité de faire progresser les revenus budgétaires, aurait été de dévaluer sa monnaie, ce qui aurait entraîné une augmentation automatique des recettes pétrolières converties en monnaie nationale. Le refus du gouvernement de dévaluer l'a privé de cette possibilité jusqu'en 1993-1994.

c - Difficulté d'augmenter les recettes non pétrolières

Les recettes fiscales

Dans le cas d'une économie pétrolière comme l'Iran, les recettes fiscales ont un rendement très faible et sont très peu sensibles à l'activité. En outre, la désorganisation de la vie économique qui a suivi la révolution ainsi que les contraintes induites par la guerre avec l'Irak ne se prêtaient pas à une remise à plat et à une réforme du système fiscal iranien. En outre, une véritable réforme fiscale aurait pu conduire à des tensions sociales. Il faut savoir que la fraude fiscale est historiquement et culturellement ancrée dans les mentalités. Pour donner une idée de la dimension de ce phénomène, on peut signaler qu'en 1989, selon une estimation du Ministère des Finances, les recettes fiscales effectives représentaient 45 % des recettes potentielles.

Les recettes non fiscales

On a déjà évoqué les difficultés rencontrées par le gouvernement iranien pour diminuer les subventions sur les prix des produits et services publics, dans un contexte marqué par une forte inflation.

4 - *Rôle central de la Banque Centrale d'Iran dans le système économique et financier*

Le gouvernement a avant tout utilisé la Banque Centrale d'Iran à des fins fiscales compte tenu de la place de cette institution dans le système économique et financier. Un ministère peut effectuer des dépenses dans le cadre du budget qui lui a été alloué. Mais la banque centrale peut, dans son champ d'action, le système financier, à la fois prélever des impôts et effectuer des dépenses[32]. De même, la banque centrale peut viser, dans le cadre de ses actions quasi-budgétaires, un objectif donné de répartition des revenus.

Dans le cas de l'Iran, ces arguments ont été renforcés par le fait que la Banque Centrale d'Iran joue un rôle essentiel dans le système économique et financier iranien. Historiquement, comme cela a déjà été dit, la BCI a été un élément essentiel du mode de développement économique mis en place : elle a assuré au gouvernement et au secteur public les financements nécessaires en recyclant les pétrodollars et en créant de la monnaie. Ce rôle central a été renforcé par le sous-développement du système financier iranien. Ce sous-développement, qui s'est accru depuis la révolution à cause, notamment, de la restructuration et de la nationalisation du système bancaire, a eu deux conséquences. Il a obligé la BCI à remplir différentes missions qui ne devraient pas être de son ressort, comme ces activités quasi-budgétaires et/ou, l'émission de lettres de crédit. Ce rôle pivot de la BCI a été renforcé par le fait que l'institut d'émission iranien a mené une

---

[32] *Fry, M.J. (1993), p. 2.*

politique de contrôle direct et strict du système bancaire, que ce soit dans les domaines de la politique monétaire ou de la supervision.

Le système financier iranien depuis la révolution

Le système financier est essentiellement composé du système bancaire, les marchés de capitaux étant très peu développés. Il n'existe en effet qu'un seul marché de capitaux, la Bourse de Téhéran, affectée par de nombreux dysfonctionnements. Le système bancaire a été restructuré et nationalisé à la révolution. Après ces opérations, il comprenait 6 grandes banques commerciales, 3 banques spécialisées (dans l'agriculture, l'industrie et le logement), ainsi qu'une banque dans chaque province. Toutefois, une banque commerciale privée a été établie en 2001. En 1984, la loi sur les opérations bancaires sans usure a été mise en application et les banques doivent désormais fonctionner *a priori* sans utiliser le taux d'intérêt. Le système bancaire est caractérisé par son inefficacité et sa fragilité, du fait de l'importance des créances douteuses.

III - PROBLEME DE LA DEFINITION DES ACTIVITES QUASI-BUDGETAIRES

Avant d'analyser les activités quasi-budgétaires de la BCI après la révolution, il est important de traiter un problème méthodologique lié à la définition même d'une activité quasi-budgétaire. Ce problème est dû à une des raisons qui incite le gouvernement à développer ces fonctions quasi-budgétaires : il est très difficile de les distinguer des activités classiques d'une banque centrale. Plus précisément, il est quelquefois peu évident de séparer les fonctions monétaires, des fonctions quasi-budgétaires d'une banque centrale. Cette difficulté renvoie à la question controversée des fonctions que doit assumer une banque centrale. Parmi les différentes visions du rôle d'une banque centrale qui sont

généralement présentées, on peut citer celle de De Kock[33] :
- la gestion de la monnaie, compte tenu des besoins des entreprises et du public. Pour ce faire, la banque centrale a reçu le monopole de la création de monnaie.
- l'allocation de crédits sous différentes formes, aux banques commerciales, aux institutions financières non bancaires et l'acceptation de la responsabilité de prêteur en dernier ressort.
- le contrôle du crédit selon les besoins des entreprises et de l'économie du pays, et les objectifs de la politique monétaire.
- la supervision et le contrôle des banques.
- assumer le rôle de banquier du gouvernement
- la détention des réserves des banques commerciales
- la détention et la gestion des réserves en devises du pays
- la réalisation des opérations de compensation entre banques et la fourniture de moyens pour effectuer des transferts de fonds entre centres.

De Koch divise ces activités en deux groupes. Le premier (1-4) comprend toutes les fonctions qui résultent d'un monopole accordé par le gouvernement ou de la mise en pratique de la politique du gouvernement ; le deuxième (5-8) toutes les fonctions qui sont des services bancaires. Il considère que la banque centrale qui fournit ces services agit, dans ce cas, comme une entreprise publique. Ce sont donc des fonctions quasi-budgétaires. Les fonctions du premier groupe sont considérées comme des fonctions monétaires. C'est en fait pour celles-ci qu'il est difficile de distinguer les fonctions quasi-budgétaires des fonctions monétaires. Par exemple, les opérations de refinancement sont généralement pratiquées dans le cadre de la politique monétaire. Pourtant, on peut considérer qu'elles rentrent dans le cadre des fonctions quasi-budgétaires si le taux de refinancement est inférieur à celui du marché. De même, le droit de « battre monnaie » est une des fonctions inhérentes au rôle traditionnel d'une banque centrale ; c'est donc une fonction monétaire. Mais c'est également un impôt prélevé par la banque centrale sur tous les détenteurs de liquidités et transféré au

---

[33] *De Kock, M. H. (1974).*

gouvernement par la remise d'une partie des profits de la banque centrale ou par des crédits gratuits. Cette distinction entre activités quasi-budgétaires et monétaires n'est donc pas satisfaisante.

Une autre définition des activités quasi-budgétaires prend en compte leur impact sur le budget du gouvernement[34]. Il est opéré une distinction entre les fonctions quasi-budgétaires qui ont un impact sur le compte d'exploitation et celles qui ont un impact sur le bilan.

1 - Fonctions quasi-budgétaires ayant un impact sur le compte des pertes et profits

Deux cas sont possibles, selon que le compte d'exploitation de la banque centrale dégage un profit ou un déficit.

• en cas de profit du compte d'exploitation

Il est considéré qu'en général[35], une partie des profits, c'est à dire le profit total diminué de la partie qui est affectée aux réserves de la banque centrale, est transférée au gouvernement. De ce fait, les fonctions quasi-budgétaires, sont comptabilisées dans les revenus effectifs du gouvernement.

• en cas de déficit du compte d'exploitation

Il n'est généralement pas prévu que le gouvernement comble ce déficit par une allocation budgétaire. De ce fait, les revenus du gouvernement n'intègrent pas l'impact des fonctions quasi-budgétaires. Les fonctions quasi-budgétaires ne doivent donc être prises en compte que lorsqu'on est en présence d'un déficit du compte d'exploitation de la banque centrale. Cette définition n'est toutefois pas complètement satisfaisante car critiquable sur certains points :

---

[34] Robinson, D.J. ; Stella, P. (1993).

[35] Robinson et Stella prennent pour hypothèse de base que la répartition des profits est adaptée aux besoins de gestion de la banque centrale. En effet, si la part allouée aux réserves de la banque centrale est excessive, l'impact budgétaire des activités quasi-budgétaires sera moindre. De même, si la banque centrale augmente la part du profit allouée au gouvernement, cette augmentation des revenus budgétaires ne sera pas due aux activités quasi-budgétaires stricto sensu.

- ne pas prendre en compte les activités quasi-budgétaires quand le compte d'exploitation dégage un profit revient à négliger l'impact de ces fonctions sur le montant effectif des revenus et des dépenses, c'est à dire le fait que l'exercice de ces fonctions soit équivalent à une augmentation des recettes ou des dépenses budgétaires.

- cette méthode ne permet pas d'appréhender plus facilement les recettes et les coûts générés par ces fonctions. En effet, ce type de mesure n'est pas optimal par rapport à une solution qui intégrerait toutes les activités quasi-budgétaires dans les comptes budgétaires.

- ce type de définition prend donc pour hypothèse de base le fait que les déficits du compte d'exploitation de la banque centrale ne puissent être provoqués que par ces fonctions quasi-budgétaires, ce qui n'est pas toujours le cas.

2 - *Fonctions quasi-budgétaires ayant un impact sur le bilan*

Les fonctions quasi-budgétaires qui conduisent à des modifications du bilan devraient être prises en compte. Robinson et Stella (1993) donnent l'exemple des refinancements à taux privilégiés pour favoriser certains secteurs. Il serait nécessaire de prendre également en compte les fonctions quasi-budgétaires qui conduisent à des gains ou pertes en capital.

Ces problèmes de définition sont importants à garder à l'esprit. Dans le paragraphe suivant, ne seront étudiées que les activités quasi-budgétaires qui sont généralement présentées comme celle des banques centrales des pays en voie de développement dans la classification établie par Fry[36].

IV - DESCRIPTION DES ACTIVITES QUASI-BUDGETAIRES

On distingue généralement l'impôt dû à la création monétaire, la politique de restriction financière, la gestion des devises, la

---

[36] *Fry, M.J. (1993).*

garantie de change, la garantie des dépôts et la fonction de prêteur en dernier ressort.

1 - Impôt dû à la création monétaire

Cet impôt résulte de la jouissance par la banque centrale du droit exclusif de battre monnaie et de sa capacité à imposer aux banques secondaires de déposer une partie de leurs liquidités dans des comptes gérés par la banque centrale. Les agents économiques acceptent d'utiliser la monnaie ainsi créée sans que celle-ci ne rapporte de rendement et les dépôts des banques sont rémunérés à un taux inférieur à celui du marché. Or, utilisant cette ressource, la banque centrale peut faire des crédits lui rapportant des revenus. La différence entre les revenus de ces crédits et le coût de cette ressource constitue l'impôt lié à la création monétaire. Comme il a déjà été précisé plus haut, cet impôt possède de nombreuses qualités (simplicité, maniabilité, faible lisibilité par l'extérieur).

Le gouvernement peut utiliser cet impôt de plusieurs manières. Tout d'abord, le fait qu'un montant prédéterminé des profits de la banque centrale lui soit alloué lui permet de recevoir automatiquement une partie du produit de cet impôt. Le gouvernement peut également utiliser une partie de ses recettes en se faisant financer à un taux inférieur à celui du marché. Une autre méthode pour récupérer cet impôt est d'accroître les crédits à des taux subventionnés aux banques secondaires afin que l'accélération induite du taux d'inflation diminue le coût réel des remboursements de la dette publique. Ces crédits à taux subventionnés aux banques secondaires peuvent également servir à refinancer des secteurs privilégiés.

Dans le cas de l'Iran, la méthode qui a été utilisée par le gouvernement a été le financement direct de ses dépenses par les crédits gratuits de la BCI. L'étude des contreparties de la base monétaire illustre parfaitement cette stratégie (à l'exception de l'année 1999 du fait de la forte poussée des recettes pétrolières).

Tableau 10 - Contributions des contreparties à la croissance de la base monétaire

%	1980	1986	1988	1993	1997	1999
Monnaie de base	**29,6**	**22,9**	**26,4**	**25,2**	**11,3**	**15,9**
Devises (net)	**-24,4**	**0,6**	**-0,8**	**19,6**	**-19,7**	**3,2**
Créances domestiques	**73,3**	**30,3**	**17,7**	**56,3**	**22,2**	**11,8**
1. au secteur public	65,0	31,6	17,6	63,5	12,2	-0,1
a) gouvernement	64,2	32,4	15,7	54,1	10,6	2,4
b) entr. publiques	0,9	-0,8	1,9	9,4	1,5	-2,5
2. banques	8,2	-1,2	0,1	-7,1	10,0	11,9
Autres	**-19,3**	**-8,1**	**9,4**	**-50,7**	**8,8**	**0,9**

Source : Banque Centrale d'Iran

2 - Politique de restriction financière

Il existe une autre méthode permettant d'utiliser la banque centrale à des fins fiscales : il s'agit de faire appliquer par la banque centrale une politique de "restriction financière". Une telle politique vise la mise en place d'une structure du système financier qui permette le développement maximal de ces fonctions quasi-budgétaires liées à l'impôt dû à la création monétaire. Par exemple, la banque centrale va favoriser le développement du système bancaire et décourager celui des marchés financiers, ces derniers ne pouvant être utilisés par la banque centrale pour exercer ces fonctions quasi-budgétaires avec la même efficacité. Cette stratégie s'explique par le fait qu'il est très facile de développer les fonctions quasi-budgétaires d'une banque centrale quand les principales institutions financières sont les banques et cela pour deux raisons :

• le fonctionnement même des banques : celles-ci, du fait de leurs besoins en liquidité, doivent se refinancer auprès de la banque centrale. Ce refinancement est une des contreparties de la création monétaire qui permet à la banque centrale de générer l'impôt dû à la création monétaire.

• la structure pyramidale du système bancaire permet à la

banque centrale d'imposer un certain nombre de mesures qui favorisent l'exercice de fonctions quasi-budgétaires. Parmi ces mesures, on peut citer l'immobilisation d'une partie de la liquidité des banques en réserves obligatoires ou la souscription forcée d'obligations gouvernementales par les banques, la mise en place d'un contrôle des changes, la détermination des taux d'intérêt débiteurs et créditeurs.

Une politique de "restriction financière" comprend généralement dans ses composantes une politique d'allocation de crédits à taux "bonifiés" à certains secteurs économiques. Il est à noter que, dans ce cas, cette politique favorise tout autant les activités quasi-budgétaires de la banque centrale générant des recettes que celles conduisant à des dépenses. C'est ainsi que la banque centrale ayant favorisé le développement du secteur bancaire aux dépends des marchés de capitaux, va utiliser les revenus générés par cette structure du système financier pour faire des crédits à des taux privilégiés à certains secteurs économiques. Plus précisément, la banque va financer ces crédits à taux privilégiés en imposant, par exemple, aux déposants des taux de rémunération inférieurs aux taux du marché. La politique de répression financière, dans ce cas, empêche que le destinataire de ces crédits ne les reprête à des taux plus avantageux : elle limite les alternatives en matière de dépôt.

Il est donc clair que la politique de "restriction financière" et l'imposition grâce à l'inflation sont des stratégies très complémentaires[37]. Ainsi, l'existence d'un nombre limité de produits financiers et de taux d'intérêt réels négatifs conduit, toutes choses égales par ailleurs, à une progression de la base imposable de l'impôt dû à l'inflation. D'autre part, la mise en place de réserves obligatoires entraîne également une progression de cette même base imposable. Enfin, l'impôt dû à l'inflation peut être généré par une politique de "restriction financière" qui, par des plafonds sur les taux d'intérêt, réduit la valeur en termes réels des annuités de remboursement sur les crédits de la banque centrale au

---

[37] *Giovannini, A., De Melo, M. (1993), p. 955.*

gouvernement. En fait, une politique de "restriction financière" est une action indirecte sur les structures du système financier. On considère que les politiques d'allocation de crédits à taux privilégiés sont un des volets de ces politiques de "restriction financière", car elles n'assurent un rendement maximal que du fait des structures financières en place.

Dans le cas de l'Iran, la BCI a pris de nombreuses mesures afin de maintenir une structure du système financier lui assurant un rendement maximal des activités quasi-budgétaires liées à la création monétaire.

a - Action sur les structures du système financier

La BCI n'a pas essayé de favoriser l'essor des marchés de capitaux

Marchés de capitaux à court terme

Il n'existe pas de marché monétaire[38] qui pourrait servir de base pour développer ces marchés de capitaux. La BCI n'a pris aucune mesure pour changer cet état de fait. Elle a même mis en œuvre des stratégies qui visaient à prolonger cette situation. Sa décision de rémunérer les réserves obligatoires (à un taux de 2 %) était liée à la situation de surliquidité des banques compte tenu de la politique d'encadrement du crédit et à l'impossibilité pour ces banques de placer leurs liquidités du fait de l'absence de marché monétaire. Au bout du compte, par cette décision, elle a maintenu une structure financière favorable au développement des activités quasi-budgétaires.

Marchés de capitaux à long terme

Le seul marché de capitaux à long terme existant avant la révolution était la Bourse de Téhéran. Cette institution est devenue

---

[38] *Ce problème n'est pas né avec la révolution : sous le régime précédent, le fonctionnement du marché interbancaire était loin d'être optimal. On peut se référer à ce sujet à R.E. Looney (1982), p. 192.*

inactive après la révolution. Ce n'est qu'en 1990 que le gouvernement a décidé de faire de la Bourse de Téhéran son instrument essentiel pour mettre en pratique son programme de privatisation de l'industrie. Cependant, la performance de la Bourse de Téhéran a été nettement insuffisante depuis 1990. Cet échec peut s'expliquer par plusieurs facteurs, comme notamment la rigidité d'une institution financière inactive depuis la révolution, la manipulation des cours des actions, la rentabilité insuffisante des actions par rapport à celle des dépôts bancaires rémunérés[39]. Il apparaît donc que le gouvernement iranien a appliqué une politique de restriction financière vis-à-vis de la Bourse de Téhéran.

La BCI n'a donc rien fait pour favoriser l'essor des marchés de capitaux. Elle a même, dans un sens, créé un obstacle de taille à leur développement en appliquant au système bancaire la loi sur les opérations bancaires sans usure (votée en 1983 au Parlement). Il est évident que l'interdiction d'utiliser le taux d'intérêt a été un handicap majeur pour le développement de ces marchés de capitaux.

Action sur les structures du système bancaire

La nationalisation, la restructuration puis l'application de la loi sur les opérations bancaires sans usure ont permis de structurer le système bancaire afin que la BCI développe ses activités quasi-budgétaires. Parallèlement, afin de favoriser le développement du système bancaire officiel, la BCI a essayé de faire disparaître les institutions financières "islamiques". Ces organisations captaient une part importante de l'épargne et concurrençaient directement le système bancaire officiel. Toutefois, on peut quant même noter, qu'en dépit de cette volonté de faire disparaître ces organisations et d'une loi votée par le Parlement interdisant une partie de ces institutions, celles-ci ont continué à opérer très souvent de façon clandestine[40].

---

[39] On peut se référer à ce sujet à Firouzeh Khalatbari (1994), pp. 177-208.
[40] Adelkhah, F. (1991), pp. 3-5.

Autres mesures

• l'augmentation du taux des réserves obligatoires a permis d'élargir la base imposable de l'impôt lié à la création monétaire (cf. graphique 18).

• l'article 11, § C, de la loi bancaire de 1972, toujours en vigueur, octroie à la BCI le contrôle de toutes les transactions en devises. Ce contrôle a été renforcé par la République islamique : il a conduit à une limitation des sorties de capitaux et encouragé une épargne forcée favorable au développement du secteur bancaire.

Graphique 18 - Taux des réserves obligatoires et contribution des réserves obligatoires à la croissance de la base monétaire (%)

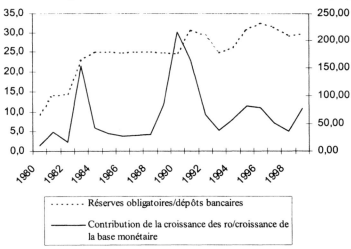

Source : Banque Centrale d'Iran

b - Application d'une politique sélective de crédit

Le gouvernement a fait prendre par la BCI des mesures permettant de subventionner directement les entreprises du secteur public, et/ou les secteurs économiques privilégiés. Cette politique était basée sur des normes de progression des crédits et des taux différents selon les secteurs. Comme cela a déjà été signalé, cette politique avait largement été pratiquée sous le régime précédent[41].

Allocation différenciée de crédits par secteur

La politique monétaire de la République islamique d'Iran reposait sur une politique d'encadrement du crédit. Cette politique ne visait pas seulement à réguler l'expansion de la masse monétaire mais aussi à mener une politique sélective du crédit : des normes de progression différenciées selon les secteurs traduisaient les priorités économiques des autorités.

Parallèlement à cette politique sélective de crédits, les entreprises du secteur public ainsi que les entreprises des fondations religieuses bénéficiaient d'un flux illimité de crédits à des taux d'intérêt "bonifiés" ou quasi gratuits : les responsables bancaires étaient soumis à de nombreuses pressions des autorités de l'Etat pour accorder des prêts à telle ou telle entreprise publique ou fondation.

Tableau 11 - Objectifs de répartition sectorielle des crédits au secteur privé

En pourcentage des crédits totaux versés au secteur privé (%)	1991	1999
Industrie	37	33,5
Logements	32	29
Agriculture	20	25
Commerce	11	4,5
Exportations	-	8

Source : Banque Centrale d'Iran

Taux d'intérêt différenciés par secteur

L'instauration d'un système financier "islamique" a entraîné en théorie l'interdiction du taux d'intérêt. Néanmoins, les banques

---

[41] *Salehi-Isfahani, D. (1989).*

utilisent toujours le taux d'intérêt pour rémunérer leurs dépôts ou fixer le taux des crédits. Des taux créditeurs (appelés officiellement taux de profit) différenciés selon les secteurs ont été appliqués, ce qui a abouti à privilégier telle ou telle activité. De plus, compte tenu de la forte inflation depuis la révolution, les taux d'intérêt réels ont été largement négatifs et constituaient donc de véritables subventions.

Tableau 12 - Ampleur de variation du taux de profit créditeur appliqué par les banques selon les secteurs

Taux de profit (en %)	1984	1990	1992	1993	1994	1995
Agriculture	4-8	6-9	9	12-16	12-16	13-16
Industrie et Mines	6-10	11-13	13	16-18	16-18	17-19
Logements	10-12	12-14	12-16	15	15	15-16
Commerce et services	8-12	-	-	18-24	18-24	22-25
Exportations	17-19	-	17-19	18	18	18

Source : Banque Centrale d'Iran

La réussite de cette politique sélective de crédit impliquait que les destinataires de ces crédits ne les reprêtent pas à des taux plus élevés. La politique de restriction financière de la BCI a œuvré dans ce sens en limitant le développement des marchés de capitaux et des organisations financières illégales. Parallèlement, une politique de contrôle bancaire relativement pointilleuse permettait de vérifier que chaque banque avait bien respecté les ordres de la banque centrale en matière d'allocation de crédit.

3 - Gestion des devises

La politique de restriction financière a permis à la BCI de contrôler toutes les opérations en devises. Dans ces conditions, la banque centrale iranienne a pu développer des activités quasi-budgétaires en gérant un système de change à taux multiples. Il semble, en outre, que le système de change qui a été choisi offre une efficacité maximale à ces activités quasi-budgétaires. En effet, un système de change à taux multiples peut avoir différentes formes selon deux critères : la flexibilité (ou non) du taux et le rationnement (ou non) des devises[42].

Tableau 13 - Essai de classification des différents systèmes de change à taux multiples

	Taux de change fixe	Taux de change flexible
Offre en devises rationnée	I	III
Offre en devises du marché	II	IV

Source : Dornbusch (1985)

Le système I, où les devises sont allouées à des quantités et des prix déterminés, est celui qui semble le plus adapté au développement des activités quasi-budgétaires. Or, c'est, à quelques variantes près, le système de change qui a été appliqué en Iran ; les différences entre le modèle théorique et la réalité iranienne étant dues, entre autres, à la possibilité pour les importateurs d'acheter directement les devises aux exportateurs ou d'acheter les devises au marché noir pour un certain nombre de produits.

Comme il a déjà été expliqué, la loi de 1972 octroie à la BCI le contrôle de toutes les opérations en devises. Ce contrôle a été renforcé après la révolution. Parallèlement a été mis en place un budget en devises (voté chaque année au Parlement) : ce budget servait surtout à déterminer les allocations en devises par secteur selon les priorités des autorités.

Ces allocations étaient toutes calculées au début des années 1980 au taux officiel (1$ = 70 rials). Or, ce taux s'est vite révélé surévalué et l'écart avec le taux du marché noir a régulièrement augmenté. Face à cette évolution, le gouvernement n'a dévalué que très légèrement le rial face au DTS (Droit de Tirage Spécial),

---

[42] *On reprend ici la classification établie par Rudiger Dornbusch (1985), p. 4a.*

l'unité de change utilisée par le FMI. Le taux de change du rial en mai 1980 est alors passé de 82,2 rials par DTS à 92,3 par DTS. Par la suite, le gouvernement iranien a toujours refusé de dévaluer le taux de change officiel et cela jusqu'en 1993, où le taux de change du rial par rapport au dollar a été fixé à 1$ pour 1450 rials (soit une appréciation du dollar de 2070 % !).

La seule réponse à l'appréciation progressive du taux de change officiel réel a consisté à mettre en place différents niveaux de taux de change[43], chaque niveau correspondant à une activité prédéfinie. Par exemple, en octobre 1989, une réforme a défini 6 taux de change : le taux de change officiel (1$ = 70 rials), le taux de change des accords bilatéraux (1$ = 270 rials), le taux de change préférentiel pour les autres exportations soumises à un rapatriement obligatoire des devises et pour les importations de matières premières et de pièces détachées comprises dans une liste de 131 produits (1$ = 350 rials), le "taux de change pour les services" pour les frais à l'étranger des résidents iraniens (1$ = 845 rials), le taux de change du marché noir pour toutes les importations ne rentrant pas dans les catégories précédentes (1$ = 1400-1500 rials).

Pourquoi a-t-on mis en place ce système ?

Il a été mis en place pour deux raisons :
• amortir les chocs macroéconomiques.
Un certain nombre de facteurs dont l'accélération du rythme d'inflation ont conduit à une dépréciation du rial sur le marché noir. Or, la mise en place d'un système de change à taux multiples a permis d'éviter une dévaluation tout en prenant en compte les déséquilibres du marché des changes.
• développer les activités quasi-budgétaires de la BCI
La BCI a pu développer deux types d'activités quasi-budgétaires :
- augmenter les recettes du gouvernement
Cette fonction est assumée par une banque centrale à partir du

---

[43] *Le FMI considère qu'on est en présence d'un système de change à taux multiples quand la différence entre le taux d'achat et le taux de vente excède 2 %.*

moment où le taux de change moyen à l'exportation (le prix des devises à la vente) est inférieur au taux de change moyen à l'importation (le prix des devises à l'achat). Les exportations de pétrole ont été vendues au taux de change officiel correspondant à un prix de 1$ pour 70 rials jusqu'en 1992 puis 1$ pour 1450 rials en 1993, puis, à partir de 1994, à 1$ pour 1750 rials. Puis, la banque centrale a revendu ces devises à différents taux de change, tous supérieurs au taux de change officiel. Le profit dégagé par l'achat et la vente de devises était remis au gouvernement.

- accorder des subventions

Ce système de change permet à la BCI de subventionner (ou non) les produits exportés ou importés. En effet, la BCI, en vendant les devises au taux officiel pour un produit donné, subventionne l'importation de ce produit. Par cette décision, elle assure en fait généralement un profit très important pour l'importateur, qui pourra réaliser de très grosses marges en revendant le produit importé sur le marché domestique. L'importateur peut même disposer d'une rente monopolistique si la licence d'importation n'a été accordée qu'à lui. De plus, la BCI a accordé des allocations de devises pour des importations d'inputs à des industries jugées prioritaires.

4 - Garantie de change

Le gouvernement iranien a fort peu utilisé l'endettement externe à moyen et long terme depuis la révolution. Le développement de l'endettement est surtout intervenu à court terme sur la base de l'émission de lettres de crédit. La BCI a développé ses activités quasi-budgétaires de deux manières :

• en jouant le rôle de banque commerciale en émettant elle-même des lettres de crédit. Le fait que la BCI émette une lettre de crédit en garantissait le paiement. Ces lettres de crédit émises par la BCI étaient utilisées pour l'importation de produits jugés prioritaires, tels que les produits alimentaires de base, les médicaments, les armes.

• en garantissant le paiement des lettres de crédit ouvertes par les banques commerciales.

Dans ces deux cas, la BCI apporte une garantie de paiement, soit une assurance-crédit qui est gratuite. Dans le premier cas, elle subventionne l'Etat. Dans le deuxième cas, elle subventionne la banque et donc l'entreprise concernée pour le compte de l'Etat.

5 - *Garantie des dépôts et prêteur en dernier ressort*

a - La loi de 1972

La loi de 1972 indique que, dans le cas de la dissolution ou de la faillite d'une banque, le remboursement de l'épargne ou des dépôts similaires jusqu'à un montant de 50 000 rials ainsi que le remboursement des dépôts courants et à terme jusqu'au même montant seront prioritaires par rapport à tout autre engagement ou dette préférentielle de la banque. Il est donc prévu une garantie explicite d'une partie des dépôts seulement, et rien n'indique que la BCI garantit implicitement l'ensemble des dépôts.

b - La loi de 1983

La loi sur les opérations bancaires sans usure (*rébâ*) précise que : "les banques sont astreintes à rembourser le dépôt dit *gharz-ol-hassané* (qu'il soit d'épargne ou courant) et peuvent aussi se porter garantes ou faire assurer le remboursement du principal des dépôts d'investissement à terme". On peut considérer que, le système bancaire ayant été nationalisé, il s'agit d'une garantie implicite de remboursement des dépôts. Cette nouvelle disposition semble avoir été introduite pour renforcer la confiance du public dans le système financier "islamique". Néanmoins, il ne s'agit pas d'une garantie explicite de l'ensemble des dépôts, puisque les banques ne sont pas astreintes à rembourser les dépôts d'investissement à terme. A ce sujet, on peut considérer que la loi de 1983 n'a pas contredit la loi de 1972 qui institue, comme la deuxième priorité, en cas de dissolution ou de faillite d'une banque, de rembourser jusqu'à 50 000 rials des dépôts d'investissement à terme. Il existe donc toujours une garantie explicite de remboursement d'une partie de ces dépôts. Par ailleurs, l'expérience tend plutôt à renforcer l'idée d'une garantie implicite des dépôts. En effet, la décision de nationaliser le système bancaire fut prise pour un certain nombre de raisons, dont la volonté de protéger les dépôts. On est donc en présence d'une activité quasi-budgétaire car la BCI accorde, pour le compte de l'Etat, une subvention au système bancaire, ce dernier ne payant pas de prime d'assurance.

Avant la révolution, la BCI a exercé sa fonction de prêteur en dernier ressort. Dans les derniers mois précédant la révolution, elle a subvenu aux besoins de liquidité des banques pour éviter une faillite généralisée du système. Cette question se pose dans des termes différents depuis la nationalisation du système bancaire en 1980. En effet, cette décision de nationaliser, prise pour éviter une faillite complète du système bancaire, s'est appliquée à un certain nombre d'établissements qui étaient déjà en faillite. L'expérience, alliée au statut actuel d'entreprise publique des banques, laisse donc penser que la BCI interviendra automatiquement pour recapitaliser des établissements insolvables[44]. Toutefois, il faut bien noter que la loi sur les opérations bancaires sans usure (*réba*) n'écarte à aucun moment la possibilité d'une faillite bancaire. Certes, le secteur bancaire appartient, de par la Constitution, au secteur public, mais une interprétation contraire du Conseil des Gardiens[45] n'est pas à exclure en cas de difficulté d'un établissement bancaire. Il y a toutefois peu de chances que la BCI laisse une banque faire faillite d'autant que le système bancaire iranien est très fragile depuis la révolution. En effet, la faillite d'une banque pourrait conduire, compte tenu de l'importance du

---

[44] *Les spécialistes de finance islamique considèrent que la fonction de prêteur en dernier ressort doit être assumée par la banque centrale. Les désaccords portent plutôt sur la forme que devrait prendre l'apport en liquidité de la banque centrale, certains experts estimant que ces financements doivent respecter le principe du partage des profits. On peut se référer à ce sujet à Nomani, F., et Rahnema, A. (1990), p. 102.*
[45] *Cette institution composée de religieux conservateurs, est chargée de veiller à la constitutionnalité des lois.*

risque de système, à des réactions en chaînes et à une explosion du système économique et financier.

V - ESSAI DE MESURE DE CES ACTIVITES QUASI-BUDGETAIRES

Il paraît donc intéressant d'estimer avec plus de précision le poids des activités quasi-budgétaires. Cela est d'autant plus utile que, comme il a déjà été précisé, ce n'est que quand ces activités quasi-budgétaires dépassent un certain seuil qu'elles entraînent de nombreux dysfonctionnements, propres à empêcher la banque centrale d'assumer son rôle.

1 - Recettes

a - Une création monétaire digne d'une économie en hyper-inflation

Le seigneuriage[46] a été extrêmement important depuis la révolution. Il a constitué l'un des éléments fondamentaux des recettes budgétaires. Il existe plusieurs méthodes pour calculer les revenus liés à cette activité. L'une d'elles, basée sur la liquidité, considère que ces revenus sont égaux à l'accroissement de la base monétaire[47]. Dans le cadre d'une approche fiscale, Friedman aborde ce problème en termes de base imposable et de taux d'imposition[48]. Il propose le modèle suivant :

Soit M, la masse monétaire
Soit P, le niveau des prix
Soit N, la population
Soit m, la quantité réelle de monnaie par habitant, $m = M/PN$

---

[46] *Le seigneuriage est un vieux mot français qui veut littéralement dire le droit prélevé par un seigneur, un souverain, de battre monnaie. Il est utilisé en économie monétaire pour signifier le revenu que tire l'Etat de ce droit de battre monnaie.*

[47] *Fischer, S. (1992).*

[48] *On peut se référer à ce sujet à Milton Friedman (1971).*

Soit Y, le revenu nominal

Soit le revenu réel par habitant, Y/PN

Soit g_m, le taux de croissance de la quantité réelle de monnaie, $g_m = d (\log m)/dt = (1/m)(dm/dt)$

Soit m^d, la demande de quantité réelle de monnaie par habitant, $m^d = f(y,g_p)$ (1)

L'équation (1) assume que la demande de monnaie est homogène du premier degré vis-à-vis des prix et de la population.

Donc on peut écrire que :

$M^d = NP.f(y,g_p)$ (2)

Si $M^d = M^s$

$d\text{Log} (M^d)/dt = d\text{Log} (M^s)/dt$

$g_M = g_N + g_P + \eta_{my}.g_y$ (3)

Où η_{my} = l'élasticité de la quantité réelle de monnaie par habitant par rapport au revenu réel par habitant.

Soit R, le rendement en termes réels lié à la création monétaire :

$R = 1/P \, . \, dM/dt = M/P. \, g_M = M/P \, (g_N + g_P + \eta_{my}.g_y) = N \, f(y, g_P)$ $(g_N + g_P + \eta_{my}.g_y)$ (4)

Si l'on est dans une économie stationnaire où $g_N = g_y = 0$

$R = M/P \, . \, g_P$ (5).

Tableau 14 - Evolution du seigneuriage 1962-1999 (% du PIB)

	1962	1973	1980	1993	1999
Billet (mds de rials)	16,9	70,3	1368,1	7 635,6	24133
Réserves Obligatoires (mds de rials)	9,8	76,7	2 79,6	9 877,3	45377
Taux d'inflation (%)	0,7	9,8	23,5	22,9	20,4
Rémunération des réserves obligatoires (%)	2,0	2,0	2,0	2,0	2,0
PIB (mds de rials)	367	17 64	6926	93 518	416696,7
Seigneuriage	-0,01	0,8	5,5	4,1	3,2

Source : Banque Centrale d'Iran

Si l'on suit la méthodologie de Fry[49], on estime, dans un premier

---

[49] *Fry, M. J.(1993).*

temps, que la base imposable est constituée par les billets en circulation et les réserves obligatoires des banques secondaires. Le taux d'imposition sera représenté par le taux d'inflation (diminué de la rémunération éventuelle des réserves obligatoires). Si l'on applique cette méthode, on arrive, dans le cas de l'Iran, à un seigneuriage égal en moyenne annuelle sur la période 1980-1999 à 4,7 % du PIB et 27 % des recettes totales. C'est un montant extrêmement élevé sur une aussi longue période. Ainsi, si l'on rapproche ce chiffre des résultats obtenus par Fry (1993) dans son analyse de 26 pays en voie de développement (sur une année), l'Iran se situe, en termes de seigneuriage rapporté au PIB, au septième rang, devançant le Brésil, qui, à l'époque (1985), était en situation d'hyper-inflation.

Par ailleurs, le seigneuriage a très fortement progressé par rapport à la situation pré-révolutionnaire. En effet, si l'on applique la même méthodologie à la période 1962-1979, on trouve un seigneuriage en moyenne annuelle de 0,7 % du PIB. En outre, si l'on ne considère que la période 1962-1976 (en supprimant les années "révolutionnaires"), on aboutit à des revenus, issus du seigneuriage, égaux, en moyenne annuelle, à 0,3 % du PIB.

Dans un second temps, afin de pouvoir effectuer des comparaisons internationales, on peut effectuer, de manière indicative, des calculs de seigneuriage basés sur la définition de Fischer (1992) pour qui le seigneuriage est égal à la base monétaire créée. On a comparé ainsi les revenus du seigneuriage en Iran avec ceux de l'Arabie Saoudite, du Brésil, de l'Egypte et de la Turquie. Le cas de l'Arabie Saoudite est intéressant, car il s'agit comme l'Iran d'une économie pétrolière. Le choix du Brésil est lié aux problèmes d'inflation que ce pays a connus. Ceux de l'Egypte et de la Turquie relèvent du fait que ces pays appartiennent à la région du Proche et du Moyen Orient, qu'ils sont proches en termes de population, et ont également des problèmes de finance publique.

Tableau 15 - Comparaison internationale en matière de revenus issus du seigneuriage (%)

Base monétaire créée /PIB	1980	1986	1988	1993	1999
Iran	**7,0**	**4,2**	**5,3**	**3,3**	**2,5**
Arabie Saoudite	-0,9	1,4	-1,0	0,0	2,5
Brésil	2,1	4,2	4,0	1,05	1,0
Egypte	14,3	5,1	1,4	4,3	5,3
Turquie	3,4	2,0	4,1	2,5	3,2

Source : Banque Centrale d'Iran

On peut tout d'abord remarquer qu'en termes de seigneuriage, l'Iran se distingue nettement de l'Arabie Saoudite et se rapproche plus des pays à régime d'inflation élevée. Il est très intéressant de constater que les revenus liés au seigneuriage en Iran durant la période 1980-1999 sont en moyenne annuelle proches de ceux obtenus au Brésil durant la même période. Ils sont cependant légèrement inférieurs à ceux du Brésil sur la période 1980-1994 (ce qui exclut les années 1995-1999 durant lesquelles l'environnement macroéconomique du Brésil a été stabilisé). Enfin, sur la période 1980-1999, les revenus issus du seigneuriage ont été en moyenne annuelle plus élevés en Iran qu'en Turquie et légèrement moins élevés qu'en Egypte. Ces résultats confirment l'ampleur des revenus issus du seigneuriage en Iran, ces derniers étant comparables à ceux obtenus dans des pays caractérisés par une situation d'hyper-inflation. Ces comparaisons indiquent aussi que l'économie iranienne a réussi à se maintenir dans une dynamique d'inflation élevée sans jamais basculer dans l'hyper-inflation depuis la révolution.

b - Les revenus induits par la politique de restriction financière

La répression financière permet aux gouvernements de se financer à des taux d'intérêt artificiellement bas. Il existe plusieurs méthodes pour calculer ce type de revenu. Fry (1993) propose, dans les cas où les marchés de capitaux sont inexistants, d'utiliser le crédit domestique en tant que base imposable et la différence entre le taux d'intérêt mondial ajusté des mouvements de change et le taux d'intérêt domestique moyen en tant que taux d'imposition. Alberto Giovannini et Martha de Melo[50] prennent comme base imposable le stock moyen de dette publique détenu par le secteur bancaire. Ils excluent de ce calcul la dette d'entités publiques autres que le gouvernement central. Ils ne prennent pas en compte la dette publique détenue par la banque centrale car ils considèrent que ces opérations résultent de l'impôt lié à la création monétaire et ne sont pas induites par la politique de restriction financière. La détermination du taux d'imposition est effectuée en calculant la différence entre le taux d'intérêt "mondial" (appliqué à la dette extérieure du pays) et national (appliqué à la dette publique interne). Ils ont appliqué cette méthode sur un échantillon de 25 pays en voie de développement.

Il semble assez logique d'estimer la base imposable comme le montant total de la dette de l'Etat détenue par les banques secondaires car la politique de restriction financière vise d'abord à maximiser les revenus du gouvernement grâce à l'activité des banques. Cependant, dans le cas de l'Iran, il est plus difficile de calculer un taux d'intérêt "mondial" compte tenu du peu d'information dont on dispose sur la dette extérieure. Une autre méthode pour déterminer ce taux d'imposition, proposée par Balassa[51], consiste, dans le cas où les taux d'intérêt seraient plafonnés et les crédits rationnés, à calculer le taux de subvention effectif sur ces crédits, c'est à dire la différence entre le taux d'intérêt pratiqué par le secteur bancaire officiel et celui défini dans les institutions financières "parallèles". En Iran, les particuliers ou les entreprises, qui ne pouvaient pas s'adresser au secteur bancaire, se dirigeaient vers les usuriers du bazar ou les nombreuses institutions financières islamiques qui se sont développées après la révolution. Néanmoins, le manque de données fiables concernant ces financements parallèles ne permet pas d'utiliser cette méthode. Le procédé qui semble le plus adapté pour

---

[50] *Giovannini, A. et De Melo, M. (1993).*
[51] *Balassa, B. (1982), p. 17*

l'Iran consiste à prendre comme mesure de la subvention la différence entre le taux d'intérêt effectif sur la dette du gouvernement et le taux d'inflation. Or, les crédits bancaires au gouvernement ont été gratuits. Les calculs révèlent alors que, dans le cas de l'Iran, les revenus budgétaires générés par la politique de restriction financière ont été égaux à 0,8 % du PIB en moyenne annuelle sur la période 1980-1999. Ceci correspond à une très nette augmentation par rapport aux recettes générées par cette même politique de restriction financière durant la période 1962-1979 (0,2 % du PIB en moyenne annuelle). On note donc également dans ce domaine une très forte expansion des activités quasi-budgétaires.

Tableau 16 - Revenus générés par la politique de restriction financière durant la période 1980-1999 (% du PIB)

	1980	1986	1988	1993	1999
Dette du gouvernement vis-à-vis du secteur bancaire (mds rials)	692	1 021	969	1 052	3385
Taux d'inflation (%)	24	24	29	23	20,4
Annuité du gouvernement (mds rials)	163	242	280	241	691
PIB	6 926	17 513	23 048	93 518	416697
Revenus générés	**2,3**	**1,4**	**1,2**	**0,3**	**0,2**

Source : Banque Centrale d'Iran

Ce résultat intéressant doit néanmoins être relativisé compte tenu d'un certain nombre de contraintes posées par la méthode de calcul choisie. Cette dernière consiste à calculer la "subvention" accordée par les banques commerciales au gouvernement par des allocations de crédit à un taux d'intérêt inférieur à celui du marché. Or, ce choix conduit à négliger un certain nombre d'éléments de la politique de restriction financière. En effet, comme cela a déjà été défini, la politique de restriction financière consiste à favoriser le développement d'une structure du système financier qui lui permette de développer au maximum ces fonctions quasi-budgétaires liées à l'impôt dû à la création monétaire. Ainsi, le financement du gouvernement par la banque centrale n'est pas pris en compte. Il est vrai qu'il est très difficile de distinguer les effets propres à chacune des deux activités quasi-budgétaires, impôt lié à la création monétaire et politique de restriction financière. En effet, la politique de restriction financière a pour objectif de maximiser les revenus de la création monétaire. Pour connaître le revenu généré par cette politique, il faudrait pouvoir calculer les revenus de la création monétaire en l'absence d'une politique de restriction financière, ce qui est impossible. On peut donc dire que cette méthode de calcul permet d'évaluer à quel point le système financier est réprimé, mais qu'elle ne constitue pas une mesure très précise du revenu généré par la politique de restriction financière. Cette méthode permet également de réaliser que la politique de restriction financière s'applique à l'ensemble des intermédiaires financiers et que les revenus dus à la création monétaire sont essentiellement le résultat de l'action de la banque centrale. Le fait que les revenus générés par la politique de restriction financière soient relativement faibles signifie donc que la banque centrale a été relativement plus utilisée que le secteur bancaire pour développer des activités quasi-budgétaires.

c - Revenus générés par la politique de change : le rôle du système de change à taux multiples

La mise en place d'un système de change à taux multiples depuis la révolution a permis à l'Etat de générer des revenus supplémentaires. Le mécanisme était le suivant.

Le gouvernement vend les recettes pétrolières en devises contre des rials au taux de change officiel auprès de la Banque Centrale d'Iran. Puis, la BCI vend ces devises à différents taux selon la réglementation en vigueur. Les recettes obtenues par la BCI grâce à ces ventes de devises sont ensuite transférées au gouvernement. Le gouvernement obtient donc des recettes supplémentaires liées à la gestion de ce système de change à taux multiples.

Ces recettes supplémentaires ont toujours été comptabilisées officiellement dans les recettes du gouvernement mais ont été véritablement isolées à partir de 1986. Or, on peut estimer que ce mécanisme a été mis en place depuis la révolution. Par ailleurs, il est quasiment certain que les chiffres fournis dans ce domaine sous-estiment la réalité. En effet, compte tenu des possibilités de sur-profits liées à ce type d'opération, il est très probable qu'une grande partie des revenus n'a pas été déclarée officiellement. Néanmoins, sur la base des statistiques disponibles, les ventes de devises ont représenté en moyenne annuelle sur la période 1986-1999, 2,9 % du PIB et 16,2 % des recettes totales. On peut remarquer qu'en 1992, ce type de revenu a représenté 41,3 % des recettes budgétaires totales.

2 - *Dépenses : de très amples subventions*

Les activités quasi-budgétaires ont, en outre, permis d'effectuer des dépenses budgétaires sous la forme notamment de subventions en termes de crédits ou d'allocations de change.

a - Subventions en termes de crédits aux secteurs public et privé

Le gouvernement a utilisé le secteur bancaire pour accorder des subventions aux secteurs public (hors gouvernement) et privé. Les subventions accordées au secteur public étaient des crédits gratuits. L'une des méthodes pour les estimer consiste à calculer le coût réel de ce type de crédit, c'est-à-dire l'annuité de remboursement qui aurait dû être réglée par le secteur public. Si l'on prend le taux d'inflation pour estimer le taux d'intérêt, on peut arriver à une estimation des subventions reçues par le secteur public de 1,3 % du PIB en moyenne annuelle sur la période 1980-1999. Si l'on effectue le même calcul avec le secteur privé (ou plutôt non public car il inclut les fondations religieuses) tout en prenant les taux d'intérêt appliqués à l'industrie, on aboutit à une subvention de 3,1 % en moyenne annuelle sur la période 1980-1999. Au total, par l'intermédiaire des crédits alloués par le secteur bancaire, le gouvernement a donc attribué des subventions de 4,4 % du PIB aux secteurs public et privé en moyenne annuelle sur la période considérée.

Tableau 17 - Subventions du secteur bancaire en termes de crédits aux secteurs public et privé durant la période 1980-1999 (% du PIB)

	1980	1986	1988	1993	1999
Crédits au secteur public (mds rials)	692	1 021	969	1 052	3385
Taux d'inflation (%)	24	24	29	23	20,4
PIB	6 926	17 513	23 048	93 518	416697
Subv. au secteur public (% du PIB)	2	1	1	2	2
Crédits au secteur privé (mds rials)	3060	5578	7479	30575	137913
Taux de profit (ou taux d'intérêt)	8	8	8	17	18
Inflation	24	24	29	23	20,4
PIB	6 926	17 513	23 048	93 518	416697
Subv. au secteur privé (% du PIB)	7	5	7	2	1
Total des subventions (% du PIB)	9	6	8	4	3

Source : Banque Centrale d'Iran

b - Des très fortes subventions de change

La différence entre les différents taux de change officiels et le taux de change du marché noir a permis au gouvernement d'accorder des subventions très importantes depuis la révolution. Pour avoir une estimation de l'ampleur de ces subventions, on peut effectuer le calcul suivant. Les statistiques officielles indiquent, depuis 1986 le montant des revenus générés par la vente par la banque centrale des recettes pétrolières à un taux supérieur au taux officiel. Ce montant correspond à la différence entre les achats de devises par la Banque Centrale d'Iran au taux officiel et leur vente à différents taux.

Soit R, les recettes pétrolières en devises
Soit e, le taux de change officiel
Soit e', le taux de change du marché noir
Soit S, la différence entre les ventes en devises de la banque centrale à différents taux et les achats au taux officiel

Soit SUB, les subventions d'allocations de change accordées par le gouvernement depuis la révolution.

Le montant des subventions accordées par la banque centrale pour le compte de l'Etat est égal à :

SUB = Re'-(S+Re)

Par ailleurs, on pose de nouveau comme hypothèse que les ventes de devises par la banque centrale pour le compte du gouvernement sont intervenues dès la révolution et qu'elles ont augmenté graduellement pour atteindre 0,1 % du PIB, soit leur niveau de 1986. Il est intéressant de prendre comme base du calcul des subventions, les recettes d'exportation en devises, car il est de notoriété publique qu'un certain nombre d'entreprises publiques (NIOC, l'association des prisonniers de guerre, etc.) recevaient une allocation en dollar directement prélevée sur les recettes pétrolières en devises[52]. Or, ces allocations ne sont pas intégrées dans la comptabilité nationale. En considérant que le coût pour l'Etat des subventions est égal à la différence entre les recettes pétrolières en rial (à partir du taux de change du marché noir) et les recettes de vente de ces devises aux différents taux, on a une estimation du coût de ces prélèvements directs.

En effectuant ce calcul, on aboutit à des subventions de change correspondant en moyenne annuelle à 31,6 % du PIB sur la période, soit un résultat nettement supérieur à la moyenne annuelle des dépenses budgétaires rapportées au PIB (22,3 %). Le montant de ces subventions apparaît donc particulièrement important. Il faut d'abord prendre en compte les limites de ce type de calcul qui consiste à calculer une différence entre l'ensemble des recettes en devises transformées en rials sur la base du taux de change du marché noir et les recettes en devises en rials vendues aux différents autres taux de change en vigueur. Si l'ensemble des recettes en devises avait été vendu sur le marché noir, le taux de change du dollar contre le rial se serait moins apprécié. Ce calcul contribue donc à amplifier ces subventions de change. Il faut en

---

[52] *Il semblerait, en outre, que le NIOC gère de manière autonome les recettes en devises liées aux exportations de gaz et de mazout.*

outre prendre en compte le fait que le taux de change du dollar sur le marché noir est probablement surévalué. Cette méthodologie permet donc surtout d'avoir une estimation grossière des subventions de change distribuées durant la période 1980-1999. Ce résultat reflète aussi le fait que la politique de change a été l'instrument essentiel de redistribution de la rente pétrolière du gouvernement. En fait, cette richesse distribuée avait pour contrepartie la rente pétrolière mais aussi l'appauvrissement des détenteurs de rials. L'importance des subventions accordées signifie également que l'on a été en présence d'une véritable politique de redistribution du revenu national. Toutefois, les critères choisis dans le cadre d'une telle redistribution ont d'abord été marqués par le caractère rentier de l'Etat. Ce dernier a donc utilisé ces subventions pour fidéliser un certain nombre de réseaux politiques. De plus, il est clair que, compte tenu des montants concernés, une partie des subventions accordées correspondait à de la corruption pure et simple. Les exemples abondent d'allocations de change obtenues avec l'un des taux de change officiels, dont une partie ou la totalité était revendue sur le marché noir. L'Etat lui-même n'est pas exempt de reproches dans ce domaine, puisqu'il n'y a eu aucune comptabilité des reventes de devises sur le marché noir. D'autre part, il existait véritablement une politique économique qui visait à subventionner un certain nombre de produits jugés prioritaires (matériel militaire, médicaments, etc.) ainsi qu'un certain nombre d'industries. Enfin, ces subventions ont également servi à payer l'augmentation des annuités de paiement de dette extérieure liée à la dévaluation de 1993-1994. Ainsi, supposons qu'une entreprise publique s'est endettée avant 1993 au taux de change officiel de 1$ pour 70 rials. Avec la dévaluation de 1993-1994 qui a conduit le taux de change à 1$ pour 1750 rials, l'annuité de remboursement de la dette a augmenté et dans la pratique, c'est la BCI qui a pris en charge la différence en accordant des dollars à l'ancien taux de change. Cette opération a été réalisée pour toutes les dettes contractées avant 1994 à un taux de change du dollar inférieur à 1$ pour 1750 rials.

Il est intéressant de constater que cette collusion entre intérêts publics et privés et cette politique économique volontariste ont été réalisées grâce à l'intervention de la Banque Centrale d'Iran. Dans un premier temps, le budget en devises voté chaque année au Parlement donnait le montant des devises allouées au taux officiel. Puis, la gestion quotidienne du système de change à taux multiples était réalisée par l'intermédiaire du comité des devises de la BCI. Ce comité réunissait un certain nombre de représentants des différents ministères ainsi que des représentants de la BCI. C'est lors de ce comité qu'étaient prises les principales décisions concernant la gestion quotidienne du système de change. C'est là sans doute que les opérations de lobbying (ou de corruption) ont pu influer sur les prises de décision.

Tableau 18 - Evolution des subventions de change durant la période 1980-1999 (% du PIB)

	1980	1986	1988	1993	1999
R(a)	12	6	8	14	16,3
E'(b)	200	742	1 019	1 810	8657,8
E (c)	70	70	70	1 750	1 750
S(d)/PIB	0	0,0	1	5,1	4,4
R*e	830	419	532	25 083	24 473
R*e'	2 370	4 4369	7 743	25 943	140 860
PIB (mds de rials)	6 926	17 513	23 048	93 518	416 697
R*e'/PIB	34	25	34	28	34
R*e/PIB	12	2	2	27	7
S+ R*e/PIB	12	2	3	32	11
R*e' - (S+ R*e)/PIB	22	23	31	-4	23

(a) exportations de pétrole (milliards de dollars)
(b) taux de change du marché noir du dollar en rials
(c) taux de change officiel du dollar en rials
(d) recettes budgétaires liées aux ventes de devises

Source : Banque Centrale d'Iran

c - Autres types de subventions accordées dans le cadre des activités quasi-budgétaires

Il apparaît beaucoup plus difficile de mesurer les subventions générées par d'autres fonctions quasi-budgétaires déjà citées : la garantie des emprunts à l'étranger et l'assurance implicite des dépôts. Dans le premier cas, les éléments manquent pour calculer le coût d'un emprunt à l'étranger sans garantie de la banque centrale. Dans le second, nous n'avons pas la possibilité de calculer quel aurait dû être le montant de la prime d'assurance.

VI - CONSEQUENCES DE CE DEVELOPPEMENT DES ACTIVITES QUASI-BUDGETAIRES : UNE DISSIMULATION DE L'AMPLEUR DES DESEQUILIBRES DES FINANCES PUBLIQUES

Toutes les banques centrales du monde développent plus ou moins des activités quasi-budgétaires. Néanmoins, dans le cas de l'Iran, ces activités ont atteint une telle ampleur qu'elles ont conduit à de nombreux dysfonctionnements. Ces derniers ont notamment entraîné une situation de déficit pour la BCI.

1 - Déficit de la BCI

Selon certains experts, une banque centrale ne devrait pas enregistrer de pertes dans le cours normal de ses activités, du fait du caractère monopolistique de sa production, la monnaie, et de l'inélasticité de la demande qui s'adresse à cette production[53]. Cette situation privilégiée est tempérée par le fait qu'une banque centrale n'a pas pour objectif de maximiser son profit. D'autre part, un certain nombre de facteurs peuvent conduire à une situation déficitaire. Parmi ceux-ci, les fonctions quasi-budgétaires sont le plus souvent citées quand on aborde le cas des banques centrales dans les pays en voie de développement. Les pertes d'une banque

---

[53] Vaez-Zadeh, R. (1991).

centrale sont de deux types : elles peuvent soit concerner le compte d'exploitation (perte courante), soit le bilan (perte en capital).

a - Pertes courantes

Modèle général

Si l'on utilise le modèle de Vaez-Zadeh (1993), on estime que le bénéfice (ou la perte) résultant des opérations courantes[54] est déterminé par l'équation (1) ci-après.

soit RES, le résultat du compte d'exploitation

soit i, le taux d'intérêt moyen payé par la banque centrale sur ses dettes au passif

soit s, l'écart entre le rendement moyen de ses créances à l'actif et i,

soit EA, le stock des créances à l'actif

soit RL, les dettes du passif composées des dettes en devises, des dépôts des agences gouvernementales et des institutions financières et des titres émis par la banque centrale.

$$RES = ((i+s).EA)-(i.RL) \ (1)$$

Les créances à l'actif peuvent être divisées entre créances rémunérées (EA) ou non rémunérées (NEA). Les dettes au passif peuvent être divisées entre les dettes rémunérées (RL), le capital et les réserves (K) et la base monétaire (RM). L'égalité entre l'actif et le passif implique donc :

$$RL = EA + NEA - K - RM \ (2)$$

On en déduit donc que tous les facteurs qui empêchent la banque centrale d'augmenter s ou la base monétaire ou de limiter ses créances non rémunérées peuvent contribuer à l'apparition de pertes.

---

[54] *On peut noter que ce schéma ne tient pas compte des activités d'achat et de vente de la banque centrale (pour les opérations en devises par exemple), de ses coûts de gestion (tels que ceux résultant de l'administration du système de paiement) ainsi que de ceux se rapportant à la création monétaire (coût d'impression, rémunération des réserves obligatoires, etc.).*

On peut essayer d'analyser chacun de ces éléments :

• l'écart entre le rendement moyen de ses créances à l'actif et le taux d'intérêt moyen payé par la banque centrale sur ses dettes au passif (s). Une banque centrale peut contrôler plus facilement ses taux d'intérêt créditeurs que débiteurs. Très souvent, l'un des facteurs susceptibles de limiter la hausse des taux d'intérêt créditeurs est le plafond imposé au taux des crédits au gouvernement.

• la base monétaire. On remarque de nouveau à quel point il est difficile de séparer les fonctions quasi-budgétaires des fonctions monétaires. Ainsi, une politique monétaire restrictive peut conduire à diminuer la base monétaire. Dans ce cas, le profit de la banque centrale diminuera, ce qui aura une influence sur les recettes budgétaires (dans des conditions normales de transfert d'une partie du profit au gouvernement).

• les créances non rémunérées. L'augmentation de ces créances peut conduire à des pertes. Ce type de créances est généralement le résultat du développement des activités quasi-budgétaires telles que la gestion de la dette publique, la gestion des réserves en devises, la garantie des dépôts des banques, etc.

Le cas de l'Iran

Il existe un certain nombre de facteurs qui, dans le cas de la BCI, ont clairement limité ses capacités à dégager des bénéfices :

1) L'écart entre le rendement moyen de ses créances à l'actif et le taux d'intérêt moyen payé par la BCI sur ses dettes au passif.

Dans le cas de l'Iran, cet écart a été réduit sous l'effet de deux facteurs :

• les réserves obligatoires étaient rémunérées au taux de 2 % pour assurer aux banques commerciales une possibilité de placement pour leurs réserves excédentaires en l'absence de marché monétaire.

• les crédits au gouvernement étaient gratuits. Or, la part de ces crédits dans l'actif de la BCI est passé de 47,2 % à 49,6 % de 1980 à 1999.

2) La base monétaire

La croissance régulière de la base monétaire est un facteur qui a plutôt contribué à la croissance des profits. Le fait que la banque centrale ait accumulé des déficits sur la période considérée s'explique sans doute par le fait que le taux de création monétaire a dépassé le niveau correspondant à une maximisation des revenus fiscaux. Dans ce cas, le taux de création monétaire a conduit à une diminution de la base imposable en termes réels.

b - Pertes en capital

Généralités

Ces pertes en capital peuvent prendre différentes formes : pertes dues à l'impact des variations de change sur les créances et dettes en devises, réalisation de garanties accordées en matière de change, sauvetage d'institutions financières en difficulté avec reprise des créances douteuses, allocation de crédits qui ne sont jamais remboursés, etc.

Il existe un certain nombre de difficultés méthodologiques pour mesurer ces pertes en capital. Stella et Robinson (1993) considèrent que cette perte pourrait être mesurée en calculant le budget que demanderait le secteur privé pour accomplir l'action qui a conduit à la perte en capital. Par exemple, le coût d'un prêt au secteur privé serait équivalent à la somme qui devrait être versée à une banque commerciale privée pour effectuer ce prêt, cette somme étant égale à la valeur actualisée de la perte future tout en tenant compte du risque. Cette méthode d'estimation n'est toutefois pas satisfaisante car elle ne permet pas d'intégrer les résultats obtenus avec ceux du déficit du compte d'exploitation. Stella et Robinson (1993) proposent de transférer toutes les activités quasi-budgétaires dans les comptes budgétaires et d'augmenter les déficits par une estimation des pertes en capital. Ils considèrent que seules les pertes en capital qui se matérialisent devraient être prises en compte dans ce cas.

Le cas de l'Iran

Les pertes en capital ont été induites par l'impact des mouvements de change sur les opérations d'achat et de vente de devises de la BCI. En effet, les devises, à l'actif de la BCI, sont comptabilisées au taux officiel. Or, la gestion du système de change à plusieurs taux par la BCI a conduit celle-ci à vendre les devises à un taux en moyenne supérieur à ce taux officiel. Ces opérations impliquent donc une dévalorisation des réserves en devises détenues par la banque centrale.

La loi sur les opérations monétaires et bancaires de l'Iran de 1972 indique que le gouvernement doit émettre des bons du Trésor pour couvrir la BCI contre des pertes potentielles liées au changement de la parité légale du rial par rapport à l'or ou à des monnaies étrangères (ou en cas de force majeure) et mettre ces bons du Trésor à la disposition de la BCI. Cette disposition ne pouvait pas s'appliquer après la révolution car il n'y a pas eu de dévaluation officielle du rial. Par contre, on aurait pu considérer qu'il s'agissait, compte tenu de l'environnement économique (embargo, sanctions financières, guerre, etc.), d'un cas de force majeure. Par la suite, cette disposition aurait dû s'appliquer en 1993-1994 lors de la dévaluation.

On peut considérer que la BCI a connu un autre type de perte en capital compte tenu de l'importance des créances douteuses dans son actif. En effet, les crédits au secteur public n'ont jamais été remboursés. Ils constituent donc des créances douteuses et auraient dû conduire à une perte en capital.

c - Un déficit régulier et inquiétant de la BCI

On a tenté d'estimer les résultats des opérations courantes de la BCI depuis la révolution. On a notamment essayé d'intégrer des coûts supplémentaires résultant du provisionnement des créances douteuses au secteur public. Ce coût supplémentaire a été estimé en calculant l'annuité qu'aurait dû verser le secteur public à la BCI. A cet effet, on a utilisé le taux d'inflation pour avoir une estimation du taux d'intérêt. On a également tenu compte du fait que la

Banque Centrale d'Iran a également été utilisée pour régler l'augmentation des annuités de paiement de dette extérieure liée à la dévaluation de 1993-1994. Or, le coût de ces mesures est maintenant précisé par la BCI.

Tableau 19 - Résultat des opérations courantes de la BCI durant la période 1980-1998[55] (en % du PIB)

	1980	1986	1988	1993	1998
Profit net (a)	248	135	34	97	333
Crédits bancaires au sect. pub.	1 277	5 925	8 212	23 497	58594
Provision (b)	300	1 404	2 373	5 381	10 078
Dette extérieure (c) [(1)]	0	0	0	6120	5 077
Résultat (a)-(b)-(c)	-52	-1 269	-2 339	-11 404	-14 822
PIB (d)	6 926	17 513	23 048	93 518	316 646
Résultat/PIB (a)-(b)-(c)/(d) (%)	-0,8	-7,2	-10,1	-12,2	-4,7

[(1)] *Paiement par la BCI de l'augmentation de l'annuité des dettes extérieures du secteur public liée à la dévaluation de 1993-1994. Ces coûts sont qualifiés de "surplus du foreign exchange obligations account" dans Government Budget and Fiscal Data, Economic Trends, BCI.*

Source : Banque Centrale d'Iran

On voit que si l'on prend en compte ces coûts supplémentaires liés aux activités quasi-budgétaires, la BCI a été régulièrement en déficit depuis la révolution. Ce déficit a atteint près de 14 % du PIB en 1988 ou en 1995, ce qui est un signe très clair d'une situation de grave crise financière.

---

[55] *On ne dispose des résultats de la BCI que jusqu'en 1998. Les données sont en milliards de rials.*

2 - *Conséquences de ces déficits*

a - Généralités

Selon Vaez-Zadeh (1993), cette situation déficitaire a un impact sur l'autorité morale de la banque centrale et diminue sa capacité à réguler le système financier. Deux autres types de conséquences sont présentés :

Augmentation du déficit budgétaire

Tout d'abord, les pertes du compte d'exploitation ainsi que les pertes en capital doivent être prises en compte dans tout calcul du déficit budgétaire. En effet, tout bénéfice du compte d'exploitation conduisant à un transfert d'une partie de ce bénéfice vers le gouvernement, il serait logique, qu'en cas de perte, le gouvernement couvre ces pertes. Or, ce n'est pas ce qui se passe habituellement : les pertes doivent donc être ajoutées au déficit budgétaire si l'on veut avoir une véritable mesure de l'impact des opérations budgétaires. Il en est de même pour les pertes en capital.

Impact macroéconomique

Les dépenses effectuées par la banque centrale représentent une injection de liquidité ; ses revenus, une ponction sur la liquidité. L'existence de pertes est donc équivalente à une injection de liquidités dans l'économie, ce qui peut empêcher d'atteindre les objectifs de la politique monétaire. La banque centrale, dans ce cas, peut essayer de stériliser cet excédent de liquidité. Or, les opérations de stérilisation peuvent conduire à une augmentation de ces pertes, ce qui conduirait à un cercle vicieux propre à provoquer des situations d'hyper-inflation. Vaez-Zadeh (1993) remarque que l'on pourrait éviter cet enchaînement si des excédents obtenus dans d'autres domaines compensaient les pertes de la banque centrale.

Problèmes dans la conduite de la politique monétaire

Si les déficits persistent, la banque centrale sera donc obligée d'intervenir pour stériliser ces surplus de liquidité. La banque centrale mènera, à cet effet, des opérations d'*open-market*. Si cela ne suffit pas, elle peut augmenter le coût du refinancement. Les taux d'intérêt peuvent alors atteindre un niveau susceptible de gêner considérablement la gestion quotidienne de la liquidité et freiner fortement le développement du marché monétaire. De plus, dans ces cas, quand la part des dettes augmente au passif, la tentation est forte de diminuer ces pertes en augmentant le niveau de création monétaire et d'augmenter ainsi la part des ressources gratuites. Ceci rendra également difficile l'application de la politique monétaire.

b - Le cas de l'Iran

Ce qui est prévu par le cadre législatif

La loi sur les opérations monétaires et bancaires de l'Iran de 1972 aborde directement ou indirectement la question des pertes de la BCI[56] :

• elle indique que le gouvernement émettra des bons du trésor pour couvrir les pertes probables de la BCI, dues à des changements dans la valeur officielle du rial en termes de devises ou d'or, ou du fait de cas de force majeure, et mettra ces bons du Trésor à la disposition de la BCI. La mise en place d'une politique de rationnement des devises et d'un système de change à taux multiples pourrait être considérée comme la conséquence d'un cas de force majeure, la guerre. Dans ce cas, le gouvernement aurait dû couvrir les pertes en capital non réalisées induites par l'utilisation de ce système de change à taux multiples.

• elle précise également que les gains, résultant du changement de la parité légale du rial vis-à-vis des devises ou de l'or, ou du fait

---

[56] *Ces domaines n'étant pas abordés dans la loi de 1983, c'est bien la loi de 1972 qui doit être appliquée ici.*

de cas de force majeure, seront en priorité utilisés pour rembourser le principal et les intérêts des dettes du gouvernement vis-à-vis de la BCI, puis le surplus sera transféré au gouvernement. Or, en 1993, le gouvernement iranien a officiellement dévalué et n'a aucunement procédé à un remboursement de ses dettes vis-à-vis de la BCI. Appliquer la loi dans ce cas précis aurait pourtant permis d'assainir la situation financière de la BCI compte tenu de la relation de causalité entre ces créances non remboursées et la situation déficitaire de la BCI.

• les gains et les pertes résultant de l'exécution des accords de paiement (suite aux accords monétaires, financiers, commerciaux ou de transit conclu entre le gouvernement et des gouvernements étrangers) devront être comptabilisés dans les comptes du gouvernement. Or, le gouvernement iranien a tenu à rembourser par anticipation les dettes extérieures contractées sous le régime précédent. Il n'est pas possible de déterminer si le surcoût entraîné par ce remboursement anticipé n'a pas été assumé par la BCI.

La pratique

Le déficit de la BCI a pu peser sur l'autorité de cette institution. Ce déficit de la BCI a eu également un impact budgétaire et macroéconomique. Il a également gêné la BCI dans la conduite de sa politique monétaire.

1) Amoindrissement de l'autorité morale de la BCI

Tout d'abord, il est difficile de déterminer dans quelle mesure l'autorité morale et le prestige de la BCI ont été amoindris. Ce que l'on peut dire toutefois, c'est que cette situation a fragilisé la BCI en tant que pivot de l'ensemble du système financier. En effet, si la BCI a eu historiquement un rôle central dans le système économique et financier iranien, cette caractéristique de la Banque Markazi a été renforcée après la révolution. De ce fait, tout élément qui pouvait contribuer à fragiliser cette institution rendait plus difficile ce rôle directeur.

2) Réévaluation des déficits budgétaires grâce aux activités quasi-budgétaires

L'économie iranienne a été caractérisée depuis le début de la révolution par la dégradation de l'état de ses finances publiques, qui a pris la forme de déséquilibres budgétaires plus importants qu'avant la révolution. La prise en compte des déficits de la banque centrale permet d'avoir une idée plus précise de l'importance de ces déséquilibres (cf. tableau 20). Si l'on prend en compte le déficit courant de la BCI, le déficit budgétaire a ainsi atteint en moyenne 11 % du PIB sur la période 1980-1998, soit une situation de profonds déséquilibres des finances publiques.

Tableau 20 - Somme du déficit budgétaire et du déficit courant de la BCI (% du PIB)

	1980	1986	1988	1993	1998
Déficit courant de la BCI	-2,7	-9,3	-13,6	-12,2	-4,7
Déficit budgétaire	-14,0	-8,3	-9,2	-0,7	-5,3
Déficit budgétaire corrigé	-16,7	-17,6	-22,8	-12,9	-10,0

Source : Banque Centrale d'Iran

L'estimation de ces déficits permet également d'estimer le déficit de l'ensemble du secteur public. Pour ce faire, on calcule d'abord le déficit financier du secteur public.

Déficit financier du secteur public = Croissance de l'endettement net du secteur public vis-à-vis du système bancaire - Déficit budgétaire du gouvernement + Déficit courant de la BCI.

Déficit total du secteur public = Déficit financier du secteur public + Déficit budgétaire = Croissance de l'endettement net du secteur public vis-à-vis du système bancaire + Déficit courant de la BCI.

Le déficit total du secteur public a atteint en moyenne 12,9 % du PIB durant la période 1980-1998. Ceci confirme l'ampleur des déséquilibres des finances publiques depuis la révolution.

Tableau 21 - Déficit total du secteur public (% du PIB)

	1980	1986	1988	1993	1998
Var. endet. net du sect. public/PIB	12,7	9,7	8,9	11,2	6,8
Déficit courant de la BCI/PIB	2,7	9,3	13,6	12,2	4,7
Déficit total du secteur public/PIB	15,4	19,0	22,5	23,4	11,5

Source : Banque Centrale d'Iran

3) Impact macroéconomique : perte d'efficacité de la politique monétaire

L'existence de pertes de la BCI équivaut à une injection de liquidités dans l'économie. Il est donc important de comparer ces pertes à l'évolution de la base monétaire sur cette période. En moyenne, sur cette période, le déficit courant a représenté 170 % de la liquidité créée. L'importance de ces déficits est donc directement responsable de la croissance de la base monétaire depuis la révolution et elle explique l'inefficacité de la politique monétaire. Ceci renforce l'idée que la racine des problèmes inflationnistes de l'Iran se trouve dans l'ampleur des activités quasi-budgétaires, cette ampleur se traduisant notamment par la situation de déficit de la BCI.

On peut noter, d'autre part, que la BCI n'a vraisemblablement pas tenté de stériliser cette progression de la liquidité. Soit elle ne possédait pas les instruments nécessaires à cette opération (marché monétaire, taux de refinancement, etc.), soit les instruments, dont elle disposait, étaient inadaptés. Si on estime qu'elle a, par exemple, appliqué une politique d'encadrement du crédit pour stériliser, en partie, ces pertes, il faut remarquer que cette politique a conduit à un développement des réserves libres. L'ampleur de ces réserves et l'impossibilité pour les banques d'obtenir un rendement satisfaisant ont conduit la BCI à rémunérer les banques par l'intermédiaire de la gestion des réserves obligatoires. Or, ces annuités d'intérêt sur les réserves obligatoires conduisaient également à aggraver le déficit courant, soit le résultat inverse de celui recherché.

Cette contribution des pertes courantes de la BCI à la croissance de la base monétaire a évidemment rendu la politique monétaire plus difficile à mener. En outre, le développement des activités quasi-budgétaires a contribué à freiner le développement du système financier. La politique de restriction financière, par exemple, conduit généralement à aggraver le sous-développement du système financier[57]. Un tel environnement a évidemment nui à

---

[57] *C'est la thèse avancée par Mc Kinnon et Shaw dans : Mc Kinnon, R. I. (1973); Shaw, E.S. (1973).*

l'efficacité de la politique monétaire.

Il est donc clair que l'ampleur des activités quasi-budgétaires a permis au gouvernement de masquer la réalité de ses déséquilibres budgétaires depuis la révolution. L'importance de ces activités a évité au gouvernement d'entreprendre une réforme profonde de la politique fiscale et budgétaire. Elle a également permis de dissimuler le coût économique de l'absence d'endettement externe. Elle a surtout donné l'opportunité au gouvernement de mener une politique de "fidélisation" de ses alliés politiques grâce à la distribution de divers avantages financiers, sans que le coût économique de cette politique apparaisse au grand jour. Toutefois, la contrepartie du développement de ces activités a été le sous-développement croissant du système financier et surtout l'existence d'un déficit de la BCI depuis la révolution. Or, ce déficit a conduit à accélérer la création monétaire. Il a surtout contribué à affaiblir l'autorité morale de la BCI et donc sa légitimité, ce qui a sûrement joué un rôle non négligeable dans le régime d'inflation élevée depuis la révolution.

CHAPITRE IV

DES RELATIONS BCI - BANQUES SECONDAIRES "RECOUVERTES" PAR UNE LOGIQUE POLITIQUE

La relation de la BCI avec les banques est essentiellement marquée par deux phénomènes : la dépendance de la BCI vis-à-vis de l'Etat et le sous-développement du système bancaire. En fait, ces deux facteurs forment un ensemble cohérent. C'est parce que la Banque Centrale d'Iran est d'abord la banque de l'Etat qu'elle ne peut devenir la banque des banques, c'est-à-dire gérer le développement du système bancaire. A l'inverse, en l'absence d'un système bancaire développé à réguler, la banque centrale ne peut jouer le rôle de régulateur du système bancaire et est "happée" par les besoins de financement de l'Etat[58]. Dans un tel environnement financier, les canaux de transmission de la politique monétaire sont de faible qualité. La politique monétaire depuis la révolution a donc été d'une grande inefficacité. En outre, le caractère "réprimé" du système financier iranien a été propice à l'émergence d'un risque de système très élevé.

---

[58] *Hankel, W. (1991).*

I - LE SYSTEME FINANCIER IRANIEN : DEPENDANCE VIS-A-VIS DE L'ETAT ET SOUS-DEVELOPPEMENT

1 - *Dépendance vis-à-vis de l'Etat*

La situation de dépendance de la BCI par rapport à l'Etat peut s'expliquer par différents facteurs :

a - Le caractère sous-développé de l'économie iranienne

Le rôle d'une banque centrale dans l'économie d'un pays en voie de développement est surdéterminé par un élément fondamental : le sous-développement du système financier. En effet, dans les économies des pays industrialisés, le système financier s'est développé durant plusieurs siècles et a ainsi perfectionné sa capacité à jouer le rôle d'intermédiaire financier, c'est-à-dire ses fonctions de collecte ainsi que d'allocation de l'épargne aux agents ayant des besoins de financement. Dans ces économies, le système bancaire a eu besoin d'une entité n'étant pas concurrente des banques pour être régulé. C'est donc le mode de fonctionnement du système bancaire qui a nécessité la création d'une banque centrale[59]. Elle joue notamment le rôle de banquier des banques en essayant de satisfaire les besoins en liquidité de ces dernières. En effet, seule une banque centrale peut contrôler le montant de liquidité nécessaire au bon fonctionnement du système d'allocation de crédit géré par les banques. Dans les économies en voie de développement, le système bancaire est à la fois handicapé par sa taille mais aussi surtout par son manque d'efficacité. De ce fait, les banques centrales n'ont pas pu jouer le rôle essentiel de banquier des banques secondaires. De plus, dans ces économies, l'Etat a historiquement un rôle moteur dans l'économie. Dans un tel environnement, la banque centrale a été très souvent créée pour des

---

[59] *On peut se référer à ce sujet à Aglietta, M.(1994) ou à Goodhart, C. (1988).*

raisons de souveraineté politique[60] pour marquer une indépendance récente. Dans ces conditions, l'Etat, pour satisfaire ses besoins de financement, ne dispose que de la banque centrale dont la mission essentielle devient celle de banquier de l'Etat. La banque centrale est donc dans une économie en voie de développement d'abord le banquier de l'Etat au lieu d'être le banquier des banques[61]. Elle ne met pas en œuvre "une rationalité collective[62]" mais sert d'abord les intérêts de la "sphère politique".

Ce schéma s'applique au cas de l'Iran. Dans ce pays, la première institution financière à avoir exercé des fonctions se rapprochant de celle d'une banque centrale fut l'Imperial Bank of Persia, rebaptisée ensuite Imperial Bank of Iran[63]. Cette compagnie anglaise, fondée en 1889, obtint du gouvernement iranien le droit exclusif de "battre monnaie" et fut utilisée comme banquier par ce même gouvernement[64]. La Banque Melli d'Iran, créée en 1928, fut la première banque commerciale à être établie officiellement. Elle assuma, à partir de 1930, le rôle de banque centrale à la place de l'Imperial Bank of Iran tout en développant ses activités de banque commerciale. Les problèmes engendrés dans le système bancaire par ce dualisme des fonctions de la Banque Melli d'Iran ont entraîné la création, en 1960, d'une entité financière autonome, la Banque Markazi, qui devenait ainsi officiellement la première banque centrale d'Iran.

La création d'une banque centrale reposait, en Iran, autant sur des principes de souveraineté nationale que sur des raisons

---

[60] *Comme cela a été constaté dans de nombreux pays anciennement colonisés. On peut se référer à ce sujet à R. S. Sayers (1957), p. 114.*

[61] *Hankel, W., (1991), p. 57.*

[62] *Aglietta, M. (1994).*

[63] *Ces évènements ainsi que la création de la Banque Melli sont décrits dans C.Issawi (1971), pp. 346-347. On peut aussi consulter à ce sujet M.Yeganeh (1989) et P. Basseer, "Banking in Iran" (1989).*

[64] *Le fait que la première banque à tenir le rôle effectif de banque centrale ait été une banque étrangère est évidemment très significatif : cette caractéristique de l'histoire des institutions financières iraniennes recoupe les analyses politiques et historiques qui définissaient l'Iran de l'époque comme "dépendant" des puissances extérieures.*

purement économiques. Le système bancaire national d'alors était tout à fait sous-développé : la banque Melli d'Iran, créée deux ans avant d'exercer les fonctions de banque centrale, était la première banque commerciale iranienne. La Banque Melli d'Iran est donc naturellement devenue la banque de l'Etat iranien. La création de la BCI en 1960 n'a rien changé à cette situation : le sous-développement du système bancaire a même été amplifié depuis par le mode de développement choisi, basé principalement sur l'investissement de l'Etat financé par la rente pétrolière. Il faut noter que ni la loi monétaire et bancaire de 1972, ni la loi sur les opérations bancaires sans usure (*rébâ*) de 1984[65], n'incluent dans les objectifs de la BCI celui de favoriser la stabilité et le développement du système financier. La BCI a donc, dans cet environnement politique, économique et financier, été créée pour des raisons de souveraineté et pour satisfaire aux besoins de financement de l'Etat.

b - Mode de développement historique : fort interventionnisme de l'Etat basé sur la gestion des ressources pétrolières

Ce phénomène de dépendance est amplifié par le fait que la BCI opère dans une économie pétrolière. Historiquement, le mode de développement de l'économie a reposé sur la gestion des ressources pétrolières. L'importance de ces ressources, l'absence de bourgeoisie industrielle, les théories en vogue à l'époque en matière

---

[65] *The monetary and banking law of Iran, traduction anglaise ; Loi sur les opérations bancaires sans usure (rébâ). Traduction française, Banque Markazi Jomhouri Eslami Iran (Banque Centrale de la République islamique d'Iran). De 1972 à 1983, c'est la loi monétaire et bancaire de l'Iran, votée le 9 juillet 1972, qui a fait autorité et a donc défini, sur le plan légal, pendant cette période, les objectifs économiques assignés à la BCI. Puis, la loi sur les opérations bancaires sans usure (rébâ) fut votée en 1983 et approuvée en 1984. La situation depuis cette date est en fait ambiguë car l'article 26 de cette loi de 1983 précise que "dès l'approbation de cette loi, toutes les lois et réglementations contraires à celle-ci seront abrogées...". Ce qui signifie que tous les points qui n'ont pas été abordés par cette loi et qui ne la contredisent pas restent sous le coup de la loi précédente. Donc, de 1980 à 1983, le règlement monétaire et bancaire a été régi par la loi de 1972 et, depuis 1984, il dépend de la loi de 1972 et de celle de 1983.*

de développement, et le caractère dictatorial du régime ont favorisé un très fort interventionnisme de l'Etat dans l'économie. Le schéma de développement s'est donc fondé sur un Etat interventionniste finançant ses activités grâce aux revenus pétroliers et la création monétaire. En effet, les revenus pétroliers correspondaient à une part importante des revenus de l'Etat ; celui-ci les réinjectait dans le système économique pour assurer son développement. Dans ce type d'économie, les recettes pétrolières constituent une part importante des revenus du gouvernement. Ce mode de développement a eu deux conséquences :

• l'absence d'une véritable politique fiscale : l'Etat qui détient ainsi la plus grande partie du revenu national se trouve donc peu incité à mettre en place une véritable politique fiscale.

• le recyclage des devises par la BCI : si l'on excepte la courte période de tension avec les autorités anglaises suite à la nationalisation du pétrole, les exportations de pétrole ont représenté, depuis la deuxième guerre mondiale, plus de 85 % des exportations totales[66]. Ceci signifie que l'Etat est également détenteur de la quasi-totalité des recettes en devises du pays. Ces recettes sont transformées en revenus budgétaires du fait que la BCI achète ces devises contre des rials. Cet aspect du rôle de la BCI est très important car le taux de change auquel est effectuée la transaction détermine le montant des revenus pétroliers en rials du gouvernement. Ces opérations mettent le gouvernement en position de force par rapport à la BCI : il lui vend en effet la quasi-totalité des recettes en devises du pays.

De ce fait, depuis sa création, la BCI a toujours été utilisée, par le gouvernement, pour recycler la rente pétrolière et assurer le financement de sa politique budgétaire. Ainsi, la loi monétaire et bancaire de l'Iran de 1972, reflète cette subordination de la BCI à l'Etat. La loi de 1972 précise, à l'article 10, que les objectifs de la BCI sont de maintenir la valeur de la monnaie et l'équilibre de la balance des paiements, de faciliter les transactions commerciales et

---

[66] Pesaran, H. (1990), p. 4.

de contribuer à la croissance économique du pays[67]. Ces objectifs sont annoncés sans que soit désigné un ordre de priorité entre eux. Cette absence de hiérarchisation des objectifs est généralement interprétée comme ne permettant pas à la banque centrale concernée d'avoir une politique claire et de faire preuve d'indépendance vis-à-vis de la "sphère politique". Toutefois, il faut noter que l'objectif de préservation de la valeur de la monnaie est présent dans la loi. Mais surtout, l'un des objectifs cités, "contribuer à la croissance économique", peut être interprété comme un autre signe d'une subordination de la banque centrale vis-à-vis de l'Etat.

c - Une banque centrale opérant dans une économie où l'Etat a un rôle majeur depuis la révolution.

La Révolution, la guerre avec l'Irak, les orientations politiques des gouvernements en place ont entraîné la mise en place d'un système économique où l'Etat contrôlait la quasi-totalité des activités productives du pays. Le fonctionnement d'un tel système économique allait de pair avec une politique économique "volontariste". Ce type de politique impliquait que le système bancaire dans son ensemble soit considéré comme étant un instrument au service du gouvernement.

La loi sur les opérations bancaires sans usure (*rébâ*) de 1984 fait ressortir une transformation radicale quant aux objectifs économiques de la BCI. L'article 1 du chapitre 1 indique que les objectifs du système bancaire sont, entre autres, de "promouvoir la mise en œuvre des objectifs et des programmes politiques et économiques du gouvernement de la République islamique d'Iran par des instruments monétaires et de crédit", "Préserver le pouvoir d'achat, équilibrer la balance des paiements et faciliter les échanges commerciaux". Or, ces objectifs sont généralement assignés à la banque centrale et non à l'ensemble du système bancaire. Il est donc implicite, selon cette loi, que l'ensemble du système bancaire est un instrument de politique économique au

---

[67] *The monetary and banking law of Iran, traduction anglaise, p. 5.*

service du gouvernement. D'autre part, l'absence de hiérarchie entre les objectifs est encore plus prononcée dans la loi de 1984 que dans la loi de 1972. La loi de 1984 a, en effet, ajouté un certain nombre d'objectifs à ceux de la loi précédente sans établir de hiérarchie entre eux.

Cette dépendance de la BCI vis-à-vis de l'Etat s'est également retrouvée dans le mode de définition de la politique monétaire. Celle-ci dépend des lois de 1972 et de 1983. Selon l'article 19 de la loi de 1983, "la politique de crédit et les financements octroyés à court terme (un an) seront définis sur proposition de l'assemblée générale de la Banque Markazi et approbation du Conseil des Ministres...". *A priori*, la situation est un peu ambiguë car la loi de 1983 ne dit rien quant à l'organisation interne de la BCI et notamment sur la manière dont la politique monétaire est définie avant de devenir une proposition de l'assemblée générale de la Banque Markazi qui sera approuvée par la Conseil des Ministres. La Loi de 1972 précise que la Banque Markazi est composée des organismes suivants :

I – L'Assemblée générale
II – Le conseil du crédit et de la monnaie
III – Le bureau exécutif
IV – Le bureau de contrôle des réserves en billets
V – Le bureau de supervision

Puis l'article 18 précise que le Conseil du crédit et de la monnaie doit réfléchir et décider de la politique générale de la Banque Markazi et contrôler les affaires monétaires et bancaires du pays. C'est donc ce conseil qui a le pouvoir de décider de l'orientation de la politique monétaire. C'est lui qui définit la politique qui sera présentée au Conseil des Ministres, l'Assemblée Générale ne jouant qu'un rôle passif d'intermédiaire. Ce conseil dont le président est le gouverneur de la banque centrale est composé de quatorze membres. Cet organe est-il indépendant ? *A priori*, non. Dix des membres sont des représentants officiels du gouvernement. Un autre membre, le gouverneur est quasiment nommé par ce même gouvernement : le Ministère des Finances suggère sa nomination à l'Assemblée Générale qui l'approuve, puis le cabinet des ministres doit donner son accord. En pratique donc, depuis la révolution, ce conseil a bien été complètement "dominé" par l'Etat.

La relation de la BCI vis-à-vis des banques depuis la révolution a été également influencée par un élément majeur, le sous-développement du système financier.

2 - Le sous-développement du système financier

a - Les causes de ce sous-développement

Celui-ci résulte structurellement du mode de développement de l'économie iranienne. Puis, le problème a été amplifié depuis la révolution par l'emprise de l'Etat sur le système financier ainsi que par l'islamisation de ce dernier en 1984.

Mode historique de développement : un système bancaire recyclant les pétrodollars en subventionnant l'industrie

Depuis la naissance d'une économie moderne en Iran, les gouvernements successifs n'ont pas été incités à mettre en place un système financier capable de mobiliser l'épargne disponible pour financer les investissements productifs par transformation des dépôts ou création monétaire. En effet, l'Etat était le principal investisseur et disposait de la rente pétrolière qui représentait la quasi-totalité de ses recettes budgétaires. Dans ces conditions, comme il a déjà été précisé, le système financier ne servait qu'à recycler les pétrodollars. D'autre part, les différents gouvernements ont entrepris de bâtir une industrie nationale sur la base notamment de subventions accordées par le système bancaire. Les banques ont donc dû largement financer les entreprises des secteurs public et privé en leur accordant systématiquement des crédits à taux bonifiés[68]. Cette politique a incité les banques à financer des opérations à caractère commercial pour maximiser les profits. Le secteur bancaire n'a donc jamais joué avant la révolution le rôle fondamental que lui assignait Schumpeter[69] dans les systèmes économiques capitalistes après celui d'entrepreneur : celui de financer les investissements productifs. Ces dysfonctionnements du système financier ont été amplifiés par le fait que, traditionnellement, les entreprises iraniennes du secteur privé ont toujours préféré financer leurs investissements par leurs propres ressources et ont peu fait appel, pour des raisons fiscales essentiellement, au secteur bancaire, ce qui a contribué à son sous-développement.

Des dysfonctionnements aggravés par la nationalisation du système bancaire après la révolution

Le 7 juin 1979, suite à une résolution du Conseil Révolutionnaire de la République Islamique d'Iran[70], l'ensemble du système bancaire fut nationalisé. Cette loi fut étendue en octobre de la même année à toutes les caisses d'épargne. La Constitution de la République islamique d'Iran, approuvée le 2 décembre 1979, confirma ces décrets en indiquant (article 44) que toutes les institutions bancaires et les compagnies d'assurance faisaient partie du secteur public.

Entre-temps, le Conseil Révolutionnaire de la République Islamique d'Iran avait émis un nouveau décret, le

---

[68] *Pour la période 1973-1978, ces pratiques ont été étudiées par D. Salehi-Isfahani (1989).*

[69] *Schumpeter, J. (1964).*

[70] *Profitant de la désorganisation de l'économie dans les jours précédant la révolution, un groupe d'opposants au régime du Shah avait commencé, dès janvier 1979, d'assumer, de manière informelle, un certain nombre de responsabilités du gouvernement impérial. La désignation par l'Ayatollah Khomeyni, le premier février 1979, de Mehdi Bâzargan comme Premier ministre et la formation de son cabinet ne firent qu'officialiser cette situation. Ce cabinet fut appelé le Conseil Révolutionnaire de la République Islamique. On peut se référer à ce sujet à Ali Rashidi (1994), pp. 45-46.*

25 septembre 1979, indiquant que toutes les banques ainsi que les caisses d'épargne, étaient soumises à de nouvelles règles de fonctionnement qui s'appliquaient indifféremment à toutes ces institutions, sans tenir compte des différences dans leurs activités ou leur ancienne structure de capital. L'article 17 de ce décret autorise l'Assemblée Générale des Banques[71] à, si nécessaire, opérer des fusions ou créer des nouvelles banques.

Ce décret permit de mettre en place un plan de restructuration. Le système bancaire, avant la révolution, était composé de 28 banques commerciales, 7 banques spécialisées, 14 caisses d'épargne, 2 fonds d'investissement et 2 sociétés d'investissement. Après les opérations de restructuration et de fusion, ce système bancaire comprenait 6 grandes banques commerciales, 3 banques spécialisées (dans l'agriculture, l'industrie et le logement), plus une banque dans chaque province.

Parmi les causes qui ont conduit à cette décision de nationaliser le système bancaire, on peut citer :

1) La nécessité d'empêcher une faillite complète du système bancaire

Les banques privées devaient faire face à l'époque à des retraits en masse, à une fuite des capitaux et à de nombreux défauts de leurs débiteurs. En fait, l'ensemble du système bancaire était dans un état très précaire depuis 1978 ; la BCI ayant dû prendre certaines mesures, cette année-là, pour subvenir aux besoins de liquidité des banques (réduction des taux des réserves obligatoires, du taux de réescompte, baisse de la quantité requise d'achat d'obligations gouvernementales, contrôle des changes, etc.). Ce soutien de la BCI au système bancaire se prolongea en 1979 mais

---

[71] *L'Assemblée Générale des Banques est un des cinq organes de la BCI dont la fonction est, selon la Loi monétaire et bancaire de 1972, de gérer les affaires monétaires et bancaires de la nation. Le décret du 25 septembre 1979 du Conseil Révolutionnaire de la république islamique en a modifié la composition : elle était composée auparavant du Ministre des Finances, du Ministre de l'Economie et d'un autre ministre représentant le gouvernement ; ce décret y a nommé tous les ministres de la république islamique ayant des responsabilités liées à l'économie.*

la situation du système bancaire ne s'améliora pas. De ce fait, les autorités décidèrent de nationaliser le système bancaire afin de limiter la fuite de capitaux, de protéger les dépôts et de permettre au système bancaire de perdurer.

2) La volonté d'appliquer une nouvelle politique économique

Il est clair néanmoins que cette décision reposait également sur de nouveaux principes de politique économique. Le système bancaire ne devait plus être guidé par le profit mais devenir un instrument au service du gouvernement. La restructuration du système bancaire en diminuant le nombre de banques rendait ainsi plus facile la mise en œuvre de ce type de politique.

3) Vouloir sanctionner des soutiens de l'ancien régime

Dans l'esprit des nouvelles autorités, l'industrie bancaire représentait un des secteurs de l'économie iranienne qui avait le plus profité financièrement du régime du Chah et, en retour, avait soutenu ce régime. Cette perception des choses a sûrement joué dans la décision de nationaliser.

Ces facteurs explicatifs ne doivent pas cacher toutefois que cette décision a d'abord été prise de manière totalement précipitée, voire improvisée. C'est ainsi que le gouverneur de la BCI n'avait pas été mis au courant de cette décision ! La précipitation avec laquelle fut émis ce décret a conduit à nationaliser des établissements bancaires qui étaient déjà en faillite et dont le sort aurait pu être déterminé par les lois commerciales du pays.

Les dysfonctionnements structurels du système bancaire ont en fait été aggravés par la nationalisation et la restructuration du système bancaire. L'Iran n'a donc pas échappé à la constatation faite par de nombreux experts[72] qui ont montré que la nationalisation des secteurs bancaires dans les pays en voie de développement contribue souvent à diminuer leur efficacité.

Enfin, la nationalisation du système bancaire a permis de mettre en place un système économique et financier "à contrainte budgétaire lâche" ("*soft budget constraint*"). Dans un tel système,

---

[72] *On peut citer Fry, M.J. (1988), pp. 300-322.*

l'Etat garantit tout risque de non-paiement de crédit ou d'illiquidité. En Iran, la quasi-totalité du système économique a fonctionné de cette manière. Or, un tel mode de fonctionnement pèse sur l'efficacité du système financier et contribue à son sous-développement.

"L'islamisation" du système bancaire

En 1984, la loi sur les opérations bancaires sans usure fut mise en application. L'Iran choisit donc, en pleine guerre avec l'Irak, d'effectuer une transformation radicale de son système financier. En théorie, cette loi devait supprimer l'utilisation du taux d'intérêt. De ce fait, les banques ont dû complètement transformer la structure de leurs bilans. Deux types de dépôts ont été autorisés : les dépôts dits de *gharz-ol-hassané* et les dépôts d'investissement à terme. Les premiers nommés sont des comptes courants ou des comptes d'épargne qui n'assurent aucune annuité d'intérêt. La banque a toutefois le droit d'utiliser un certain nombre de moyens pour attirer les dépôts : cadeaux en argent ou en nature (ces récompenses ne sont pas fixées à l'avance), réduction du coût des services bancaires, priorité dans l'attribution des crédits. Les dépôts d'investissement sont de court ou de long terme. Selon la loi, ces dépôts sont rémunérés selon un pourcentage fixé à l'avance des profits réalisés par les banques avec ces fonds. Pour les crédits, les types de contrat autorisés sont des opérations de financement de projet, d'investissement direct, de location-achat, d'achat à terme de production, d'achat et de revente à court terme, de prêts sans intérêts. Le principe général d'un tel système était que des taux de profit appliqués *ex ante* aux profits réalisés par les emprunteurs et les banques devaient rémunérer respectivement les banques et les déposants. Il s'agissait en particulier d'inciter les financements à s'orienter vers les investissements productifs de long terme en favorisant les associations capital-travail où le risque est plus équitablement réparti.

En fait, dans la pratique, les banques ont continué d'utiliser le taux d'intérêt. Du côté des crédits, la banque et l'emprunteur ne calculent pas un véritable taux de profit. L'entreprise déclare à la banque qu'elle va réaliser un profit d'un certain montant avec les fonds empruntés. Ces profits annoncés sont complètement fictifs et la banque le sait parfaitement. Mais tous ces chiffres sont calculés pour qu'en fin de compte, l'emprunteur verse des annuités d'intérêt sur les fonds empruntés, ces annuités ayant été calculées avec les taux d'intérêt ou taux de profit. Seule l'appellation a changé, mais pour l'entreprise, l'obtention d'un crédit demande évidemment plus de démarches administratives que dans l'ancien système. D'autre part, les banques ont continué à payer aux déposants des "taux de profit garantis" qui, comme leur nom l'indique, ressemblent beaucoup à des taux d'intérêt.

L'islamisation du système bancaire a en fait surtout conduit à peser sur l'efficacité du système bancaire en contribuant notamment à accroître le poids des démarches administratives[73]. L'interdiction de l'utilisation du taux d'intérêt a, en outre, amplifié l'un des dysfonctionnements structurels dont souffrait le système bancaire iranien, le faible rôle alloué aux taux d'intérêt dans le fonctionnement de ce dit système. De plus, il est clair que l'interdiction de l'utilisation du taux d'intérêt a freiné le développement de marchés de capitaux.

b - Appréciation de ce sous-développement

Le système bancaire

1) Sous capitalisation des banques iraniennes

Les cinq banques publiques iraniennes sont caractérisées par une faible capitalisation (cf. tableau 22). Le montant des réserves constituées par les banques iraniennes, tant en raison de profits faibles que de leur lourde taxation, n'a pas permis d'accroître sensiblement les capitaux propres. Ainsi, les ratios de capitaux propres des banques iraniennes restent-ils très inférieurs aux normes internationales. Les rapports entre les fonds propres et l'ensemble des engagements les plus élevés parmi les banques

---

[73] *On peut se référer à ce sujet à T. Coville (1994).*

publiques n'étaient que de 3 % pour la banque Saderat et de 2,3 % pour la banque Tejarat en 2000. Par comparaison, Morris Goldstein[74] propose d'établir une norme bancaire internationale à deux niveaux où le ratio des capitaux propres rapporté aux engagements (pondérés par le risque) serait au minimum de 8 % pour le premier niveau (c'est-à-dire le ratio des accords de Bâle) et de 12 % pour le deuxième niveau. De plus, les ratios des banques iraniennes sont surévalués car les engagements hors bilan ne sont pas comptabilisés.

2) Faiblesse des profits

Le secteur bancaire dispose de très peu d'autonomie car la BCI fixe les taux de profit débiteurs et créditeurs, les normes de progression de crédits par banque ainsi qu'une grille de répartition des crédits par secteur, et impose l'allocation de financements quasi gratuits au secteur public. En outre, la loi sur les opérations bancaires sans usure ne fixe pas parmi les objectifs du système bancaire, celui d'être efficient ou de maximiser le profit.

Tableau 22 - Ratios des principales banques iraniennes

	Melli (20/3/2000)	Saderat (20/3/2000)	Mellat (20/3/2000)	Tejarat (20/3/1999)	Sepah (20/3/2000)
Total du bilan (milliards de rials)	66449,6	28116,7	26728,2	30776,4	23231,8
Profit av. impôts (milliards de rials)	84,7	313,7	44,1	173,3	41,9
Fonds propres/ Total du bilan	1,80 %	3 %	2,1 %	2,3 %	1,8 %
Rentabilité des actifs [(1)]	0,05 %	0,6 %	0,18 %	0,29 %	0,12 %
Coefficient d'exploitation [(2)]	94 %	50,2 %	87 %	79,8 %	106 %

[(1)] *Résultats nets / Total du bilan*
[(2)] *Frais généraux/ Revenu d'exploitation*

Source : Bankscope - Bureau Van Dijk Editions Electroniques

---

[74] *Goldstein, M. (1997), p. 45.*

De plus, les opérations de financement des banques se sont plutôt orientées vers les opérations à court terme moins profitables, soit un résultat contraire à celui recherché par la loi de 1984, pour plusieurs raisons :

• ces types de financement sont ceux qui ressemblent le plus aux opérations avec taux d'intérêt ;

• l'activité de prêt en Iran repose sur la connaissance du client et la "crédibilité financière" de celui-ci plutôt que sur la profitabilité du projet à financer ;

• les emprunteurs (surtout les entreprises privées) ne se sont pas habitués à ce nouvel environnement. Ils ont donc préféré opérer à court terme en utilisant, par exemple, des financements en leasing ;

• ces entreprises ont également été très réticentes, très souvent pour des raisons fiscales, à communiquer aux banques les informations requises pour monter des opérations de financement à long terme ;

Compte tenu d'un tel environnement, on comprend que les banques commerciales ne soient guère profitables. Ainsi, la banque la plus rentable, la Banque Saderat, dégage un taux de rentabilité de seulement 0,6 % en 2000 (cf. tableau 22).

3) Un provisionnement insuffisant des créances douteuses

Aucune provision n'a été constituée pour les créances allouées au secteur public par les banques commerciales. Cette situation renforce le risque sur le système bancaire iranien, l'ensemble de ces crédits représentant 11 % de l'actif total des banques commerciales en moyenne annuelle sur la période 1980-1999. En effet, de nombreuses entreprises publiques sont en situation de dépôt de bilans et ne "survivent" que grâce aux financements bancaires. Toute restructuration de l'industrie pourrait donc conduire à l'émergence d'un risque de système. Il en serait de même si le gouvernement décidait de clarifier la situation des fondations religieuses (qui bénéficient de montants très importants de financements quasi gratuits) et les plaçait dans le secteur privé. De plus, au risque lié au non provisionnement des créances douteuses sur le secteur public s'ajoute celui lié à l'importance des portefeuilles d'actions de sociétés publiques détenues par les banques.

**Tableau 23 - Part des crédits au secteur public dans
l'actif des banques commerciales**

%	1980	1986	1988	1993	1999
Créances au secteur public	14,7	12,6	10,1	4,5	15

Source : Banque Centrale d'Iran

4) un secteur bancaire inefficient

Toutes les informations disponibles convergent pour donner l'image d'une industrie bancaire ayant une productivité très faible : trop grand nombre d'employés, utilisation encore peu développée des nouvelles technologies, importance des files d'attente, lourdeur des démarches administratives pour la moindre opération, etc. Ainsi, dans le cas de la banque la moins inefficace, la Banque Saderat, le coefficient d'exploitation (frais généraux sur revenu d'exploitation) est égal à 50,2 %. Il est de 94 % pour la plus grande banque commerciale, la banque Melli (cf. tableau 22).

Cette inefficacité s'explique par une absence de véritable concurrence entre les banques liée historiquement à un mode de développement qui en a fait un simple outil pour recycler la rente pétrolière ou pour financer l'industrialisation du pays. Cette absence de pression concurrentielle a été renforcée par la nationalisation du système bancaire après la révolution et par l'existence de profonds déséquilibres de taille entre les différentes banques commerciales, la plus grande banque commerciale, la banque Melli représentant plus de deux fois la taille (si l'on prend la valeur totale des actifs) de celle de la deuxième banque commerciale du pays, la Banque Tejarat.

5) Incapacité du système bancaire à financer les investissements productifs

Le mode de développement de l'économie iranienne basé sur l'investissement de l'Etat financé par la rente pétrolière a conduit le système bancaire à ne jamais jouer son rôle de financier des investissements productifs. Or, cette déficience a été renforcée par avec l'islamisation du système bancaire. En effet, les crédits des banques commerciales se sont alors généralement orientés vers des opérations commerciales de court terme. On peut noter ainsi que le ratio des flux de crédits des banques commerciales au secteur privé rapportés à l'investissement du secteur privé en équipements et machines est sur une tendance nettement baissière depuis la fin des années 1980 (de 400 % en 1987 à près de 80 % en 1999), ce qui est une indication de l'incapacité du secteur bancaire à financer les investissements productifs. Cependant, il est clair que les entreprises du secteur privé ont également une part de responsabilité dans cette situation. C'est leur réticence à s'engager dans des opérations d'investissement à long terme qui a conduit à cette structure de l'offre de crédits. Toutefois, l'instabilité politique, le poids de l'Etat, l'absence de continuité en matière de politique économique et la volatilité des réglementations sont les facteurs qui ont expliqué cette préférence des entreprises pour les investissements commerciaux à court terme.

6) Perte de parts de marché

Le sous-développement du système financier iranien se reflète également par le fait que ce dernier a subi une concurrence sévère de la part du système financier informel constitué soit par les usuriers du bazar, soit par les institutions financières islamiques apparues après la révolution. Le succès de ces institutions était lié à leur capacité à offrir des rendements plus attractifs pour les déposants mais aussi à être plus réactif en termes d'allocation de crédits. D'autre part, nombreux sont les agents économiques, qui devant l'importance des démarches administratives que nécessitait une demande de crédit à une banque, ainsi que la difficulté à obtenir ce crédit, ont choisi de s'adresser au bazar pour obtenir des crédits visant à financer tous les types d'opération (investissement industriel ou immobilier, achat de biens de consommation durables).

7) Comparaisons internationales

On a sélectionné deux pays de la région pour effectuer ces comparaisons : l'Egypte et la Turquie. Ce choix est notamment lié au fait que les systèmes bancaires turcs et égyptiens sont généralement considérés comme étant affectés par de nombreux dysfonctionnements.

On peut prendre comme indicateur du développement du système financier les indicateurs suivants[75] :

• la répartition des dépôts entre la banque centrale et les banques de dépôt. Cet indicateur de structure du système financier traduit le fait que les banques commerciales ont un avantage dans la production de services de diversification des risques et de recherche d'information par rapport à la banque centrale.

• la répartition des créances du système bancaire entre le secteur privé et le secteur public (administration centrale, collectivités locales, entreprises publiques). L'idée sous-jacente dans ce cas est qu'un système bancaire qui ne fait que collecter l'épargne pour la canaliser en priorité vers le secteur public ne pourra probablement pas remplir ses fonctions et contribuer significativement à la croissance.

• le montant des créances du système financier sur le secteur privé (en pourcentage du PIB). Il s'agit d'un indicateur mesurant la taille du système financier. Il est plus directement lié aux activités d'intermédiation financière qu'aux fonctions de mobilisation de l'épargne et de gestion du système de paiement assurées par le système financier.

Tableau 24 - Sous-développement du système financier iranien : comparaison internationale (moyenne annuelle de 1980 à 1999)

%	Iran	Turquie	Egypte
Part des crédits accordés par les banques de dépôt	42,7	68,9	56,4
Part du crédit intérieur distribué au secteur privé	38,7	40	27
Montant des créances du système bancaire sur le secteur privé/PIB	21,8	19,8	31,2

Sources : Banque Centrale d'Iran, FMI

---

[75] *Ces indicateurs sont notamment utilisés par J.C. Berthélémy et A. Varoudakis (1996), p. 25.*

Les résultats de ces indicateurs traduisent bien le fait que le système bancaire iranien est comme les systèmes bancaires égyptiens et turcs insuffisamment développé. Plus particulièrement, le système bancaire iranien est caractérisé par un poids excessif des crédits alloués par la banque centrale relativement à celui accordé par les banques secondaires. Cela reflète clairement la centralisation excessive du système bancaire iranien et la "domination" de la Banque Centrale d'Iran sur les banques secondaires. D'autre part, la part des crédits intérieurs alloués par le système bancaire au secteur privé est plus faible en Iran qu'en Turquie mais plus importante qu'en Egypte. En réalité, le résultat de l'Iran est surévalué car le secteur privé inclue les fondations religieuses. Ainsi, si l'on estime que les fondations religieuses reçoivent 10 % de l'ensemble des crédits, la part allouée au secteur privé "effectif" est ramenée au niveau du résultat de l'Egypte. Par ailleurs, si l'on considère que les fondations religieuses comptent pour près de 10 % du PIB, la part du crédit intérieur reçue par le secteur privé correspond à son poids dans l'économie (le secteur privé possédant près de 30 % de l'appareil productif). Ceci reflète le fait que le sous-développement du système bancaire iranien doit être relié à l'étatisation de l'économie intervenue depuis la révolution.

8) Comparaison historique

Si l'on prend comme indicateur, la contribution en valeur du secteur financier et des assurances au PIB, celui-ci a nettement diminué depuis la révolution, de 6,7 % du PIB en 1980 à 0,9 % du PIB en 1999. Autre indication du sous-développement croissant du système financier, le déclin de la part des dépôts sur le PIB (cf. tableau 24). Ainsi, la part de l'ensemble des dépôts des banques commerciales (dépôts à vue et dépôts à terme) rapportée au PIB est passée de 44 % en 1980 à 36,7 % en 1999. Si les dépôts à vue ont légèrement progressé de 1980 (13,2 % du PIB) à 1999 (14,4 % du PIB), on peut remarquer qu'ils ont baissé entre la fin de la guerre en 1988 (17,9 % du PIB) et 1999. Mais surtout, les dépôts à terme se sont effondrés passant de 30,8 % du PIB en 1980 à 22,2 % du PIB en 1999.

Tableau 25 - Evolution des dépôts des banques commerciales durant la période 1980-1999 (% du PIB)

%	1980	1986	1988	1993	1999
Dépôts à vue/PIB	13,2	17,2	17,9	15,9	14,4
Dépôts à terme/PIB	30,8	26,1	32,5	26,4	22,2
Total des dépôts/PIB	44,0	43,3	50,5	42,3	36,6

Source : Banque Centrale d'Iran

Les marchés financiers

Les marchés financiers étaient très peu développés avant la révolution. Il existait un marché monétaire mais son fonctionnement était loin d'être optimal : ce marché était en effet dominé par une seule banque, la Banque Melli d'Iran[76]. Celle-ci, du fait de son rôle historique de banquier du gouvernement et de banque centrale avant la création de la BCI, continuait de gérer tous les fonds gouvernementaux qui ne l'étaient pas par la BCI. De ce fait, les autres banques commerciales devaient aller à la Banque Melli pour recueillir ces fonds. Le seul marché véritablement actif était la Bourse de Téhéran. Cette institution a commencé véritablement ses activités en février 1968. Elle a repris ses activités en 1989 et son développement a été fort rapide jusqu'en 1996. Puis, le ralentissement de l'activité a conduit à un effondrement des cours boursiers. Mais, la Bourse est de nouveau repartie en 1999 grâce à la reprise de l'activité. Au total, sur la période 1988-1999, le taux de croissance annuel moyen de la valeur des actions échangées a été de près de 77 %. Toutefois, ces chiffres sont trompeurs. Si l'on calcule le ratio valeur des actions échangées/liquidité du secteur privé, la valeur estimée de ce ratio est pour 1999 de 2,7 %, soit un niveau très nettement inférieur à sa valeur de 1976, proche de 130 %. Ce ratio indique que la Bourse de Téhéran n'a jamais été une institution active. Elle a toujours joué un rôle marginal dans le processus de canalisation de l'épargne domestique vers l'investissement. Deux éléments

---

[76] *R.E. Looney (1982), p. 192.*

peuvent expliquer cette situation :

• l'importance des revenus pétroliers

Comme cela a déjà été dit, le poids des recettes pétrolières dans les recettes budgétaires a fait que les gouvernements n'ont pas été incités à mettre en place un système financier efficace et donc à développer les marchés de capitaux.

• une structure industrielle inadaptée

De même, le fait que les entrepreneurs iraniens soient traditionnellement réticents à faire appel aux financements bancaires n'a pas été un facteur propre à développer les marchés de capitaux[77]. Ces entrepreneurs ont en fait gardé une mentalité de marchand. Il leur était donc très difficile d'accepter l'obligation de diffusion d'informations sur leur entreprise qui accompagne la cotation en bourse. D'autre part, cette mentalité a conduit les entrepreneurs iraniens à concentrer leurs efforts sur des opérations rentables à court terme, négligeant les investissements à long terme et la nécessité d'augmenter la compétitivité de leur entreprise sur le plan international. Ces déficiences ont été aggravées par les effets induits par la proéminence du pétrole sur l'industrie iranienne, théorisés dans le modèle de la maladie hollandaise ("*Dutch Disease*") : la désindustrialisation ainsi provoquée a donné la possibilité aux entrepreneurs iraniens de négliger les marchés extérieurs et de se contenter du marché iranien. Une telle structure n'était donc pas de nature à favoriser le développement des marchés de capitaux.

c - Un système financier "réprimé"

Au bout du compte, le système financier iranien a toutes les caractéristiques d'un système financier "réprimé" tel qu'il a été décrit par Mc Kinnon et Shaw[78]. Les taux d'intérêt débiteurs et créditeurs des banques sont tous fixés administrativement et conduisent, compte tenu du niveau élevé de l'inflation, à des taux d'intérêt réels négatifs. Face à l'excès de demande de financement

---

[77] *Voir à ce sujet F. Khalatbari (1994), pp. 181-184.*
[78] *Mc Kinnon, R. I. (1973); Shaw, E.S. (1973).*

de projet induit par des taux d'intérêt réels négatifs, l'Etat fait pratiquer au système bancaire une politique d'allocation autoritaire et administrative des crédits. D'autre part, l'existence de faibles taux créditeurs conduit les banques à être extrêmement prudentes. Elles ont en effet peu intérêt à chercher de "bons" projets. Elles préfèrent financer des clients "connus" et se concentrent sur des opérations commerciales. Du coté des déposants, on est face à une situation d'épargne "forcée". Dans le cas de l'Iran, les déposants ont en effet maintenu leurs dépôts dans le système bancaire officiel du fait de l'absence de véritables alternatives[79] mais aussi parce qu'il y a eu adaptation de l'ensemble du système économique à ce régime d'inflation élevée. Par ailleurs, le gouvernement a utilisé la contrainte pour maintenir les dépôts dans le système bancaire : obligation de constitution de dépôts d'avance pour obtenir des financements en devises, obligation pour les exportateurs de remettre leurs gains en devises au système bancaire officiel, contrôle des changes, etc. Au bout du compte, cette politique a conduit à limiter l'épargne disponible.

Ces systèmes financiers réprimés sont également caractérisés par l'absence de compétition entre les banques. Celles-ci bénéficient en fait d'une situation d'oligopole compte tenu du faible nombre d'institutions bancaires. Dans ces conditions, le système bancaire dans son ensemble est d'une grande inefficacité. En outre, l'ensemble du système bancaire a pour mission principale de "ramasser" la taxe inflationniste auprès des déposants et de fournir grâce à ces revenus des financements quasi-gratuits au secteur public. Aucune contrainte n'oblige donc les banques à faire des profits en réduisant leurs coûts ou en gagnant des parts de marché.

Parallèlement au système bancaire officiel se développe un système bancaire informel qui s'adresse aux épargnants qui veulent bénéficier de rémunérations plus élevées et d'investisseurs qui ne peuvent avoir accès aux crédits du système bancaire officiel. Les taux d'intérêt pratiqués sur ces marchés sont beaucoup plus élevés

---

[79] *Les institutions financières parallèles comme celles du bazar n'offraient pas les mêmes garanties de sécurité que les banques.*

que dans le système bancaire officiel. Ces taux d'intérêt sont élevés à cause de l'insuffisance d'épargne mais aussi à cause des risques associés à des opérations illégales. En Iran, les caisses de finance islamiques et les usuriers du bazar ont joué ce rôle depuis la révolution.

Les marchés de capitaux sont sous-développés dans ce type d'économie. Une des raisons de cette situation est le fait que les épargnants et les investisseurs n'ont pas l'habitude de raisonner à long terme dans un environnement marqué par une inflation très élevée.

D'autre part, le système fiscal décourage le développement du système financier. Ainsi, la taxation d'actifs réels (comme les biens immobiliers) qui pourraient rentrer en compétition avec des actifs financiers est généralement très favorable. De même, le système fiscal encourage l'autofinancement aux dépends de l'intermédiation financière ou du financement direct. Ainsi, l'impôt sur les sociétés est en Iran d'une grande inefficacité.

Le système financier iranien a, au total, toutes les caractéristiques d'un système financier "réprimé" où les détenteurs de billets et les déposants ont financé, grâce à l'imposition due à l'inflation, les déficits du secteur public, où les taux d'intérêt débiteurs et créditeurs des banques sont négatifs en termes réels et les politiques d'allocation autoritaire des crédits (à des taux bonifiés) à des secteurs jugés prioritaires largement pratiquées.

Cet environnement financier fait que la fonction de banque des banques de la BCI depuis la révolution a été marquée par de nombreux dysfonctionnements qui ont conduit à l'inefficacité des principales missions de la BCI : politique monétaire et politique de contrôle du système bancaire.

II - INCAPACITE DE LA BCI A JOUER SON ROLE DE BANQUE DES BANQUES

L'incapacité de la BCI à jouer son rôle de banque des banques s'est reflétée dans l'inefficacité de la politique monétaire ainsi que dans l'émergence d'un risque de système très élevé.

1 - L'inefficacité de la politique monétaire : la "faiblesse" des canaux de transmission

La politique monétaire est depuis la révolution affectée par de nombreux dysfonctionnements. En fait, elle souffre principalement de la mauvaise qualité de ses canaux de transmission, ce qui l'empêche d'agir efficacement. D'une manière très schématique, on distingue usuellement deux types de canaux de transmission de la politique monétaire : le canal monétaire et le canal du crédit. On considère habituellement qu'il existe trois types de canaux monétaires : l'effet de liquidité, l'effet d'encaisse réelle et le canal du taux de change. Le concept de canal de crédit a été bâti à partir du constat qu'il a été difficile de démontrer que les canaux de transmission classiques de la politique monétaire jouaient véritablement un rôle déterminant. Devant cette insatisfaction, une nouvelle conception des mécanismes de transmission de la politique monétaire mettant l'accent sur le rôle spécifique du crédit bancaire s'est développée[80].

Inefficacité du canal monétaire

- Inefficacité du canal monétaire ayant comme objectif intermédiaire un agrégat monétaire

Le canal monétaire a été inefficace après la révolution à cause du lien de causalité extrêmement fort qui s'est établi alors entre l'existence d'importants déficits publics et leur financement automatique par la création monétaire. Cet environnement a fait

---

[80] *Cette école part du principe qu'un certain nombre de problèmes engendrés par l'asymétrie d'information empêchent un fonctionnement optimal des marchés de capitaux. Dans ces conditions, il existe un écart entre le coût des financements externes et le coût d'opportunité des financements "internes" (l'autofinancement). Cet écart appelé prime de financement externe reflète fondamentalement le problème de la relation principal-agent qui est capital dans la relation prêteur-emprunteur. Or, selon les partisans de cette école, la politique monétaire a un impact sur cette prime de financement externe et donc sur la décision d'emprunter de l'entreprise (ou du consommateur). Voir à ce sujet Mishkin, F.S. (1996), Rosenwald, F. (1995).*

que les objectifs annoncés en matière de masse monétaire étaient en fait des estimations de ce que devrait être le taux de croissance de la masse monétaire compte tenu des besoins de financement prévisibles du secteur public. La BCI prenait donc d'abord en compte les besoins de financement du secteur public puis déterminait de manière résiduelle quels devaient être les financements accordés au secteur non public. Ce deuxième choix était encore contraint du fait que les fondations religieuses, ne faisant pas partie du secteur public, disposaient de financements automatiques et quasi-gratuits. La seule marge d'autonomie accordée à la BCI consistait donc à définir le montant des crédits accordé au secteur privé. Néanmoins, cette autonomie était également limitée par le fait que de nombreuses entreprises du secteur privé étaient extrêmement dépendantes des financements bancaires pour leur "survie". De plus, le secteur privé ne représentait qu'une part limitée de l'ensemble de l'appareil productif (près de 30 %). Puis, ayant fixé cet objectif de masse monétaire compte tenu de toutes ces contraintes, la BCI déterminait quel serait le montant de liquidité devant être créé pour atteindre cet objectif.

Dans ces conditions, depuis la révolution, la BCI n'a jamais pu utiliser la base monétaire comme instrument de politique monétaire, le canal de transmission "monétariste" impliquant un contrôle de la masse monétaire à partir de la base monétaire ne fonctionnait absolument pas. L'analyse des contreparties de la base monétaire (cf. tableau 10) montre que l'évolution de la base monétaire était d'abord dictée par les besoins de financement du secteur public. Dans la pratique, on n'a pas été en présence d'un multiplicateur de la base monétaire mais plutôt d'un diviseur de la masse monétaire. Les autorités monétaires devaient d'abord prendre en compte les besoins de financement du secteur public, définir un objectif de masse monétaire compatible avec ces besoins, puis définir quel devrait être le niveau de la base monétaire pour arriver à cet objectif de masse monétaire. Ainsi, les exigences de financement du secteur public prédéterminaient les augmentations de la base monétaire et de la masse monétaire. Cette caractéristique du fonctionnement de la BCI s'est traduite par le fait que la progression des crédits qu'elle a accordés au secteur public a contribué pour près de 100 % à la croissance de la base monétaire en moyenne annuelle sur la période 1980-1999, soit une contribution près de six fois plus importante que celle des crédits qu'elle a accordés aux banques secondaires. On peut noter à ce sujet que la BCI a accordé directement des prêts à des organisations et entreprises du secteur public (ces prêts ont d'ailleurs contribué pour plus d'un dixième à la croissance de la base monétaire en moyenne sur la période 1980-1999).

Le caractère endogène de la création de base monétaire a également été illustré par le fait que les variations du taux des réserves obligatoires étaient d'abord dictées par la nécessité d'augmenter la base monétaire pour faire face aux besoins de financement du secteur public. Les variations du taux des réserves obligatoires depuis la révolution avaient officiellement pour objectif de "stériliser une partie des réserves libres des banques tout en diminuant la valeur du multiplicateur de crédit". Or, la réalité est toute autre. Les variations du taux des réserves obligatoires ont été l'objet d'importantes distorsions dans leur utilisation : la progression des avances nettes de la BCI au gouvernement était financée dans le bilan de la BCI par la croissance des billets créés et des réserves obligatoires. C'est ainsi que la BCI a procédé à des augmentations du taux des réserves obligatoires qui avaient comme unique objectif de permettre une croissance de la base monétaire (cf. graphique 18). Ainsi, les réserves obligatoires n'ont pas agi grâce à des variations *ex ante* sur les évolutions de la base monétaire mais ont avalisé et permis *ex post* sa croissance. En outre, les réserves obligatoires ont été utilisées pour assurer un rendement aux liquidités des banques. Le faible rythme de croissance depuis la révolution et l'application d'une politique d'encadrement du crédit ont conduit à une situation d'excédent de liquidité pour les banques. Or, l'absence de marché monétaire limitait leurs possibilités de placement. De ce fait, les réserves obligatoires ont été utilisées pour donner la possibilité à ces banques d'être rémunérées depuis 1980 (à un taux de 2 %).

Cette impossibilité de contrôler la base monétaire était liée au caractère endogène de la création monétaire et à la relation entre le financement des déficits publics et la création monétaire. Elle s'expliquait aussi par le caractère sous-développé du système bancaire iranien. Ainsi, du fait de ce sous-développement, il était impossible de mener une politique de contrôle indirect de la liquidité. L'utilisation du taux d'intérêt, comme il a déjà été signalé, a été interdite par la loi de 1984[81]. De plus, cette même loi précise que "la Banque Markazi n'est pas autorisée à faire des opérations bancaires à base de *rébâ* avec les autres banques, non plus que les autres banques entre elles". Ceci signifie *a priori* que toute politique monétaire basée sur gestion du coût de la liquidité des banques est impossible dans le cadre légal. Pourtant, dans la pratique, l'utilisation du taux d'intérêt est autorisée quand il s'agit de transactions financières à l'intérieur du secteur public. C'est ainsi qu'un taux d'intérêt de 2 % a été appliqué sur les réserves obligatoires des banques commerciales. Il aurait donc été cohérent avec cette pratique que la BCI réalise des transactions basées sur le taux d'intérêt avec les banques commerciales compte tenu de la nationalisation du secteur bancaire.

Les raisons de ce désintérêt sont à relier tout d'abord à la continuation des politiques monétaires de l'ancien régime : le taux d'intérêt a toujours eu un rôle négligeable dans le fonctionnement du système financier iranien et la BCI ne l'a jamais utilisé comme instrument. Sous le régime précédent, les autorités monétaires n'ont quasiment jamais pratiqué une politique de gestion indirecte de la liquidité. Les opérations de réescompte étaient très peu fréquentes[82]. D'autre part, il n'existait pas de véritable marché monétaire, ni de marché interbancaire. En fait, il n'existait pas de

---

[81] *Le taux d'intérêt étant prohibé par la loi de 1984, il est donc impossible pour la BCI de se fixer un tel objectif. La BCI pourrait éventuellement déterminer un objectif de taux de profit. Cette possibilité est admise théoriquement par plusieurs experts de l'économie islamique. On peut se référer à la très bonne synthèse effectuée à ce sujet par F. Nomani et A. Rahnema (1994), p. 104. Néanmoins, la BCI ne se fixa jamais d'objectif de taux de profit car, historiquement, cet objectif n'a jamais été considéré comme efficace par la BCI.*
[82] *M.R. Ghasimi (1992), p. 608.*

procédure de refinancement des banques. En fait, quand une banque se trouvait en situation d'illiquidité, la BCI procédait à une allocation autoritaire de liquidités d'une banque à la banque en difficulté. Par ailleurs, la BCI appréhendait les conséquences d'une hausse des taux d'intérêt sur les profits des banques[83]. Or, la situation n'a pas évolué après la révolution : le système financier est resté sous-développé et les marchés de capitaux quasiment inexistants. La mise en place d'un système financier islamique a de plus renforcé le caractère archaïque des marchés de capitaux. La mise en place d'un système financier islamique et l'interdiction d'utiliser le taux d'intérêt ne sont donc *a priori* peu ou pas compatibles avec l'application d'une politique de gestion du coût de la liquidité bancaire. D'autre part, avec la politique d'encadrement du crédit, les banques sont restées excédentaires en liquidités depuis la révolution. Donc, le problème du coût de leur refinancement ne s'est pas posé. Une politique d'action sur le coût de la liquidité aurait dans tous les cas été inefficace compte tenu du sous-développement du secteur bancaire. Ainsi, par exemple, la situation financière fragile du système bancaire aurait limité toute politique de hausse du coût de refinancement.

De même, la stratégie visant à contrôler directement la masse monétaire à partir de l'encadrement du crédit était vouée à l'échec et ne permettait aucunement un véritable contrôle de la masse monétaire. Cet instrument n'a été appliqué que vis-à-vis des banques commerciales dans leurs opérations de crédit vis-à-vis du secteur privé. Or, celui-ci ne représentait que 30 % de l'industrie iranienne environ. Cette politique n'a donc eu qu'un impact limité en ce qui concerne le contrôle de la monnaie ; les crédits des banques commerciales au secteur public et aux fondations religieuses n'ayant pas été limités. Or, les excès de création monétaire avaient pour origine ces types de financements. De plus, en faisant porter tout le poids de la politique de lutte contre l'inflation sur le secteur privé, l'utilisation de cet instrument a contribué à déprimer encore plus l'activité de celui-ci. On peut

---

[83] *R. E. Looney (1982), p. 195.*

noter que l'utilisation de cet instrument reflète également le caractère sous-développé du système bancaire iranien qui empêchait l'utilisation d'un autre type d'instrument. En outre, son utilisation n'a fait que contribuer à accroître le manque de flexibilité du système bancaire, et donc son sous-développement. Cet instrument a en effet limité les évolutions de parts de marché. Cette contrainte a été d'autant plus forte que des plafonds de croissance des crédits sont en fait définis pour chaque banque commerciale. Ceci a contribué à limiter la compétition interbancaire et à amplifier l'inefficacité du système bancaire, qui avait été déjà très affecté dans ce sens par sa restructuration et sa nationalisation ainsi que par l'obligation de suivre les lois financières islamiques. On voit bien ici une fois de plus à quel point l'état initial de sous-développement du système financier a limité les choix en matière de politique monétaire.

Faiblesse du canal monétaire par l'effet de liquidité

La dynamique monétaire en place depuis la révolution a conduit à l'inefficacité totale de cet effet :

• d'une part, il était impossible d'établir un contrôle sur la base et la masse monétaire si l'on voulait par la suite avoir un impact sur les taux d'intérêt.

• par ailleurs, il existe une grande déconnexion entre les évolutions monétaires et le niveau des taux d'intérêt. En d'autres termes, le niveau des taux d'intérêt n'est aucunement relié à l'état des tensions sur le marché de la monnaie. En premier lieu, en effet, l'ensemble des financements bancaires destinés au secteur public ou aux fondations religieuses était quasiment gratuit. Par ailleurs, cette déconnexion des taux d'intérêt est également due à la mise en place d'un système financier islamique. Le taux d'intérêt a été remplacé par le taux de profit dans la loi de 1983. Ceci a déjà favorisé une déconnexion entre le taux d'intérêt et le marché de la monnaie. Toutefois, comme cela a déjà été précisé, les banques ont continué d'utiliser les taux d'intérêt. Son utilisation en tant qu'instrument de politique monétaire a surtout consisté en la fixation autoritaire des taux de profit créditeurs et débiteurs des banques commerciales par la BCI[84]. La Loi sur les opérations bancaires sans usure autorise la BCI à déterminer les taux de profit créditeurs et débiteurs des banques[85]. Du côté des crédits, la BCI impose aux banques commerciales des "fourchettes" de taux par secteur économique. Ils ont été modifiés assez régulièrement depuis 1990.

Tableau 26 - Champ de variation du taux de profit créditeur appliqué par les banques

%	1984	1990	1992	1993	1994	1999
Agriculture	4-8	6-9	9	12-16	12-16	13-17
Industrie et Mines	6-10	11-13	13	16-18	16-18	17-20
Logements	10-12	12-14	12-16	15	15	15-17
Commerce et services	8-12	-	-	18-24	18-24	22-26
Exportations	17-19	-	17-19	18	18	18

Source : Banque Centrale d'Iran

Du côté des dépôts, les banques ont continué à payer aux déposants des "taux de profit garantis" qui, comme leur nom l'indique, ressemblent beaucoup à des taux d'intérêt. Jusqu'en 1990, ces taux étaient fixés à 6 % pour les dépôts de moins d'un an et à 8,5 % pour les dépôts d'un an et plus. Depuis, l'échelle des taux a été modifiée plusieurs fois. En 1999, les rendements allaient de 8 % pour un dépôt de moins d'un an jusqu'à un maximum de 18 % pour 5 ans.

---

[84] *Un certain nombre d'experts de l'économie islamique considèrent que ce taux de profit est fixé ex ante et résulte d'un contrat passé entre la banque et son client pour une opération future. Que la banque centrale puisse agir a posteriori sur ces accords est pour ces experts une atteinte fondamentale à la liberté d'action des banques.*

[85] *Une présentation théorique de cette utilisation du taux de profit en tant qu'instrument de la politique monétaire par la BCI a été effectuée par M.R. Shodjaeddini, Instruments of Monetary Policy in Islamic Banking (The Case of Iran), Téhéran, Banque Markazi, pp. 9-20.*

Tableau 27 - Taux de rémunération des dépôts

%	1984	1990	1992	1993	1994	1995	1996	1999
Dépôt à court terme	6,0	6,3	7,5	8,0	8,0	8,0	8,0	8,0
Dépôt à 1 an	8,5	8,8	10,0	11,5	11,5	14,0	14,0	14,0
Dépôt à 2 ans	8,5	10,0	11,5	13,5	13,5	15,0	15,0	15,0
Dépôt à 3 ans	8,5	11,0	13,0	14,5	14,5	16,0	16,0	16,0
Dépôt à 5 ans	8,5	13,0	15,0	16,0	16,0	18,5	18,5	18,5

Source : Banque Centrale d'Iran

La fixation administrative des taux "créditeurs" ne correspondait à aucune réalité économique et monétaire. Il était impossible de calculer de véritables taux de profit. Tous ces taux furent donc calculés sur la base des taux d'intérêt existant précédemment. Pour calculer de véritables taux de profit, la Banque Markazi aurait dû posséder des informations précises en termes de classement (par niveau de profit) des entreprises par secteur et des secteurs dans l'ensemble de l'économie, ce qui, dans l'état du système d'informations statistiques du pays, était impossible. Il était également quasiment impossible pour la BCI de définir de véritables taux de profit débiteurs. Pour calculer de véritables taux de profit "débiteurs", la BCI aurait dû posséder des informations sur les profits des banques. En effet, selon la loi, les dépôts sont rémunérés selon un pourcentage (fixé à l'avance) des profits réalisés par les banques avec ces fonds. Or, la BCI ne dispose que de très peu d'informations quant aux profits des banques. Ces informations sont en fait très difficiles à obtenir compte tenu de l'incapacité des banques à présenter des bilans d'activité récents[86]. De plus, il est très probable que les banques commerciales avaient accumulé des pertes depuis la révolution, ce qui, théoriquement, selon les principes de la finance islamique, aurait dû impliquer une participation des déposants à ces mêmes pertes ! Dans ces conditions, les banques ont continué à payer aux

---

[86] *L'information fournie par les banques s'est cependant améliorée ces dernières années.*

déposants des "taux de profit garantis" qui étaient, en fait, calculés sur la base des taux d'intérêt en vigueur dans le système précédent. Le caractère administratif de ces fixations de taux de profit débiteurs et créditeurs a été illustré par le fait que ces taux n'ont pas été modifiés de 1984 à 1990. En fait, ces taux de profit correspondent, compte tenu du rythme d'inflation, à des taux d'intérêt réels négatifs. Prolongeant la politique menée précédemment[87], le gouvernement a appliqué une politique monétaire "volontariste" basée sur des crédits à des taux subventionnés. Compte tenu d'une inflation proche de 22 % en moyenne annuelle depuis la révolution, les taux d'intérêt créditeurs des banques étaient donc négatifs en termes réels. Il en a été de même pour les taux d'intérêts débiteurs des banques depuis le début des années 1980.

Enfin, du fait de facteurs décrits précédemment (absence d'instruments de refinancement et de marché monétaire), il n'existait aucun lien de causalité entre les besoins en liquidité des banques et le coût de leur refinancement.

Absence de véritable impact du canal du taux de change

Le marché noir des devises a été la plupart du temps largement accessible pour la plupart des agents économiques. Le canal du taux de change aurait pu donc *a priori* être un canal de transmission efficace de la politique monétaire. Toutefois, cela n'a pas été le cas pour deux raisons.

Tout d'abord, l'absence de véritable rôle joué par le taux d'intérêt dans le système financier a fait que la BCI ne pouvait intervenir sur le marché des changes que par des achats ou des ventes de dollars. Or, ce type d'intervention est généralement incapable de peser à terme sur les évolutions de change quand ces dernières sont liées à des déséquilibres macroéconomiques. Or, la dépréciation du taux de change du rial sur le marché a résulté d'un certain nombre de déséquilibres de ce type : inflation élevée, crise pétrolière de 1986, crise de l'endettement externe de 1993, etc. En

---

[87] *Pour la période 1973-1978, voir Salehi-Isfahani (1989).*

outre, la capacité d'intervention de la BCI par des achats ou des ventes de devises était très limitée en cas de baisse du prix du pétrole, celle-ci réduisant les recettes pétrolières et donc les réserves en devises de la BCI. Mais surtout, l'impact des évolutions de change sur le système de prix interne est moins important que celui de la création monétaire. Ceci résulte du fait que les évolutions du taux de change ont deux types d'impact sur les prix.

• les évolutions du taux de change ont évidemment un impact direct sur les prix à travers les prix à l'importation. Ceci concernait tous les produits dont l'importation ne pouvait être réalisée avec des allocations de change à un taux subventionné.

• les variations du taux de change avaient également un impact sur les finances publiques. En effet, une dépréciation du taux de change du rial contribuait à accroître les recettes budgétaires du gouvernement, la BCI donnant au gouvernement le produit en rials de la vente des devises aux différents taux de change officiels en vigueur.

Une dépréciation du taux de change avait donc deux effets inverses sur les prix. D'une part, elle conduisait à une accélération de l'inflation à partir de la hausse des prix à l'importation. Mais par ailleurs, elle contribuait, toutes choses égales par ailleurs, à une hausse des recettes budgétaires, à une diminution du déficit budgétaire et donc à un ralentissement de la création monétaire et de l'inflation. Ces deux effets contraires pourraient expliquer le faible impact des évolutions de change sur les prix.

2) Le canal du crédit affaibli par le sous-développement bancaire et le manque d'autonomie des banques

Le canal du crédit pourrait être un élément important dans les relations existant entre sphère financière et sphère réelle compte tenu du sous-développement des marchés de capitaux et de la prédominance des financements bancaires. Cependant, ce canal a été considérablement affaibli par le sous-développement du système bancaire et le manque d'autonomie des banques. Il était impossible pour les autorités monétaires d'agir sur la quantité ou le coût de refinancement des banques pour les raisons citées précédemment. Mais, par ailleurs, le lien entre montant des liquidités disponibles et offre des crédits bancaires était extrêmement distendu compte tenu du manque d'autonomie du système bancaire. Les taux de profit créditeurs et débiteurs des banques étaient fixés par la BCI. Des normes de progression du crédit s'appliquaient aux banques commerciales collectivement et individuellement. Le gouvernement a bien annoncé en 1991 qu'il allait supprimer l'objectif de croissance des crédits tout en demandant aux banques de suivre une répartition sectorielle des crédits. Ne disposant pas d'instruments de politique monétaire complémentaires, le gouvernement n'a en fait jamais abandonné sa politique d'encadrement du crédit. D'autre part, les banques devaient respecter une répartition des crédits selon les secteurs.

Tableau 28 - Objectifs de répartition sectorielle des crédits au secteur privé

%	1991	1999
Industrie	37	33,5
Logements	32	29
Agriculture	20	25
Commerce	11	4,5
Exportations	-	8

Source : Banque Centrale d'Iran

En outre, la mise en œuvre de cette stratégie en Iran n'a conduit qu'à des résultats mitigés. On a bien constaté une évolution de la répartition sectorielle de la production nationale qui correspondait à la volonté des autorités de favoriser le développement de l'industrie. La part du secteur manufacturier dans le PIB hors pétrole en valeur[88] est ainsi passée de 7,7 % en 1980 à 17 % en 1999. Cependant, la part de l'agriculture dans le PIB a diminué de 25 % du PIB hors pétrole en 1988 à 22,8 % en 1999. En fait, le

---

[88] *On considère le PIB hors pétrole car l'objectif de la politique de répartition sectorielle des crédits ne concernait pas les hydrocarbures.*

gouvernement n'a pas fondamentalement modifié la structure productive nationale dominée par le poids des services qui représentaient 48 % du PIB hors pétrole en 1999.

Tableau 29 - Répartition sectorielle du PIB hors pétrole en valeur

% du PIB hors pétrole	1980	1988	1999
Agriculture	19,8	25,0	22,8
Sect. Manuf. et Mines :	20,1	18,1	24,9
Dont Sect. Manuf.	7,7	11,0	17,0
Services	65,6	57,4	48,0

Source : Banque Centrale d'Iran

La politique monétaire menée depuis la révolution a donc été extrêmement inefficace. Les autorités monétaires ont ainsi été incapables de lutter contre l'inflation car il ne leur a pas été possible de contrôler l'offre de crédit et de monnaie. Ceci s'est traduit par l'incapacité de la politique monétaire à peser sur les tendances inflationnistes. Le recours systématique à la création monétaire pour financer les déficits publics a conduit à un rythme élevé de création monétaire. L'agrégat monétaire M2 a ainsi enregistré un rythme de hausse de près de 22 % en moyenne sur la période 1980-1999. Dans un tel environnement, l'inflation en Iran a atteint en moyenne annuelle près de 22 % sur la période 1980-1999. Jamais depuis la naissance d'une économie moderne en Iran l'inflation n'a été aussi élevée.

En outre, la politique monétaire n'a jamais été capable de stabiliser les chocs macroéconomiques. Lors de la crise pétrolière de 1986, la diminution des recettes pétrolières a entraîné une hausse du déficit budgétaire de 4,1 % du PIB en 1985 à 8,3 % du PIB en 1986. Ceci a entraîné une hausse des crédits bancaires destinés au financement du déficit budgétaire : la contribution des créances sur le gouvernement à la croissance de l'agrégat monétaire M2 a enregistré une très nette hausse de 7,1 % en 1985 à 19,7 % en 1986. Or, les autorités monétaires ont été incapables de stériliser l'impact d'une telle hausse sur la création monétaire. La contribution des créances sur le secteur privé à la croissance de l'agrégat monétaire M2 a bien légèrement diminué mais cela a été insuffisant pour empêcher une accélération de la croissance de l'agrégat monétaire M2 de 13 % en 1985 à 19 % en 1986. Il faut prendre en compte le fait que les fondations religieuses sont inclues dans le secteur privé et qu'elles bénéficiaient de financements bancaires automatiques. Il était donc difficile de trop comprimer les financements bancaires au secteur privé. D'autre part, on peut noter que les taux d'intérêt débiteurs et créditeurs des banques n'ont pas été modifiés durant cette période. De plus, la pénurie en devises a enregistré une accélération du rythme de dépréciation du taux de change sur le marché noir en 1986 avec une hausse de la valeur du dollar par rapport au rial de 20,8 % contre 5,9 % en 1985. En fait, la BCI, dont les réserves en devises ont diminué en 1986, n'était pas capable d'intervenir efficacement en vendant des dollars pour freiner la dépréciation du rial. Inversement, en 1990, la BCI n'a pas été capable de stériliser l'impact monétaire de la hausse du prix du pétrole. La hausse des recettes pétrolières a induit une augmentation des réserves en devises de la Banque Markazi et donc entraîné une accélération de la création monétaire. Or, parallèlement, la contribution des crédits au secteur public à la croissance de l'agrégat monétaire M2 a légèrement diminué mais celle des crédits au secteur privé a été haussière. En fait, le gouvernement, qui désirait relancer l'économie après la fin de la guerre avec l'Irak, n'a pas voulu à l'époque limiter les crédits alloués au secteur privé. Au total, l'agrégat monétaire M2 a enregistré une accélération de sa croissance en 1990. Si l'on s'intéresse maintenant au choc lié à la première dévaluation de 1993, l'institut d'émission iranien n'a pu, à cette occasion également, limiter l'impact monétaire et inflationniste d'un tel choc. La contribution des réserves en devises à la croissance de l'agrégat monétaire M2 a enregistré une formidable accélération du fait de la hausse de leur valorisation en rials. La contribution des créances au gouvernement a également enregistré une très forte hausse, liée probablement à la nécessité de faire face à l'augmentation du coût des importations induite par la dévaluation. Face à ces facteurs accélérant la création monétaire, une nouvelle fois, il n'a, pas été possible de freiner la croissance des crédits au secteur privé (dont la contribution à la croissance de l'agrégat monétaire M2 a même légèrement accéléré). Ce choc macroéconomique a également eu des conséquences durant la période 1994-1995. Durant ces deux années, la croissance des crédits au secteur public est restée forte et le ralentissement des crédits au secteur privé a été insuffisant pour freiner la croissance de l'agrégat monétaire M2.

Outre cette incapacité de la BCI à mener une politique monétaire efficace, les dysfonctionnements de la relation BCI-Banques secondaires se traduisent également par l'existence d'un risque de système élevé.

2 - *Existence d'un risque systémique*

La fonction d'intermédiaire bancaire se heurte au problème de l'opacité du système de marché. Cette opacité vient de l'asymétrie d'information entre le créditeur et le débiteur : l'évaluation des risques des opérations financières est incertaine pour les banques car la qualité de l'emprunteur n'est pas connue *a priori*. Dans le cas de l'Iran, le problème va au-delà de dysfonctionnements liés à des problèmes d'asymétrie d'information. L'économie iranienne depuis la révolution est en fait caractérisée par un risque systémique élevé si l'on définit le risque de système par "l'éventualité qu'apparaissent des états dans lesquels les réponses des agents aux risques qu'ils perçoivent, loin de conduire à une meilleure répartition des risques individuels, conduisent à élever l'insécurité générale[89]". Cette situation trouve son origine dans deux facteurs.

a - Incapacité générale du système bancaire à effectuer une bonne sélection des débiteurs

Structurellement, le secteur bancaire iranien n'a jamais joué le

---

[89] *Aglietta, M. (1991).*

rôle capital d'un système bancaire dans une économie de marché, celui de sélectionner les meilleurs projets d'investissement pour les financer. En fait, depuis la révolution, l'ensemble de l'économie évolue dans un système de "contrainte financière lâche" ("*soft budget constraint*"). Les banques n'ont ni l'habitude, ni le savoir-faire pour imposer le respect des équilibres financiers à leurs clients. En outre, les contraintes de la politique de crédit (encadrement, répartition sectorielle) limitent leurs possibilité de choix effectif. D'autre part, traditionnellement, en Iran, le choix de projets à financer repose très souvent sur la "connaissance" de l'entreprise et sur les garanties qu'elle va apporter et non sur la qualité du projet. En outre, les entreprises, très souvent pour des raisons fiscales, rechignent à fournir des renseignements détaillés sur leur activité. Dans un tel environnement marqué par l'opacité quant aux risques effectifs que prennent les banques, le risque de système existe en fait à l'état latent.

b - Absence d'autonomie des banques vis-à-vis de certains débiteurs

Ces dysfonctionnements du secteur bancaire dans le processus de sélection des projets à financer ont été renforcés par le manque d'autonomie des banques vis-à-vis de certains débiteurs qui sont en Iran le secteur public et les fondations religieuses. Les banques iraniennes ne peuvent donc pas jouer, vis-à-vis de ces débiteurs, leur rôle d'évaluation. C'est cette incapacité qui conduit à plusieurs dysfonctionnements :

• il existe d'importantes distorsions des prix. Les banques ne peuvent pas fixer des taux d'intérêt correspondant aux risques encourus.

• le bilan est de mauvaise qualité compte tenu du poids des créances douteuses, ce qui contribue à accroître le fragilité du secteur bancaire.

• l'allocation des crédits est mauvaise. Les banques ne font pas de bonnes évaluations dans leur processus de sélection des débiteurs. Or, le choix des débiteurs étant défectueux, les dettes de ces derniers deviennent rapidement insoutenables. Les banques sont donc contraintes de re-financer les dettes anciennes. Etant incapables de se poser en tant que sujet autonome, elles ne font que valider *a posteriori* les comportements de ces débiteurs.

Un tel système bancaire se rapproche énormément dans son fonctionnement des systèmes bancaires des économies à caractère centralisé. Les banques n'ont pas pour rôle, comme dans les économies de l'ex-URSS, de conduire une sélection des débiteurs selon la qualité de leurs projets d'investissement. Elles n'ont pas également pour rôle d'imposer le respect des engagements financiers qui ont été pris par les entreprises. Elles sont des intermédiaires chargées d'octroyer les crédits selon les priorités du gouvernement[90] et sont dotées d'un portefeuille dont la qualité ne dépend pas d'une quelconque décision de gestion de leur part. Il est néanmoins intéressant de constater qu'il existe une légère différence avec le cas de l'ex-URSS. Une partie des crédits alloués automatiquement par le système bancaire ne résulte pas de décisions étatiques mais de demandes émanant des fondations religieuses sur lesquelles l'Etat n'a aucun contrôle. D'autre part, le système bancaire iranien se rapproche comme dans les économies de l'ex-URSS d'un système de mono-banque. On est bien face à un système bancaire totalement administré ignorant les rapports de régulation qui existent dans un système bancaire hiérarchisé entre banque centrale et banques de second rang. La gestion du crédit est administrative : les rapports avec la banque centrale ne s'établissent pas en termes d'opérations qui permettraient au travers de pratiques telles que l'escompte par la banque centrale, à chaque banque commerciale d'adapter sa distribution de crédits à une contrainte externe en opérant une sélection parmi les entreprises demandant du crédit[91]. Les banques étant incapables de

---

[90] *On peut même aller plus loin que cela. Les banques iraniennes sont tout simplement aux ordres par rapport au secteur public et aux fondations religieuses. Elles ont pris l'habitude d'accorder des crédits automatiquement. Or, ces crédits concernaient souvent des projets du gouvernement ou des fondations non rentables du fait de volontarisme politique ou de problèmes de corruption.*

[91] *Ces caractéristiques du système bancaire de l'ex-URSS sont décrites par de Boissieu, C., Renversez, F. (1990).*

se poser en tant que sujet autonome, tout se passe comme si l'on était en présence d'une seule banque, les activités de la banque centrale et des banques commerciales n'étant pas clairement distinctes. Ceci est reflété par le fait que la part des crédits au secteur public dans l'actif de la BCI est très largement supérieure à la part des crédits aux banques secondaires. De plus, la BCI fait directement des crédits aux entreprises publiques. Le système bancaire iranien a donc de nombreuses caractéristiques qui le rapprochent d'un système mono-banque. On est en présence d'un système financier où la légitimité monétaire est soumise à la souveraineté politique[92]. En fait, on est face à un cas extrême où "l'économique devient instrumental dans le sens d'un procédé de gain des clientèles pour le pouvoir[93]". Le secteur public et les fondations religieuses sont financés automatiquement et n'ont pas à respecter des logiques d'équilibre financier. En outre, les différences entre les débiteurs s'effacent. Il s'agit au total d'un même agent à qui l'on n'applique aucune contrainte en termes de financement.

Les détenteurs de monnaie sont donc en présence d'une dévalorisation des contreparties des dépôts bancaires. Ce dysfonctionnement affectant l'ensemble du système bancaire, les déposants sont "prisonniers" dans ce système et ne peuvent que subir l'érosion de la valeur des actifs bancaires et donc de leurs dépôts. Les banques bénéficiant de cette épargne forcée (et de financements automatiques de la part de l'Etat au cas échéant) ne font pas faillite alors qu'elles ont des créances insolvables. La seule manière pour les déposants de protester contre la mauvaise qualité des actifs bancaires est de sortir du système. C'est ainsi qu'une partie des épargnants ont développé une épargne réelle. Cette épargne réelle a été constituée à partir de biens de consommation durables (automobiles, réfrigérateurs, télévisions,

---

[92] *Les problèmes de la tension entre souveraineté politique et légitimité monétaire ont été analysés dans " Souveraineté, légitimité de la monnaie ", Aglietta, M. et Orléan, A. (1995).*
[93] *Aglietta, M. et Orléan, A. (1995), p. 31.*

ordinateurs[94], etc.), de tapis, de biens immobiliers, d'or, etc. L'épargne est aussi sortie du circuit bancaire officiel pour aller s'investir en devises. C'est ce comportement qui a été l'un des ressorts de la demande de devises sur le marché noir et de la dollarisation de l'économie. Cette demande de biens réels et de devises a donc pris une nature spéculative, ce qui a favorisé des mouvements de prix qui étaient sans rapport avec les fondamentaux du marché. Sur le marché noir des devises, les évolutions de change ont donc suivi cette logique, ce qui a favorisé une perte d'ancrage monétaire en matière de change. De même, des marchés comme le marché immobilier sont rentrés dans une dynamique de spéculation[95]. Les déposants ont également investi leur épargne dans les circuits bancaires non officiels qui proposaient des rendements nettement plus élevés que ceux du secteur bancaire officiel : les institutions financières "islamiques" ou les usuriers du bazar. Toutefois, ces comportements n'ont jamais conduit à une crise financière compte tenu du fait que le gouvernement a mené une politique limitant les placements alternatifs. Les institutions financières "islamiques" parallèles ont été officiellement interdites à partir du milieu des années 1980. De même, une politique de contrôle des changes rigoureuse a freiné les sorties de capitaux. Enfin, l'adhésion des agents économiques à la hiérarchie des valeurs sociales défendue par l'Etat a également limité la volonté de rébellion des agents économiques. Cependant, l'équilibre atteint reste fragile. Dans ces conditions, le risque de système est très élevé. Tout facteur contribuant à une accélération de l'inflation pourrait accentuer le phénomène de dollarisation et la fuite devant la monnaie. Le marché noir des devises dont les évolutions sont essentiellement induites par des logiques spéculatives pourrait être l'un des canaux de transmission de ce

---

[94] *C'est d'ailleurs cette utilisation de ces biens de consommation durables comme placements qui fait que les Iraniens les conservent souvent avec leur emballage d'origine pour pouvoir les revendre plus facilement !*
[95] *Ceci a notamment conduit au développement de processus d'urbanisation "sauvage" qui sont en train de défigurer un certain nombre de vieux quartiers des grandes métropoles.*

type de crise financière. Or, une situation de ce type pourrait se traduire par des mouvements collectifs de retraits des dépôts qui déclencheraient une crise bancaire.

On est donc face à un risque de système qui résulte du mode de fonctionnement général de l'économie où la souveraineté politique a pris le pas sur la légitimité monétaire. Dans un tel environnement, une véritable politique prudentielle est impossible car nécessitant une complète mutation du mode de financement de l'économie. La politique de supervision du système bancaire a en effet été marquée par une totale inefficacité :

• absence de véritables normes prudentielles : les banques ont été contraintes depuis la révolution de placer une partie de leurs dépôts en obligations gouvernementales (36 %). Cette politique ne constituait en rien une politique prudentielle mais était une façon pour le gouvernement d'obtenir des ressources bon marché.

• si le contrôle du système bancaire mis en place par la BCI a été extrêmement strict depuis la révolution, allant même jusqu'à s'immiscer dans la gestion quotidienne des banques[96], ce contrôle extrêmement serré du secteur bancaire visait surtout à pallier l'inefficacité des autres instruments de politique monétaire. Cette politique permettait ainsi de vérifier que les banques respectaient les objectifs fixés par l'encadrement du crédit.

• le fait que la légitimité monétaire est soumise à l'autorité politique contribue évidemment à affaiblir considérablement la politique de contrôle bancaire de la banque centrale. Il est évident que la banque centrale ne peut pas véritablement contrôler l'activité des banques secondaires à partir du moment où ces dernières appliquent directement les ordres en provenance du secteur public ou des fondations religieuses. Ce dysfonctionnement structurel de la politique de contrôle bancaire de la BCI, qui s'est traduit par un certain nombre de scandales bancaires liés à des problèmes de corruption, est d'ailleurs apparu au grand jour avec l'incapacité de la banque centrale à empêcher la plus grosse fondation religieuse,

---

[96] *C'est d'ailleurs un des travers habituels des systèmes de supervision bancaire dans les pays en voie de développement. On peut voir à ce sujet : Snoek, H. (1989), pp. 14-16.*

Boniyâd Mostazafan, de créer une organisation financière non bancaire en 2001.

La politique de contrôle bancaire menée depuis la révolution n'a aucunement empêché l'accumulation des créances douteuses dans le bilan des banques et a donc, de ce fait, conduit à aggraver le risque de système. Depuis la fin de la guerre, la part des créances au secteur public dans l'actif total des banques commerciales a progressé (de 10,1 % en 1988 à 15 % en 1999). Il faut ajouter, à ce montant, les créances allouées aux fondations religieuses. De plus, les banques ne remplissant pas leur fonction de sélection des entreprises, les créances douteuses au secteur privé ont également dû fortement progresser. En fait, la politique de contrôle du secteur bancaire a, en priorité, servi les intérêts de l'Etat et a négligé de s'occuper de l'efficience et du dynamisme du système financier. La politique de contrôle du système financier a d'abord visé à construire et préserver la structure du système financier la plus apte à faciliter le financement des besoins de l'Etat et du secteur public. La nationalisation du système bancaire, l'imposition de taux de "profit" créditeurs et débiteurs négatifs en termes réels, le sous-développement des marchés de capitaux ont permis de créer un système financier "réprimé" où les détenteurs de billets et les déposants ont financé les déficits du secteur public grâce à l'imposition due à l'inflation.

En fait, la situation de la BCI se rapproche beaucoup de celle de la Gosbank en matière de contrôle bancaire. La lecture de l'insolvabilité du système bancaire dans son ensemble est problématique pour la BCI car, comme la Gosbank[97], elle ne fonctionne pas comme un système de surveillance des bilans bancaires, consolidés et ne cherche pas à calculer une position nette globale des agents économiques mais ne fait que surveiller si les objectifs de progression et de répartition sectorielle des crédits ont été suivis par les banques. En fait, loin de pouvoir pratiquer une politique de contrôle bancaire, la BCI est, à l'opposé, la seule

---

[97] *Au sujet des dysfonctionnements de la politique de contrôle bancaire en URSS, voir A. Benoist (1994).*

institution, à qui s'applique une contrainte de règlement[98] : financer les déficits publics par la création de monnaie centrale. En fait, on est face à un "aléa moral institutionnalisé". La BCI, soutenant l'ensemble du système par ses financements, n'opérera aucune sélection entre les banques et interviendra automatiquement comme prêteur en dernier ressort en cas de difficulté. Mettre en place une politique de contrôle bancaire et de prêteur en dernier ressort implique donc de transformer le mode de financement de l'économie.

Tableau 30 - Actif des banques commerciales (% du PIB)

%	1980	1986	1988	1993	1999
Or et devises	3,4	1,3	0,7	3,1	1,8
Billets et pièces	2,2	1,1	1,4	0,6	0,6
Dépôts auprès de la BCI	12,1	30,7	36,7	10,4	17,3
Réserves obligatoires	5,2	17,5	18,2	9,8	16,4
Réserves libres	6,9	13,3	18,5	0,7	0,9
Créances sur le secteur public	14,7	12,6	10,1	4,5	15
Créances sur le secteur privé	40,5	34,3	33,2	23,9	35,8
Autres	8,0	11,2	11,6	24,9	14,6
Lettres de crédit	19,1	8,8	6,3	32,5	14,8
Total	100	100	100	100	100

Source : Banque Centrale d'Iran

Le système financier iranien marqué par le sous-développement et le poids de l'Etat a donc toutes les caractéristiques d'un système financier réprimé. Ceci a conduit à de nombreux dysfonctionnements dans la relation entre la banque centrale et les banques secondaires. Ces dysfonctionnements se sont ainsi traduits par l'inefficacité de la politique monétaire. Cette dernière a notamment été incapable de lutter contre la dynamique inflationniste depuis la révolution du fait de la mauvaise qualité des canaux de transmission de la politique monétaire. Plus particulièrement, l'endogénéisation de la création monétaire liée à

---

[98] *C'est également le cas de la Gosbank, voir A. Benoist (1994).*

la nécessité de financer le secteur public empêchait tout contrôle de l'offre de monnaie. En outre, le mode de financement du système financier étant marqué par le recouvrement d'une logique politique sur une logique économique, il n'y a pas eu de véritable politique de contrôle bancaire et le risque de système s'est fortement développé.

Toutefois, il est intéressant de noter qu'en dépit de ces dysfonctionnements, l'inflation est restée dans une certaine mesure sous contrôle et le risque de système ne s'est pas pour l'instant traduit par une crise systémique. Ceci est lié à l'existence d'une rente pétrolière qui permet d'éviter l'apparition de trop grands déséquilibres macroéconomiques. En outre, la politique économique iranienne, en dépit de ses insuffisances, a su faire preuve d'un certain pragmatisme (caractérisé entre autres par une politique de contrôle de change ou des interventions sur le marché noir des devises). Mais, surtout, l'ordre monétaire iranien a bénéficié du fait que l'Etat a su incarner une échelle de valeurs dans laquelle une grande partie de la société se reconnaissait. Au bout du compte, ce maintien d'une certaine cohérence sociale contribue à éviter le dérapage du système financier vers une situation de crise. Toutefois, l'équilibre atteint est extrêmement fragile du fait de la contradiction déjà évoquée entre la cohésion sociale et la redistribution officieuse qui mine cette cohésion. Ceci pose donc la question des réformes à mettre en place pour améliorer notamment le fonctionnement du système financier.

CHAPITRE V

LE CASSE-TETE DES REFORMES

D'importantes réformes semblent nécessaires pour arriver à faire évoluer le système financier iranien vers une plus grande efficacité. Compte tenu du caractère "réprimé" de ce système financier, ces réformes consistent en partie à le libéraliser. Toutefois, il est évident qu'une libéralisation du système financier ne pourra intervenir seule et sera un volet d'un ensemble de réformes économiques. Les dysfonctionnements du système financier sont clairement liés au mode de fonctionnement général de l'économie et notamment à son caractère rentier. Il est donc indispensable de faire évoluer cette économie rentière vers une économie de marché moins dépendante du pétrole. Le Parlement iranien a adopté en mars 2000 un troisième plan quinquennal (2000-2004) proposé par le gouvernement de M. Khatami qui met justement l'accent sur la nécessité de limiter la dépendance pétrolière de l'économie et envisage de privatiser les chemins de fer, les secteurs du thé, du tabac, du sucre, de la poste et des télécommunications. Toutefois, les modalités pratiques d'application de ce plan sont pour l'instant restées assez vagues et les expériences passées démontrent qu'il existe souvent un énorme écart entre les objectifs et les réalisations de ces plans quinquennaux. Il apparaît donc nécessaire de s'interroger dans un premier temps sur les caractéristiques que devra posséder cette politique globale de réformes.

Auparavant, il est important de revenir sur les réformes qui ont été mises en place depuis la révolution.

I - L'ECHEC DES REFORMES DE L'APRES-GUERRE

Des tentatives dans ce sens sont déjà intervenues à la fin de la guerre avec l'Irak, sous le gouvernement de Rafsandjani. Ce dernier a, en effet, à partir du Premier Plan Quinquennal (1989-1993), tenté de mener un certain nombre de réformes allant dans le sens d'une plus grande libéralisation du système économique. Le programme annoncé était très classique. Le gouvernement a déclaré qu'il allait privatiser une partie de l'industrie. Le système financier devait également connaître un début de libéralisation, une plus grande autonomie devant être accordée aux banques commerciales. Par ailleurs, il était prévu de ramener les prix à leur niveau d'équilibre. Le système de taux de change multiples devait être unifié (ce qui a été fait en 1993) et il était prévu de supprimer les subventions dont bénéficiaient un certain nombre de produits de grande consommation.

Ces réformes ont en fait été un échec pour plusieurs raisons.

• une importance excessive accordée au rétablissement des prix à leur niveau d'équilibre

Le diagnostic fait par le gouvernement était que l'existence d'un système de change à taux multiples avait accru l'inefficacité d'ensemble de l'économie en empêchant tout calcul rationnel de la part des agents économiques. Cela aurait favorisé une économie spéculative d'intermédiaires basée sur le secteur des services et nui au développement de l'industrie. Il était également estimé que ce système de change avait favorisé le développement des importations et découragé les exportations. Par ailleurs, les subventions sur les produits de base comme l'essence ou le blé avaient conduit à une consommation excessive de ces produits. Les objectifs étaient d'unifier le système de taux de change et de supprimer les subventions mises en place sur différents produits tels que le pain ou l'essence. Cette politique devait conduire à limiter les gaspillages et à améliorer l'efficacité globale de l'économie en réorientant les efforts des agents économiques des activités de services vers les activités industrielles[99]. Mais les prix ne guident l'offre des entreprises que lorsque les règles du marché concurrentiel existent et que les contraintes financières forcent les agents économiques à appliquer ces règles. Or, l'économie iranienne, complètement dominée par la gestion étatique de la rente pétrolière, ne possédait pas ces caractéristiques.

La politique d'unification du système de change a été présentée comme la clef de voûte des réformes économiques. La première erreur a été de baser l'ensemble des réformes engagées sur cette réforme du change. En fait, on était face à une erreur de diagnostic qui a consisté à considérer la crise économique iranienne comme résultant essentiellement de déséquilibres dans le système de prix relatifs. Or, ils étaient cohérents avec un ordre social et politique. Ces déséquilibres étaient en quelque sorte "voulus" par l'Etat et lui permettaient d'effectuer une politique de redistribution avec des objectifs "politiques" évidents. Dans ces conditions, une politique d'unification du système de change sans l'établissement d'un autre type de relation entre l'Etat et les groupes sociaux le soutenant allait se heurter à un certain nombre de difficultés. Par ailleurs, compte tenu du rôle du système de change à taux multiples dans le développement des activités quasi-budgétaires, l'unification du système de change nécessitait également la refonte de la politique fiscale. Or, le gouvernement n'a mené aucune véritable réforme dans ce sens. D'autre part, une politique d'unification du système de change aurait impliqué que le gouvernement prépare parallèlement les instruments pour gérer ce taux de change unifié. Cela n'a pas été le cas compte tenu du rôle toujours mineur joué par le taux d'intérêt dans le système bancaire et surtout de la persistante fragilité de ce dernier. Dans tous les cas, le système

---

[99] *Voir à ce sujet : Karshenas, M. et Pessaran, H. (1994).*

bancaire iranien n'aurait pas pu, sans restructuration, supporter de trop fortes variations du taux de change. Enfin, il aurait fallu accompagner cette unification par des restructurations d'entreprises dans le secteur public. En l'absence de telles mesures, les entreprises du secteur public ont été dans l'incapacité de faire face à l'augmentation des coûts qu'a induite l'unification brutale du système de change. Dans ces conditions, les entreprises ont réclamé et obtenu des financements supplémentaires du secteur bancaire. Aucune réforme structurelle du système bancaire n'ayant été mise en place, les banques ont automatiquement monétisé la hausse du coût de production des entreprises. La croissance de l'endettement net du secteur public vis-à-vis du système bancaire a ainsi enregistré une accélération passant de 2,7 % du PIB en 1992 à 11,2 % du PIB en 1993. Le secteur privé, qui avait bénéficié de moindres subventions de change, a mieux supporté le choc de la dévaluation. Toutefois, l'unification du système de change intervenant dans une industrie nationalisée à 70 %, cette politique a été un échec. Il est clair qu'une unification réussie du système de change nécessite une restructuration du secteur public et du système bancaire, la mise en place d'un nouveau type de relation entre le système bancaire et l'appareil productif, et le développement réel d'un secteur privé autonome.

La question de la suppression des subventions s'est heurtée au même problème. Tout d'abord, on peut remarquer que la suppression des subventions ne peut régler par elle-même les problèmes structurels des finances publiques iraniennes, le poids effectif des subventions étant bien inférieur à celui des dépenses budgétaires effectuées à travers le développement des activités quasi-budgétaires. Mais surtout, la mise en place de subventions destinées aux classes les plus défavorisées était également liée à la volonté de s'assurer du soutien politique de ces couches de la population. Or, la suppression de ces subventions n'a jamais pu être menée jusqu'au bout du fait du risque de tensions sociales. En effet, le mécontentement des plus pauvres était déjà important car nourri par la perception d'une plus grande inégalité dans la répartition des revenus. Dans ces conditions, la disparition des subventions aurait pu être "explosive" politiquement.

• la crise des paiements extérieurs en 1993 a remis en cause l'unification du système de change

Cette crise est d'abord intervenue à cause de la difficulté, pour les autorités, à faire appel à l'endettement à long terme. En effet, toute souscription d'un emprunt à long terme doit, selon la Constitution, obtenir l'accord du Parlement. Or, le Parlement était très réticent à approuver de telles opérations. Dans ces conditions, des projets qui auraient dû être financés à long terme l'ont été à court terme à travers l'émission de lettres de crédit. D'autre part, la plus grande autonomie accordée aux banques ne s'est pas accompagnée de la mise en place d'instruments de contrôle adaptés. Les banques commerciales ont multiplié les ouvertures de lettres de crédit et donc accru l'endettement extérieur à court terme de l'Iran sans contrôle effectif de la banque centrale. L'Iran s'est en fait trouvé face à une structure déséquilibrée de son endettement externe avec un poids excessif de l'endettement à court terme par rapport aux réserves en devises du pays. Des retards de paiement sont apparus et il a été nécessaire de rééchelonner la dette. Cette crise a conduit à une très forte dépréciation du rial sur le marché noir, ce qui a accru l'écart avec le nouveau taux de change officiel (1\$ = 1450 rials en 1993, puis 1\$ = 1750 rials en 1994), censé mettre fin au système de change à taux multiples. Le gouvernement a alors décidé d'interrompre le processus d'unification du système de change et a remis en place un système de change à taux multiples.

• les dysfonctionnements de la politique de privatisation

La vente au public ou, du moins, à des investisseurs privés, de certaines entreprises publiques était une des réformes importantes prévues par le Premier Plan Quinquennal (1989-1994). Une des premières limites de cette politique est que le gouvernement n'a pas annoncé clairement quel était son programme dans ce domaine[100] : il n'a jamais désigné les entreprises du secteur public devant être privatisées, ni précisé quand elles le seraient. Il n'a

---

[100] *Khalatbari, F. (1994), p. 189.*

également prévu aucun programme de restructuration et de recapitalisation afin de préparer la privatisation des entreprises du secteur public. En outre, la performance de la Bourse de Téhéran a été nettement insuffisante depuis le début de ces opérations de privatisation. Ceci peut s'expliquer par de nombreux facteurs : la traditionnelle préférence du secteur privé pour l'autofinancement, la rigidité d'une institution financière inactive depuis la révolution, la manipulation du cours des actions, la rentabilité insuffisante des actions comparée à celle des dépôts bancaires rémunérés et, en définitive, le manque d'intérêt des investisseurs dans un tel climat. Paradoxalement, la part de l'Etat a même augmenté dans le capital des entreprises depuis le début de la réactivation de la Bourse[101].

- absence de réforme structurelle des finances publiques

La politique budgétaire durant la présidence de Rafsandjani a réussi à rééquilibrer les finances de l'Etat. En fait, ce rééquilibrage était surtout lié à la fin de la guerre avec l'Irak qui a permis de diminuer les dépenses militaires ainsi qu'à la dévaluation de 1993 qui a conduit à une très forte progression des recettes pétrolières (comptabilisées au taux de change officiel) et donc budgétaires. Toutefois, cette politique ne s'est pas attaquée aux problèmes de fond qui minent les finances publiques iraniennes. Les activités quasi-budgétaires se sont ainsi développées durant cette période sans qu'aucune restructuration du secteur public ne soit entreprise.

- absence de véritable politique de stabilisation

La politique de libéralisation économique était, dans tous les cas, difficile à mener à bien car le gouvernement n'avait pas les moyens de mettre en place parallèlement une véritable politique de stabilisation. Or, l'expérience a prouvé que cette dernière condition était un facteur capital pour assurer le succès d'une politique de libéralisation[102]. En effet, aucune réforme de structure n'a été initiée pour limiter le financement monétaire des déficits du secteur

---

[101] *Voir à ce sujet : Khalatbari, F. (1994), pp. 177-208. L'auteur montre notamment que le secteur public a acheté plus d'actions qu'il n'en a vendu au cours des 8 premiers mois de 1992.*

[102] *De nombreux travaux ont été consacrés à ce sujet. On peut citer le rapport de la Banque Mondiale (1996).*

public. Aucune mesure de fond n'a notamment été prise pour limiter les activités quasi-budgétaires dont certaines participent à cette création monétaire excessive. Comme cela vient d'être souligné, il n'y a pas eu de réforme fiscale, ni de restructuration du secteur public. Enfin, aucune restructuration du système bancaire n'est intervenue. Les seules mesures qui ont été prises ont consisté à laisser certains actifs du bilan de la BCI augmenter avec l'inflation pour diminuer le poids relatif des crédits au secteur public dans le bilan. En fait, il est finalement assez heureux que le gouvernement n'ait pas prolongé une politique de libéralisation si mal engagée, car la poursuite de ces réformes aurait pu, compte tenu du risque de système, déclencher une crise financière majeure. Enfin, aucune politique n'a été engagée pour permettre au gouvernement de développer des instruments de politique monétaire compatibles avec une politique de libéralisation économique. Le gouverneur de la BCI a souvent évoqué la nécessité de donner plus d'indépendance à la Banque Markazi par rapport à l'Etat sans dépasser le stade des déclarations d'intention. Les instruments permettant de mener une politique monétaire plus décentralisée n'ont pas été mis en place. La BCI a déclaré accorder une certaine autonomie aux banques en leur laissant notamment la liberté de déterminer le taux de croissance de leurs crédits si elles respectaient une répartition sectorielle. En fait, cette mesure n'a jamais été appliquée. La seule liberté accordée aux banques a été qu'elles ont disposé d'une grande autonomie en matière d'ouverture des lettres de crédit. Mais cette autonomie ayant été accordée sans que la BCI ne dispose d'instruments de contrôle, cela a conduit à la crise des paiements extérieurs de 1993. Enfin, la BCI ne s'est jamais dotée d'une véritable politique prudentielle.

Il existe beaucoup de similarités entre la manière dont se pose le problème de la libéralisation économique en Europe de l'Est (et plus particulièrement en Russie) et en Iran. On peut noter que le Plan Gaïdar, qui prévoyait une thérapie de choc pour la Russie, était également basé sur la libération de prix. Et, comme en Iran, ces réformes ont échoué pour ne pas avoir assez mis l'accent sur les réformes de structure. Cette absence de volonté d'appliquer des réformes structurelles n'a pas été fortuite. Elle procédait du souhait des autorités de préserver la logique de fonctionnement du système de rente et donc, la logique "politique" sur laquelle était basée le fonctionnement de l'économie. On retrouve en fait là la contradiction fondamentale de la politique de Rafsandjani qui a consisté à dissocier les réformes politiques et économiques. Or, depuis la révolution, le mode de fonctionnement de l'économie iranienne étant essentiellement basé sur une logique rentière et politique, il était extrêmement difficile de n'appliquer qu'une politique de libéralisation économique en négligeant le volet politique de telles réformes.

II - L'OBJECTIF GENERAL DES REFORMES

Avant de commencer l'analyse du contenu des réformes à mettre en place, il importe de signaler que l'instauration de telles mesures constituera une véritable "rupture", l'objectif même de telles réformes étant de favoriser une double transition. Il s'agit de favoriser l'évolution d'une économie pétrolière vers une économie moins dépendante de l'exploitation de cette matière première. Il est également important de favoriser la mutation d'une économie à caractère centralisé, où l'Etat a un poids excessif, vers une économie de marché. En effet, mener une politique visant la mise en place d'une économie de marché et une moindre dépendance pétrolière constitue un retournement dans l'histoire de l'Iran moderne, le développement économique ayant été induit par l'exploitation du pétrole et le rôle moteur de l'Etat dans l'économie.

Il semble que, dans le cas de l'Iran, il y ait une grande complémentarité entre ces deux objectifs. Ainsi, favoriser le passage vers une économie non pétrolière signifie arriver à faciliter l'émergence d'un secteur privé autonome qui ne soit plus, comme par le passé, dépendant de la redistribution de la rente pétrolière pour faire des profits. Libéraliser l'économie iranienne, c'est permettre à l'appareil productif de devenir plus compétitif et d'arriver à développer ses exportations dans le secteur non pétrolier.

Toutefois, l'application de ces objectifs à l'Iran de la fin des années 1990 devra tenir compte d'un certain nombre de facteurs spécifiques. L'élément fondamental à retenir est le fait qu'une économie rentière a des caractéristiques politiques et sociales très fortes. Si le mode de fonctionnement de l'économie iranienne, depuis la révolution, a conduit à de nombreux dysfonctionnements, il avait également une cohérence d'ensemble. Il a ainsi permis à l'Etat d'établir des relations de clientélisme avec certains groupes sociaux et politiques, grâce notamment au développement des activités quasi-budgétaires. On a ainsi constaté que les *bazaris* ont été particulièrement choyés dans les choix de politique économique du régime (possibilité de sur-profits liés à l'existence d'un système de change à taux multiples, très faible imposition des importations, etc.). Réformer l'économie iranienne implique donc de faire émerger parallèlement une nouvelle cohérence politique et sociale dans le pays.

Une solution adaptée à ce problème peut être de viser à modifier le positionnement de l'économie iranienne dans la division internationale du travail. Ainsi, une telle évolution permettrait un nouveau positionnement mondial tout en favorisant l'émergence de nouveaux groupes sociaux qui soutiennent les évolutions politiques en cours. D'autre part, un tel objectif peut également être un moyen de passer d'une logique d'économie rentière à celle d'une économie de production.

Les réformes devront donc reposer sur les grands axes suivants :

1 - Une ouverture économique extérieure

L'objectif est ici de changer de logique : passer d'une logique d'économie rentière à une logique de production en changeant le positionnement de l'économie iranienne dans la division internationale du travail. Il s'agit parallèlement d'augmenter la contribution au PIB de certains agents économiques. En fait, l'ouverture économique sur l'extérieur permettrait de favoriser l'émergence d'une économie d'entrepreneurs aux dépens d'une économie de commerçants. Cette évolution viserait notamment à accroître le rôle économique et social des "experts" de la classe moyenne. Le terme "experts" a une définition assez large : il concerne toutes les personnes qui ont acquis un diplôme de l'enseignement supérieur et qui ne font pas partie des principaux "réseaux" politiques, religieux, sociaux qui gouvernent l'Iran d'aujourd'hui. Ces "experts" ont dû s'intégrer tant bien que mal dans une économie d'intermédiaires depuis la révolution sans pouvoir mettre en valeur leurs compétences professionnelles. Sur le plan pratique, un tel objectif implique de mettre en place une véritable stratégie de promotion des exportations[103] :

a - Déterminer quelles sont les industries les plus à même de développer leurs exportations

Il existe un très fort potentiel de développement des exportations dans un certain nombre d'industries : agroalimentaire, cuir, textile, matériaux de construction et électronique grand public.

L'industrie agroalimentaire iranienne dispose d'un fort potentiel de développement de ses exportations du fait de sa richesse en fruits et légumes (grâce à la diversité des climats), de la qualité de ces produits (liée à un taux d'ensoleillement élevé), de coûts salariaux peu élevés, de la présence d'une main d'œuvre bien formée dans le domaine de l'agroalimentaire (le système d'enseignement supérieur a formé de très nombreux spécialistes dans ce domaine). En outre, l'Iran possède un très fort potentiel dans le secteur des produits de la mer (pêcheries sur la Caspienne et sur le Golfe Persique, aquaculture). L'industrie du cuir pourrait également développer ses exportations car le cuir iranien est généralement considéré de très bonne qualité. Il en est de même pour l'industrie textile ou le secteur de la construction. Le secteur

---

[103] *Ces éléments s'appuient en partie sur l'étude de l'United Nations Industrial Development Organisation (1999).*

des matériaux de construction dispose notamment d'abondantes ressources naturelles, d'une main d'œuvre spécialisée et d'une énergie bon marché.

b - Déterminer quels sont les marchés extérieurs auxquels ces industries pourraient accéder

L'Iran dispose d'un marché régional à fort potentiel de développement qui est pour l'instant très peu exploité. Parmi les marchés de proximité, on peut distinguer l'Asie centrale et les pays du Golfe. Les économies d'Asie centrale sont engagées dans des processus de libéralisation économique et devraient, en outre, disposer dans quelques années d'une rente pétrolière et gazière conséquente. Or, l'Iran dispose d'une frontière commune avec le Turkménistan. Les économies du Golfe pourraient également devenir des partenaires commerciaux importants. Ces économies pétrolières pourraient ainsi représenter des marchés importants pour les produits iraniens. Les entreprises iraniennes bénéficient d'un avantage comparatif important dans leur stratégie d'approche de ces marchés : leur proximité géographique. Elles pourraient également s'appuyer sur Dubaï qui est devenu le principal centre commercial du Moyen-Orient du fait notamment de l'existence de la zone franche de Jebel Ali. Dubaï pourrait devenir un point d'appui important pour le développement des exportations iraniennes compte tenu d'une importante communauté de commerçants iraniens exilés dans cet émirat.

D'autre part, si des améliorations sont apportées en matière d'emballage et de conservation des produits, les entreprises iraniennes du secteur de l'agroalimentaire pourraient s'attaquer aux marchés européens et asiatiques (notamment dans le domaine agroalimentaire).

c - Déterminer quels sont les types d'investissement à effectuer

• un effort soutenu d'investissement pour moderniser l'appareil productif dans les secteurs cités plus haut[104]. Très souvent, les équipements utilisés souffrent d'obsolescence. Ainsi, la plupart des usines dans le secteur agroalimentaire ont été construites il y a 15 ans au moins et disposent d'un équipement qui a été, soit importé, soit copié sur des modèles anciens.

• des investissements afin d'améliorer les processus d'emballage et de conservation des produits en particulier s'agissant de l'industrie agroalimentaire. Ces éléments sont généralement considérés comme le point faible de cette industrie.

• le réseau des infrastructures de transport iranien est surtout orienté vers les importations. Il est donc très important d'investir afin d'améliorer le réseau existant et de le développer (notamment dans les domaines terrestre et aérien) afin de le rendre propre à soutenir l'effort d'exportation.

• les secteurs choisis (et l'industrie iranienne en général) manquent de cadres à un niveau intermédiaire (techniciens supérieurs, agents de maîtrise). Les entreprises sont en général seulement composées de cadres dirigeants et d'ouvriers. Il n'existe pas de cadres intermédiaires capables d'organiser la production dans l'usine, ce qui conduit à une perte d'efficacité. Un important effort de formation doit être engagé dans ce domaine.

d - Politique de promotion

L'expérience réussie du développement rapide des économies émergentes d'Asie depuis les années 1960 peut se révéler à ce propos riche d'enseignements. Cette dynamique a en effet reposé sur un développement rapide des exportations grâce à la mise en place de politiques de promotion des exportations. Il est intéressant de retenir que ces politiques ont été extrêmement diverses. Il importe donc que la politique du gouvernement iranien soit dans ce domaine marquée par le pragmatisme. Les politiques de promotion

---

[104] *Il faut noter toutefois que l'industrie de la construction, plus particulièrement le secteur des matériaux de construction, semble avoir effectué d'importants investissements dans les années 1990.*

des exportations mises en place en Asie ont cependant certaines caractéristiques[105] :

- accès aux importations aux prix mondiaux (sans barrières tarifaires). Cette disposition a permis aux exportateurs nationaux de ne pas être désavantagés par rapport à leurs concurrents.

- financement spécifique des exportations. Le système bancaire iranien devra être capable de mettre en place des financements à l'export appropriés à court et à long terme. Il devra notamment être capable de proposer des financements à taux bonifiés. En outre, un développement du réseau bancaire iranien à l'étranger pourrait être un élément de soutien au développement des exportations. A ce sujet, il semble que le développement du système bancaire dans des régions voisines comme l'Asie centrale ou le Caucase soit un facteur important pour développer les exportations iraniennes vers ces marchés[106].

- pénétration des marchés extérieurs. Différentes stratégies ont été suivies dans ce domaine par les gouvernements d'Asie. Certains ont accordé des avantages fiscaux aux exportateurs. D'autres ont aidé les associations professionnelles d'exportateurs ou favorisé la création de sociétés de commerce.

- d'autres experts[107] estiment que ces politiques ont surtout visé à établir des liens solides entre les entreprises nationales, leurs homologues étrangères et le marché global. Certains gouvernements ont essayé de développer l'investissement direct. D'autres ont pratiqué une politique d'acquisition de licences pour pouvoir produire sous des grandes marques japonaises ou américaines. Le développement de l'investissement étranger doit donc être également un axe important des réformes. Si l'on considère que l'un des objectifs prioritaires de ces réformes est de favoriser le développement des exportations non pétrolières, les expériences de l'Asie émergente et des pays de l'ex-URSS ont

---

[105] World Bank (1993), pp. 143-145.
[106] United Nations Industrial Development Organisation (1999).
[107] Radelet, S., Sachs, J., Lee, J.W. (1997), p. 26.

démontré que l'investissement étranger jouait un rôle très positif sur le développement des exportations.

e - Modification de l'environnement réglementaire

Par ailleurs, le développement des exportations nécessite que le gouvernement modifie l'environnement réglementaire dans lequel évoluent les entreprises. Il est en particulier recommandé[108] d'alléger les formalités, de ne pas modifier trop fréquemment l'environnement réglementaire, que l'administration se cantonne à un rôle de superviseur sans intervenir dans le fonctionnement des entreprises, etc. Il arrive ainsi fréquemment qu'une entreprise iranienne fasse d'importants efforts pour obtenir un contrat à l'exportation mais ne puisse pas l'honorer à cause d'un changement inattendu des réglementations.

2 - *Effectuer une véritable privatisation*

Privatiser est indispensable pour introduire une plus grande efficacité dans l'ensemble du système économique iranien. Toutefois, il est indispensable d'effectuer une véritable privatisation et non une privatisation réservée à quelques initiés afin de créer une rupture de logique avec le système précédent. Le développement d'un secteur privé autonome par rapport à l'Etat et capable de générer de la "plus-value non pétrolière" permettrait de passer à une autre logique éloignée de celle d'une économie rentière. En effet, dans le cas d'une économie pétrolière comme l'Iran, on fait souvent référence aux travaux ayant développé le concept de "*Dutch Disease*". Dans les modèles décrits dans ces analyses, l'essor des revenus pétroliers conduit à un développement du secteur protégé (les services) aux dépends du secteur "exposé" (l'industrie). Toutefois, dans le cas de l'Iran, un certain nombre de travaux ont démontré que le problème principal n'était pas tant l'éviction des secteurs exposés par les secteurs protégés que la sous-productivité des investissements réalisés dans

---

[108] *United Nations Industrial Development Organisation (1999).*

l'ensemble de l'appareil productif[109]. Dans un tel environnement, une privatisation semble la manière de réintroduire une logique d'efficacité dans le système. Une véritable privatisation donnerait également l'opportunité de confier une part croissante des responsabilités de la gestion de l'économie nationale à la classe moyenne. En outre, cette politique pourrait s'appuyer sur le fait qu'il existe déjà une culture du capitalisme en Iran.

Cette privatisation devrait donc concerner en premier lieu les secteurs capables de développer leurs exportations (agroalimentaire, textile, construction). L'objectif serait ainsi de créer un secteur privé compétitif et autonome par rapport à l'Etat. Ces privatisations devront s'appliquer à l'ensemble des secteurs concernés, ce qui signifie qu'elles doivent s'appliquer aux entreprises publiques ainsi qu'aux fondations religieuses. En effet, une privatisation qui ne concernerait pas les entreprises contrôlées par les fondations religieuses laisserait de côté des pans entiers de l'économie compte tenu du poids économique de ces organisations. En outre, le maintien de ces entreprises sous le contrôle des fondations religieuses affecterait le développement du secteur privé. Du fait de nombreux avantages indus (exemptions d'impôts, crédits à taux réduits, etc.), le secteur des fondations serait à même de peser sur le développement du secteur privé. Cependant, la privatisation des entreprises des fondations religieuses est d'abord un problème politique, ces organisations servant de "trésor de guerre" aux réseaux des religieux conservateurs.

3 - Mettre en place une base légale propre à favoriser le développement du secteur privé

Il faut bâtir un environnement législatif permettant de créer des entreprises autonomes et responsables. L'environnement législatif dans une économie de marché a plusieurs missions[110] :

---

[109] *Voir à ce sujet Karshenas, M. et Pessaran, H. (1994).*
[110] *Les caractéristiques d'un environnement législatif favorable à la transition vers une économie de marché ont été notamment décrites par la Banque Européenne pour la Reconstruction et le Développement (1994) et la Banque Mondiale (1996).*

191

a - Définition et protection des droits de propriété

Il faut les définir précisément et les protéger. Dans le cas de l'Iran, cet objectif a une importance toute particulière. En effet, la révolution a été marquée par une très large nationalisation de l'appareil productif. Ces nationalisations avaient notamment été réalisées à partir d'expropriations d'entrepreneurs jugés proches de l'ancien régime. Définir et protéger les droits de propriété implique donc une rupture avec de tels procédés. Il est intéressant que l'application de tels principes pose, comme en Europe de l'Est, le problème des droits de propriété des chefs d'entreprise expropriés. Il serait ainsi souhaitable qu'ils puissent reprendre possession de leurs biens ou soient dédommagés. Enfin, atteindre de tels objectifs implique que l'Iran mette en place une législation en matière de propriété intellectuelle, actuellement inexistante.

b - Instauration de la liberté de conclure des contrats

Dans une économie de marché, les agents économiques sont libres de passer entre eux des contrats. Ils ont également la possibilité légale de se délier d'un contrat. Cette liberté implique deux types de conditions :

• l'existence d'un code civil performant. C'est le cas en Iran où, d'après les experts, le code civil en vigueur (inspiré du code civil français) est adapté à la vie des affaires.

• l'existence d'institutions capables de faire respecter les contrats. Se pose ici le problème de la justice iranienne qui souffre de nombreux dysfonctionnements (poids de la bureaucratie, manque de moyens, niveau élevé de corruption, etc.). Les entreprises iraniennes évitent donc de faire appel à la justice, ce qui réduit le spectre de contrats que ces entreprises sont prêtes à souscrire (elles éviteront notamment de s'engager dans de nouvelles activités avec de nouveaux partenaires) et limite leur développement.

c - Mettre en place une loi sur les entreprises et l'investissement étranger

Il faut définir une loi sur les entreprises qui assure le maximum de flexibilité aux propriétaires tout en protégeant les investisseurs, les employés, les actionnaires minoritaires contre les cas de fraude et de mauvaise gestion. La loi sur les entreprises en Iran doit être modifiée afin de limiter les barrières à l'entrée qu'elle induit. La création d'une entreprise en Iran requiert l'autorisation d'un trop grand nombre de services gouvernementaux. De tels obstacles entraînent d'importants délais et sont sources de corruption. Une nouvelle loi sur les investissements étrangers est indispensable puisque les investissements directs restent régis par la Loi sur la protection et sur l'attraction des investissements étrangers votée en 1955. On peut signaler que des évolutions sont intervenues dans ce sens avec la probable adoption d'une nouvelle loi sur l'investissement étranger durant l'été 2002. Un première version de cette loi avait été approuvée par le Parlement en mai 2001 mais, jusqu'à présent, du fait principalement de tensions politiques internes, cette loi n'a pas encore été définitivement ratifiée.

d - Application de la loi sur les faillites

Une loi appropriée en matière de faillite a un rôle très important dans une économie de marché. Elle permet aux entreprises en difficulté de terminer leur activité de manière ordonnée. Elle donne la possibilité à des firmes solvables mais en difficulté de se restructurer. Et elle encourage les flux de financement en protégeant les créditeurs. Toutefois, une fois encore, le problème en Iran n'est pas tant de mettre en place ce type de législation, qui existe, que de l'appliquer. La culture des affaires dans ce pays fait que, si une entreprise se retrouve en situation difficile, ses dirigeants essaieront d'utiliser leurs réseaux pour obtenir des financements à très bon marché pour prolonger sa survie. Il est donc évident que la loi sur les faillites ne sera utilisée qu'à condition qu'un certain nombre d'institutions, comme les institutions financières, obligent les entreprises à respecter les règles usuelles en matière d'équilibre financier. Il faut noter que la mise en place d'une loi sur les faillites et son application rigoureuse a été un élément déterminant du succès de la politique de libéralisation dans un pays comme la Hongrie.

e - Mise en place d'une loi sur la compétition

L'Etat doit lutter contre les situations de monopole grâce à une législation appropriée. Or, de nombreuses entreprises iraniennes publiques ou privées sont en situation "dominante" sur un marché. Cette position résulte très souvent de la présence d'importantes barrières à l'entrée. Ceci implique que les autorités de contrôle devront être vigilantes face au risque que des monopoles d'Etat deviennent des monopoles privés. Pour lutter contre ce risque, il importe donc d'éliminer les barrières à l'entrée et de mettre en place une législation anti-monopoles.

Cependant, l'obstacle principal à l'établissement d'un environnement réglementaire propice au développement d'une économie de marché en Iran est précisément la mise en place d'institutions pour appliquer une législation. Ceci appelle une refonte totale du système judiciaire. Mais il faut également développer les entreprises de comptabilité afin de produire et de distribuer de l'information et de contrôler les entreprises. D'autre part, la mise en place d'un cadre légal satisfaisant implique également qu'il existe des institutions qui puissent être capables de s'opposer à des lois voulues par l'Etat parce que ces lois ne respectent pas la Constitution ou conduisent à un développement excessif des prérogatives de l'Etat. Un tel objectif nécessitera de profondes évolutions en Iran en termes d'institutions. Il faut en effet notamment bâtir une justice indépendante de l'Etat. Cela suppose de profondes évolutions sur le plan politique tant l'appareil judiciaire est actuellement instrumentalisé par les conservateurs dans leur lutte contre les réformateurs. L'établissement d'une presse libre et indépendante peut également permettre la création d'un contre-pouvoir. D'énormes progrès ont été accomplis dans ce domaine depuis l'élection présidentielle de 1997 mais ces avancées restent fragiles.

III - THERAPIE DE CHOC OU REFORMES GRADUELLES ?

Une des principales questions face à ce type de réformes concerne le rythme auquel doit être mise en place la libéralisation économique. Faut-il une "thérapie de choc" ou au contraire une approche graduelle[111] ? La stratégie de la thérapie de choc consiste à passer d'une économie planifiée à une économie de marché avec une seule série de réformes : libéralisation rapide des prix et du commerce, un programme déterminé de stabilisation pour limiter les tensions inflationnistes, convertibilité des comptes courants, ouverture des marchés au secteur privé, privatisation des grandes entreprises publiques, réforme du système fiscal. L'approche graduelle consiste à libéraliser certains secteurs puis à étendre ce processus à l'ensemble de l'économie. En fait, le bilan de la transformation des économies en transition nous indique qu'il est très difficile de trancher ce débat car il est délicat de classer dans l'une ou l'autre des catégories ces économies en transition. La plupart de ces économies ont mis en place des réformes qui tour à tour ont été soit graduelles, soit plus radicales[112]. En outre, si certaines mesures peuvent être immédiatement mises en place, d'autres, qui réclament des investissements en capital humain, prennent du temps. On perçoit ainsi que le choix d'une séquence appropriée de réformes à temporalité différente est en fait plus important que le choix entre gradualisme ou thérapie de choc.

En fait, l'ensemble des analyses convergent quant au caractère impérieux d'un premier bloc de réformes portant sur la stabilisation et la libéralisation des prix ainsi que la libéralisation du commerce extérieur[113]. D'autre part, la nécessité de modifier la place de l'Iran dans la division internationale du travail implique de commencer à privatiser les secteurs ayant un potentiel à l'exportation.

---

[111] *Les définitions de la thérapie de choc et du gradualisme proviennent de World Bank (1996), pp. 9-21.*

[112] *Wyplosz, C. (1999), p. 11.*

[113] *Voir Blanchard, O., Dornbusch, R., Krugman, P., Layard, R., Summers, L. (1991); Gros, D., Steinherr, A. (1995); Mc Kinnon, R. I. (1991).*

1 - *Libéralisation des prix et stabilisation de l'environnement macroéconomique*

a - Libéralisation des prix

Les prix doivent fournir les signaux appropriés pour permettre les prises de décision sur la production ou la non-production de tel bien. Cet objectif nécessite une libéralisation des prix. Il faut donc rétablir les prix à leur niveau d'équilibre, supprimer les subventions sur les produits de première nécessité et unifier le système de change à taux multiples. Il n'est pas souhaitable de procéder de manière graduelle dans ce domaine car une telle approche peut nourrir les anticipations d'accélération de l'inflation, alimenter la spéculation et la dollarisation, et conduire à des pénuries[114].

b - Stabilisation de l'environnement macroéconomique

Une des conditions de la réussite d'un programme de libéralisation économique est d'arriver à stabiliser l'environnement macroéconomique. C'est l'une des conclusions tirées des expériences de transition d'une économie planifiée vers une économie de marché[115]. Dans le cas de l'Iran, le risque qu'une accélération de l'inflation conduise à un effondrement du système économique et à de fortes tensions sociales n'est pas négligeable. Plusieurs mouvements de mécontentement, liés notamment à la très forte baisse du pouvoir d'achat depuis la révolution, ont d'ailleurs déjà conduit à des soulèvements populaires très localisés[116]. Or, une telle éventualité conduirait à un rejet en bloc par la population de la politique de libéralisation. En outre, il est possible que la libéralisation des prix conduise, du fait de la surliquidité de

---

[114] *Blanchard, O., Dornbusch, R., Krugman, P., Layard, R., Summers, L. (1991), p. 29.*
[115] *Voir à ce sujet World Bank (1996), pp. 34-41.*
[116] *Des émeutes très violentes ont ainsi éclaté à Islamshar, ville située dans la banlieue de Téhéran, en 1995.*

l'économie, à la faire basculer dans l'hyper-inflation. En 1993, l'unification du système de taux de change intervenant sans restructuration du système bancaire ni modification des relations banques-entreprises a conduit à une création monétaire excessive. Les entreprises, incapables de faire face à une unification du système de change, avaient demandé et obtenu des financements bancaires pour continuer à fonctionner. C'est pourquoi une politique de stabilisation macroéconomique apparaît indispensable.

Le premier axe de cette politique doit consister en l'élimination des déficits du secteur public compte tenu de l'impact du développement des activités quasi-budgétaires sur l'inflation. On peut noter par ailleurs que la lutte contre l'inflation ne signifie pas que l'objectif soit une inflation comprise entre 0 et 5 %. Comme le fait remarquer Wyplosz[117], l'inflation appropriée pour une économie en transition peut être une inflation modérée qui donne l'opportunité de maintenir un rythme élevé de croissance, facilite la restructuration en permettant une évolution plus aisée des prix relatifs (par rapport à une situation où les prix déclinent) et permet de maintenir un certain montant de taxe inflationniste, ce qui peut être utile compte tenu de l'état de sous-développement initial du système fiscal.

Reconstruire les finances publiques

Il est nécessaire de reconstruire les finances publiques. Ceci implique de développer les recettes publiques tout en mettant en place de nouvelles procédures pour gérer les dépenses. En outre, il faut diminuer les activités quasi-budgétaires, le développement de celles-ci ayant été le principal vecteur de développement de l'inflation. Le développement du système fiscal est donc indispensable pour faire face à la baisse de revenus liée à la suppression des activités quasi-budgétaires générant des recettes. De plus, la suppression de ces activités quasi-budgétaires permet de passer de choix budgétaires implicites à des choix explicites. Le choix est soit de réintégrer ces activités quasi-budgétaires dans le

---

[117]Wiplosz, C. (1999), p. 27.

budget, soit de les supprimer. Il faut distinguer ici ce qui peut être entrepris à court terme et qui nécessitera plus de temps.

Il convient tout d'abord de créer un véritable système fiscal. Il s'agit d'établir de nouveaux impôts, de limiter les exemptions, de lutter contre la fraude fiscale, et d'élargir la base imposable. Ces réformes devront toutefois veiller à construire un système fiscal relativement simple puisque toute réforme qui nécessiterait des procédures administratives complexes ou un très grand nombre de déclarations ne serait pas viable. Un autre objectif doit être d'éviter les exemptions accordées à certains groupes ou activités[118]. Le FMI conseille des réformes[119] qui pourraient être entreprises à court terme :

- supprimer plusieurs exemptions existantes pour élargir la base imposable de l'impôt sur les sociétés. D'autre part, simplifier l'impôt sur les sociétés et le rendre moins progressif.

- augmenter le taux d'imposition des importations. Le taux actuel est basé sur les taux de change officiel, ce qui conduit à une sous-imposition. Par ailleurs, de trop nombreuses exemptions (souvent accordées de manière *ad hoc*) pèsent sur le rendement de cet impôt. Ainsi, les produits alimentaires de base et les importations liées à la défense sont exemptées d'impôts.

- mettre en place une véritable Taxe sur la Valeur Ajoutée dont le rendement soit lié à l'activité.

- imposer les fondations religieuses. En effet, depuis la révolution, une partie importante du système économique échappait au contrôle de l'Etat, celle qui était contrôlée par les fondations religieuses. Or, ces dernières bénéficiaient de subventions automatiques (en matière de change ou de financements bancaires) et étaient exemptées d'impôt.

Se pose également la question des recettes non pétrolières non fiscales et notamment des ventes de produits pétroliers. La

---

[118] *Tanzi, V (1992), pp. 19-20.*
[119] *IMF (1998), pp. 21-27.*

stabilisation intervenant parallèlement à la libéralisation des prix, il est tout à fait cohérent de diminuer graduellement les subventions accordées sur les prix des produits pétroliers pour augmenter ce type de recettes. Une suppression brutale de l'ensemble des subventions sur ces produits permettrait de lutter efficacement contre les gaspillages[120]. Cependant, la mise à niveau des prix intérieurs, en se basant sur les prix mondiaux, conduirait à une très forte hausse (du fait notamment de la probable dévaluation du taux de change après la libéralisation des prix). Or, le fioul est utilisé par de nombreux ménages pour se chauffer. En outre, le manque de transports en commun rend l'utilisation de la voiture indispensable. Au total, un trop forte hausse du prix des produits pétroliers peut être coûteuse politiquement. Il serait donc préférable de maintenir en partie les subventions sur ces produits[121].

Enfin, il faudra supprimer le poids des activités quasi-budgétaires du coté des recettes. Cela revient à diminuer les recettes liées à la taxe inflationniste ou la gestion d'un système de change à taux multiples. Il est clair que, comme le recommande Mc Kinnon[122], ces réformes doivent s'accompagner d'un développement du système fiscal pour compenser les pertes en recettes. Toutefois, compte tenu de la difficulté à augmenter rapidement les recettes fiscales non pétrolières, il serait souhaitable de garder un certain montant de revenus liés à la taxe inflationniste en ayant comme objectif une inflation modérée.

Mais la consolidation du système fiscal impose également des réformes de plus long terme. Procéder à une réorganisation du Ministère des Finances semble souhaitable : constituer un corps de fonctionnaires bien formés et moins corruptibles, établir une base de données des personnes imposables, améliorer le système de déclaration des revenus.

De même, à plus long terme, la crédibilité accrue de la politique

---

[120] On peut noter, qu'en plus des gaspillages en termes de surconsommation, le très faible coût des produits pétroliers a conduit au développement d'un trafic de contrebande avec les pays voisins.

[121] Gros, D., Steinherr, A. (1995), p.120.

[122] Mc Kinnon, R. I. (1991), p. 5.

de libéralisation et le rétablissement progressif d'un Etat de droit permettraient une réintégration de l'économie informelle dans l'économie officielle, ce qui induirait une augmentation des revenus (la plupart des sur-profits ayant été réalisés dans le secteur de l'économie informelle depuis la révolution).

Du coté des dépenses, à court terme, la libéralisation des prix implique de supprimer graduellement l'ensemble des subventions accordées sur les produits alimentaires de base. Toutefois, un programme d'assistance devra être mis en place pour les plus défavorisés. De même, parallèlement, il faut prendre en compte le fait que les dépenses publiques risquent d'augmenter compte tenu de la probable hausse des versements d'allocations chômage. Le gouvernement doit prendre ce problème au sérieux et ne pas se reposer sur les circuits traditionnels d'entraide (famille, mosquée, association religieuse, etc.) qui, jusque là, ont joué le rôle d'amortisseurs des chocs sociaux. Il est cependant probable que le secteur informel donnera pendant quelque temps la possibilité aux sans emploi de travailler. On comprend donc qu'il est préférable de procéder à une intégration progressive et non coercitive du secteur informel dans l'économie officielle.

A plus long terme, il faudra mettre en place une véritable politique budgétaire, c'est-à-dire centraliser la gestion du budget, établir une meilleure coordination entre les différents ministères et développer les procédures d'audit pour contrôler l'effectivité des dépenses. Se pose également le problème de la rationalisation des ministères et des organismes publics. Des réformes ont commencé dans ce domaine avec la fusion du ministère de l'agriculture et du ministère de Djihad Sâzandegui. Ce dernier avait été créé après la révolution pour favoriser un développement rural sur la base de micro-projets (en réaction à la politique des "fermes industrielles" du régime précédent). Or, depuis sa création, ce ministère faisait doublon avec le ministère de l'agriculture. Il reste toutefois beaucoup à faire en matière de réorganisation du secteur public. Se pose notamment le problème de la multiplicité des centres de recherche publics. Depuis la révolution, de multiples organismes de ce type ont été mis en place. Or, ces institutions qui représentent un coût pour les finances publiques n'ont souvent pas de vocation bien définie et servent le plus souvent à assurer une rente de situation à des fidèles du régime. Il faut également définir la stratégie à appliquer vis-à-vis des subventions accordées par l'intermédiaire du système bancaire ou de la politique de change. Si l'on considère que les grandes entreprises publiques ne pourront être privatisées avant une phase de transition, il peut être nécessaire de maintenir ces subventions tout en les intégrant dans la procédure budgétaire. En outre, la politique de stabilisation et la restructuration du secteur bancaire vont considérablement diminuer les possibilités de financement des entreprises du secteur public pendant la phase de transition. On ne peut donc envisager une réduction trop brutale de ces subventions. Puis, graduellement, ces subventions seront diminuées au fur et à mesure de la restructuration des entreprises publiques.

Ce type de réforme se heurte à des obstacles de nature politique. Le premier est lié au type de rapport qui s'est établi entre l'Etat et le citoyen dans une économie rentière et pétrolière. En effet, dans ce type d'économie, l'Etat a toujours compté sur ses recettes pétrolières pour financer ses dépenses. Dans ces conditions, le citoyen iranien n'a jamais été mis à contribution pour financer les dépenses de son pays. Il n'a donc jamais été responsabilisé dans ce domaine. Ce type de rapport entre l'Etat et le citoyen a évidemment été renforcé en Iran par la distance qui s'est créée, pour des raisons historiques et politiques, entre le citoyen et des formes d'Etat peu démocratiques. Dans ces conditions, toute demande de paiement d'impôt de la part de l'Etat est jugée comme une intrusion dans la sphère privée du citoyen. Ceci signifie que la construction d'un véritable système fiscal implique évidemment des réformes d'ordre politique. Ces problèmes ont été renforcés après la révolution par le poids croissant de l'Etat dans le système économique, ce phénomène conduisant à l'essor de l'économie informelle. Un autre type de difficulté est lié au fait que la politique budgétaire et les activités quasi-budgétaires jouent depuis la révolution un rôle officieux de redistribution et de "fidélisation" des liens entre le régime et les groupes sociaux le soutenant. Réformer en profondeur la politique fiscale et budgétaire implique donc que l'Etat définisse une nouvelle "cohérence sociale" qui lui assure un soutien populaire pour mener à bien ces réformes. On peut illustrer cette difficulté par le cas des crédits bancaires automatiques et quasiment gratuits ou des exemptions fiscales dont bénéficient les fondations religieuses. Régler ce problème pour l'Etat nécessite d'abord de résoudre un problème politique, ces fondations étant affiliées aux réseaux des religieux conservateurs. Dans ces conditions, la diminution des activités quasi-budgétaires vis-à-vis des fondations religieuses implique que l'Etat les réintègre dans le secteur public. C'est d'ailleurs ce que le gouvernement essaie de faire depuis l'élection de Khatami en 1997, mais il se heurte évidemment à des résistances très fortes de la part des conservateurs à ce sujet.

c - Politique monétaire : assurer un ancrage nominal des prix et du change

La politique monétaire doit d'abord fixer un ancrage nominal. Deux types d'ancrage sont possibles : un objectif de croissance de la masse monétaire ou un objectif de change fixe. L'inflation iranienne étant essentiellement d'origine monétaire, il est préférable de fixer un objectif de masse monétaire. Cependant, les autorités monétaires devront également veiller à assurer une relative stabilité du taux de change sur le marché noir. Le passage à une politique monétaire indirecte prenant du temps, les autorités monétaires devront sans doute utiliser l'instrument de l'encadrement du crédit pour atteindre cet objectif. Toutefois, les autorités devraient également veiller à augmenter les taux d'intérêt réels créditeurs et débiteurs des banques et à limiter les nouveaux crédits accordés jusqu'à ce que les prix aient été stabilisés[123]. En outre, il faut que la BCI dispose d'une certaine autonomie vis-à-vis du gouvernement pour pouvoir contrôler l'offre de monnaie. Il semble que, dans le cas de l'Iran, le succès du programme de

---

[123] *Mc Kinnon, R. I. (1991), pp. 6-7.*

stabilisation implique de casser le lien de dépendance entre le gouvernement et la BCI. Dans ce contexte, il est important d'accorder officiellement son indépendance à la BCI. Une telle décision renforcerait la crédibilité du programme de stabilisation, ce qui est un élément déterminant de la réussite même de ce programme.

La politique de stabilisation monétaire devra également gérer le problème de l'augmentation de la préférence pour la liquidité des agents si l'inflation ralentit. On assiste en effet depuis la révolution à une accélération de la vitesse de circulation de la monnaie liée à un phénomène de fuite devant la monnaie. On peut donc s'attendre à une accélération de la demande de monnaie si l'inflation ralentit. Les autorités monétaires devront répondre à cette demande sans perdre le contrôle de l'offre de monnaie.

Comme cela a été indiqué au chapitre III, l'économie iranienne n'a pas basculé dans une situation d'hyper-inflation parce que, entre autres, le régime a su préserver sa légitimité en maintenant une cohésion sociale basée sur des valeurs communes. Il est évident que si le gouvernement actuel n'arrive pas à préserver cette légitimité ou à la faire évoluer, le risque est grand que la politique de libéralisation n'entraîne une situation d'hyper-inflation. Le succès de cette politique de stabilisation dépendra donc de la reconstruction par les réformateurs d'une "autre" cohésion sociale, ce qui signifie notamment la poursuite des réformes politiques et culturelles engagées depuis 1997.

Des risques d'explosion des prix et de chute des salaires réels

Les risques dont devra tenir compte une telle politique de stabilisation sont de deux types. Tout d'abord, il existe un risque lié à la situation de surliquidité de l'économie iranienne. Le problème de la surliquidité en Iran se pose dans des termes différents que dans les économies de l'ex-URSS. La création monétaire a, depuis la révolution, été excessive par rapport aux besoins de l'économie. Toutefois, ceci ne s'est pas traduit par des pénuries parce qu'il y a eu une inflation régulière et relativement forte. La libéralisation des prix ne va donc pas entraîner un afflux de liquidités inactives sur le marché des biens à la recherche de produits jusque là introuvables. Par contre, le risque existe que la libéralisation des prix entraîne une plus grande incertitude, ce qui peut affecter les anticipations de prix. Dans ce cas, une politique de stabilisation insuffisamment crédible peut faire basculer l'économie iranienne dans l'hyper-inflation.

Un autre risque majeur lié à la politique de libéralisation des prix est celui d'une importante baisse des salaires réels. Une telle éventualité peut conduire à de fortes tensions sociales. On peut considérer que la libéralisation des prix n'est pas automatiquement génératrice d'inflation, la suppression des subventions ne conduisant qu'à une hausse ponctuelle des prix si des politiques budgétaire et monétaire strictes sont appliquées. Toutefois, on a constaté que dans le cas des économies de l'ex-URSS, on avait assisté à une baisse des salaires réels du fait de la baisse de la production (liée à la libéralisation des prix) ainsi qu'à la capacité de certaines entreprises de fixer les prix à des niveaux très élevés à cause de leur situation de monopole. Ce schéma pourrait donc se produire en Iran. Une telle évolution conduirait à la baisse de la demande interne et de l'activité. La récession peut en outre être favorisée par un environnement incertain, par le risque que l'inflation s'accélère de nouveau, et par l'impact sur l'offre de la diminution des subventions et de la libéralisation des prix (du fait de la disparition des entreprises incapables de supporter ces ajustements). Pour faire face à ces problèmes, on peut lutter contre les monopoles en favorisant une compétition externe, en libéralisant le commerce extérieur et en rendant la monnaie convertible. Il est sans doute plus difficile, dans le cas d'un pays comme l'Iran où l'Etat de droit balbutie et où le secteur productif est encore peu développé, de s'appuyer sur une organisation antitrust. D'autre part, le gouvernement doit mettre en place un programme visant à effectuer des transferts sociaux pour protéger les couches de la population qui risquent d'être les plus affectées par cette baisse des salaires réels[124]. Ceci implique un repositionnement de la politique de subventions sur les produits de première nécessité. Les subventions ne devront plus concerner l'ensemble de la population pour la protéger de l'inflation mais les couches les plus défavorisées, ce qui implique de mettre en place un autre type de système d'aide.

2 - Libéralisation du commerce extérieur

La deuxième étape dans le processus de libéralisation devrait concerner la libéralisation du commerce extérieur. Comme cela a déjà été indiqué, une telle mesure peut contribuer à modifier la place de l'économie iranienne dans la division internationale du travail et à introduire une plus grande efficacité du mode de fonctionnement de l'économie. D'autre part, une libéralisation du commerce extérieur apparaît comme le complément naturel de la politique de libéralisation des prix : l'ouverture du marché intérieur à la concurrence étrangère permet d'éviter que les entreprises en situation de monopole ne profitent de cette situation pour fixer des prix trop élevés par rapport aux fondamentaux du marché[125].

Cette libéralisation doit donc consister en une unification du système de change à taux multiples[126], une élimination de toutes les restrictions quantitatives ainsi qu'en la mise en place d'une libre convertibilité de la monnaie pour les transactions courantes.

---

[124] *Blanchard, O., Dornbusch, R., Krugman, P., Layard, R., Summers, L. (1991), p. 30.*
[125] *Gros, D., Steinherr, A. (1995), p. 133.*
[126] *Le système de change a été officiellement unifié depuis le début de l'année iranienne (21 mars 2002). Le taux de change officiel est maintenant un taux interbancaire proche de 8000 rials. Il n'est pas sûr toutefois que cette réforme soit complètement appliquée, plusieurs organisations publiques continuant d'utiliser l'ancien taux de change officiel (1 $ = 1750 rials) pour importer des produits "prioritaires" comme le blé. Par ailleurs, la prise en charge par la BCI de la hausse des annuités de remboursements de la dette externe des entreprises publiques (du fait de la dévaluation) pourrait conduire à alimenter un choc monétaire et inflationniste.*

Cependant, comme le remarque Mc Kinnon[127], il est important que l'unification du système de change précède les autres mesures. En effet, une libéralisation du commerce extérieur avec différents taux de change peut conduire à l'apparition d'importants déséquilibres du commerce extérieur comme cela a été le cas en Russie à la fin des années 1980.

En outre, la convertibilité de la monnaie ne doit concerner que les transactions courantes. La récente crise asiatique a fait ainsi prendre conscience que la libéralisation du compte de capital ne doit intervenir que dans la dernière étape du processus de libéralisation financière. Il est notamment important de mettre en place auparavant un système efficace de supervision du système bancaire. En fait, le gouvernement devrait, dans un premier temps, surtout limiter les mouvements de capitaux liés à des investissements de portefeuille et favoriser les investissements directs qui jouent un rôle décisif dans l'essor des exportations. Cependant, le développement de l'investissement étranger demandera une stabilisation de l'environnement politique et macroéconomique. Mais il est clair également que l'économie iranienne dispose de nombreux atouts pour attirer les investissements directs : abondantes ressources naturelles en hydrocarbures (troisième producteur de l'OPEP en termes de réserves derrière l'Arabie Saoudite et l'Irak, possesseur des secondes réserves de gaz du monde) mais également en minerais (cuivre, plomb, zinc, etc.), main d'œuvre ouvrière bon marché et bien formée, situation géographique privilégiée entre le Golfe Persique et l'Asie centrale (ce qui peut notamment permettre à ce pays d'être considéré comme une base d'exportations vers les économies d'Asie centrale, etc.). Enfin, mais surtout, le développement des investissements étrangers sera très influencé par la crédibilité des réformes économiques qui seront mises en place. En effet, tant que les réformes engagées n'auront pas un caractère irréversible, il sera tentant pour les investisseurs étrangers d'attendre le moment propice pour investir.

---

[127] *Mc Kinnon, R. I. (1991), p. 8.*

D'autre part, l'élimination de toutes les restrictions quantitatives doit aller de pair avec la mise en place de tarifs à l'importation. En effet, une libéralisation des prix et du commerce extérieur sans protection tarifaire peut conduire à une désindustrialisation rapide, de nombreuses entreprises ne pouvant supporter ce choc. La plupart des entreprises iraniennes n'ayant jamais connu une véritable concurrence, elles seraient en situation de déficit si on appliquait les prix mondiaux à leurs produits. Or, une libéralisation du commerce extérieur, induisant notamment une dévaluation du taux de change, pourrait conduire à une hausse de leurs coûts de production du fait de leur dépendance vis-à-vis des importations. Elles se retrouveraient en situation de déficit avant qu'elles n'aient eu le temps de procéder à la réorganisation de leur production et à une amélioration de la qualité de leurs produits[128]. De plus, la mise en place de tarifs à l'importation devrait permettre à l'Etat d'augmenter ses recettes budgétaires. Or, l'Etat aura besoin de ces revenus supplémentaires pour réduire les déficits publics. Certes, la mise en place de cette protection tarifaire peut être transitoire. Les taxes à l'importations devraient progressivement diminuer au fur et à mesure des avancées en termes de restructuration de l'appareil productif. D'autre part, les droits de douane ne doivent pas être trop élevés : compte tenu de la dépendance de l'industrie iranienne en importations, fixer ces droits de douane à un niveau trop élevé reviendrait à imposer les exportations.

La libéralisation du commerce extérieur ne concerne pas seulement l'ouverture des frontières, elle doit également permettre un essor des exportations. Ceci devrait être possible si on applique les mesures présentées dans le chapitre précédent. Un élément important dans ce contexte est le choix du régime de change. Faut-il un régime de change fixe ou semi-fixe ? Un système de taux de change fixe serait difficile à gérer pour l'Iran compte tenu de la sensibilité de l'économie et du change aux variations du prix du pétrole. Par ailleurs, le taux de change doit pouvoir rester

---

[128] *Mc Kinnon, R. I. (1991), p. 162-193.*

relativement flexible, sachant les problèmes de compétitivité de l'industrie iranienne et les chocs exogènes qu'elle peut être amenée à subir[129]. En outre, le rôle encore mineur joué par le taux d'intérêt rendrait difficile une politique de change fixe. Toutefois, un régime de change fixe pourrait également constituer un élément positif en permettant d'établir un ancrage nominal dans une économie dollarisée. Le choix d'un objectif de change semble indispensable dans une économie comme l'Iran afin de sortir d'un régime d'inflation élevée. Un système de change semi-fixe apparaît donc plus adapté si parallèlement un *policy mix* restrictif est appliqué. Cette dernière condition apparaît indispensable pour accroître la crédibilité de la politique économique, ce qui minimiserait le coût en terme d'activité d'une politique de change semi-fixe[130]. Un système de change semi-fixe, aux bandes suffisamment larges, permettra de préserver à la fois la stabilité monétaire et la compétitivité de l'industrie. Ce système est notamment cohérent avec une politique monétaire se fixant comme objectif un taux de croissance de la masse monétaire tout en veillant à une relative stabilité du taux de change. Par ailleurs, l'une des leçons que l'on peut tirer de la reconstruction des économies d'Europe de l'Ouest, après la deuxième guerre mondiale, est le fait qu'une monnaie surévaluée peut considérablement freiner les exportations[131].

Enfin, il faut prendre en compte deux éléments importants pour assurer la réussite de cette politique de libéralisation du commerce extérieur :

• la réussite de ce type de politique implique une complète restructuration de l'appareil productif. C'est cette condition qui a entraîné la réussite de l'ouverture économique de l'Espagne et du Portugal et l'échec dans le cas de la Grèce dans les années 1980.

• le risque existe que la mise en place d'une politique monétaire stricte rende difficile l'obtention de financements, en particulier pour les entreprises capables de supporter le choc de la libéralisation mais ayant besoin de financements pour réorganiser

---

[129] *Aghevli, B.B., Khan, M.S., Montiel, P.J. (1991), p. 5.*
[130] *Aghevli, B.B., Khan, M.S., Montiel, P.J. (1991), p. 19.*
[131] *Gros, D., Steinherr, A. (1995), p. 146.*

leur production. Dans ces conditions, les "bonnes" entreprises risquent de s'allier aux "mauvaises" entreprises pour faire du lobbying et s'opposer à la libéralisation du commerce extérieur. Mc Kinnon[132] considère ainsi que, pendant la période de stabilisation, il ne faut pas accorder de nouveaux crédits, les entreprises se finançant par autofinancement ou en faisant appel à des marchés de capitaux (que l'on développerait). Une telle solution n'apparaît pas vraiment viable en Iran. Les banques devraient être autorisées à faire de nouveaux crédits tout en étant plus sélectives. En outre, des institutions financières spécialisées pourraient accorder des financements bonifiés aux entreprises exportatrices.

3 - Privatisation des secteurs ayant un potentiel de développement à l'exportation

Parallèlement à la libéralisation du commerce extérieur, il faudrait procéder à la privatisation des secteurs disposant d'un potentiel de développement de leurs exportations : l'industrie agroalimentaire, l'industrie du cuir, l'industrie textile et l'industrie de la construction. La privatisation en Iran devra respecter deux conditions : la transparence et l'efficacité. La première condition est liée au fait que, compte tenu du mode de fonctionnement de l'économie iranienne, il existe de nombreux réseaux proches du pouvoir prêts à accaparer la plupart des entreprises qui vont être mises en vente. Or, l'adhésion populaire aux réformes étant nécessaire, une telle éventualité pourrait avoir un effet désastreux. En outre, de telles privatisations iraient à l'encontre de l'objectif politique de création d'une société civile. La deuxième condition est évidente du fait de la nécessité d'introduire plus d'efficacité dans un système économique rentier.

Les entreprises dans ces secteurs devraient être privatisées par ventes d'actifs sur le marché ou par enchères. L'investissement étranger pourrait là encore jouer un rôle décisif. Ainsi, son

---

[132] Mc Kinnon, R. I. (1991).

développement peut être un moyen efficace de favoriser le développement du secteur privé, notamment en ce qui concerne les petites et moyennes entreprises, comme cela a été observé en Pologne[133]. Le personnel des sociétés concernées aurait la possibilité de racheter les entreprises avec une décote. L'Etat devra faire en sorte que ces privatisations s'effectuent avec le maximum de transparence. Le risque que ces opérations profitent aux réseaux proches du pouvoir est néanmoins relativement faible. Ces derniers seront sans doute peu intéressés par des entreprises qui vont se retrouver en situation de forte concurrence une fois privatisées.

4 - *Privatisation des autres secteurs*

Se pose ici la question du choix entre une privatisation radicale ou graduelle ? Faut-il directement supprimer les subventions et procéder à une privatisation de masse ou bien faut-il engager une restructuration totale avant de privatiser ?

Un certain nombre d'arguments en faveur d'une privatisation rapide du secteur public iranien semblent valides. Ainsi, une privatisation rapide peut être considérée comme la méthode idoine dans la pesanteur d'une économie rentière. Comme cela a déjà été signalé depuis le début de ce travail, nous sommes en présence d'une économie rentière qui présente des caractéristiques structurelles très fortes. Il ne s'agit pas simplement de caractéristiques tenant au fonctionnement macroéconomique du système comme par exemple le poids des recettes pétrolières dans les recettes budgétaires ou les exportations. Il s'agit également de pratiques, de comportements des agents économiques façonnés par des décennies de système rentier qui privilégient notamment le commerce et le rôle d'intermédiaire à la fonction d'investisseur et de producteur. Face à ces pesanteurs structurelles, une privatisation graduelle peut sembler insuffisante pour conduire à une véritable évolution. Un autre argument pouvant être avancé est le fait que, même si sa part dans l'économie a été réduite depuis la révolution,

---

[133] *Aghion, P. and Blanchard, O. (1994), p. 312.*

il existe un secteur privé en Iran. Celui-ci a d'ailleurs été actif dès la fin du dix-neuvième siècle dans le secteur manufacturier[134]. Il existe également une culture du capitalisme en Iran, culture restée vivace en dépit du développement du rôle de l'Etat dans l'économie depuis la révolution. On peut ajouter à ce sujet qu'une privatisation rapide serait également adaptée au système économique spécifique mis en place depuis la révolution qui n'est ni tout à fait privé, ni tout à fait public. En effet, si le secteur public représente près de 70 % de l'ensemble de l'économie (si l'on inclue les fondations religieuses), il subsiste un secteur privé actif. Par ailleurs, le commerce extérieur n'est pas géré de manière centralisée et est surtout contrôlé par le gouvernement par le biais de licences d'importation ou d'un système de change à taux multiples. D'autre part, le gouvernement a laissé se développer un secteur informel très important en ne contrôlant pas de manière excessive le taux de présence des fonctionnaires et en imposant très faiblement les emplois à temps partiel[135]. Dans ces conditions, une privatisation rapide et massive serait indicative d'un choix sans ambiguïtés en faveur du secteur privé. En outre, cela donnerait l'opportunité de réintégrer le secteur informel dans le secteur officiel.

Néanmoins, une privatisation graduelle semble plus adaptée à la situation économique et politique de l'Iran actuel. L'argument principal est que, dans le cas spécifique d'une économie rentière comme celle de l'Iran, une privatisation rapide ne permettra pas de constituer les noyaux stables d'actionnaires nécessaires pour mettre en place un gouvernement d'entreprise efficace. Un risque majeur est que, dans le cas de l'Iran, des privatisations rapides sans contrôle suffisant de l'Etat permettent aux réseaux "d'initiés" de récupérer les entreprises rentables et de laisser les autres au public ou aux employés. La situation de l'Iran est en fait ici très proche de celle de la Russie où des coalitions rassemblant des managers internes à l'entreprise et des propriétaires extérieurs ont réussi à s'approprier bon nombre d'entreprises en bafouant les droits des

---

[134] *Khalatbari, F. (1994), p. 180-181.*
[135] *Khalatbari, F. (1994), p. 121.*

petits actionnaires lors des privatisations de masse[136]. L'environnement politique iranien est tout à fait prêt à faire de privatisations précipitées l'occasion d'une recomposition des droits de propriété articulant intérêts privés et publics, ce qui remettrait en cause la légitimité même du processus de privatisation. On peut remarquer à ce sujet que dans certaines économies en transition, la privatisation a conduit, du fait d'un environnement très incertain et de la nécessité de répartir les risques, au développement de structures mixtes "hybrides" où les intérêts publics et privés sont étroitement mêlés[137]. Une telle évolution en Iran ne serait sans doute pas favorable à l'introduction d'une plus grande efficacité dans le système économique, soit l'objectif principal des réformes. Il est donc préférable de privatiser graduellement pour mettre en place les noyaux durs dans l'actionnariat. Un autre argument est le fait qu'un transfert de propriété du secteur public vers le secteur privé ne va pas de lui-même modifier le mode de gestion de l'appareil productif en le rendant moins dépendant de l'Etat. En effet, il n'est pas sûr qu'une privatisation de masse rapide parvienne à ce résultat si les mentalités et les pratiques ne changent pas. Dans le cas de la transition en Pologne, la réforme du système bancaire (ce dernier appliquant les critères usuels d'équilibre financier aux entreprises), l'annonce par le gouvernement qu'il ne soutiendrait plus les entreprises publiques en difficulté, la libéralisation des prix et du commerce extérieur ont convaincu les dirigeants des entreprises publiques que leur environnement avait profondément changé et qu'il fallait restructurer leurs entreprises[138]. Enfin, compte tenu des tensions sociales déjà présentes, la récession et la diminution de l'emploi qu'entraînerait une privatisation de masse pourraient être très dangereuse politiquement et remettre en cause le programme de réformes.

Une privatisation graduelle peut donc sembler la solution la plus appropriée. On est en présence d'un appareil productif manquant de compétitivité qui a donc besoin d'une certaine

---

[136] *Andreef, W. (1999), p.106.*

[137] *Ce phénomène a été analysé par David Stark (1996).*

[138] *Pinto, B., Belka, M., Krajweski, S. (1993), p. 254.*

protection pour développer sa compétitivité. Un autre argument qui peut être avancé est le fait que le gouvernement iranien possède une administration capable de gérer ce type de politique. Enfin, au moment de la rédaction de ce livre, l'environnement politique interne reste extrêmement instable. Dans ces conditions, il est probable que, sans un certain nombre d'avancées politiques, une privatisation massive n'est simplement pas pensable. Il faut donc plutôt favoriser l'émergence de nouvelles classes sociales prêtes à s'impliquer dans une économie de marché. Toutefois, ce passage doit être progressif tant ce bouleversement apparaît comme une rupture dans l'histoire économique de l'Iran. On peut d'ailleurs estimer qu'une telle politique de privatisation permettrait peut-être à la classe des grands commerçants d'évoluer et de contribuer à l'émergence d'une véritable classe d'entrepreneurs.

En outre, parallèlement, se pose la question du mode de contrôle de l'entreprise. Faut-il des entreprises privatisées sous contrôle des *insiders* (employés, dirigeants) ou des *outsiders* (situés en dehors de l'entreprise) ? Le modèle standard principal-agent considère que les *insiders*, s'ils ne sont pas contrôlés par les actionnaires, vont rechercher des rentes de situation. De plus, certains considèrent que les *insiders* ne pourront pas procéder à de véritables restructurations car ils n'ont pas la possibilité de procéder à une augmentation du capital et ne disposent pas d'une expertise suffisante[139]. Il est donc nécessaire de procéder à une privatisation faisant appel à des *outsiders*. L'étude de cas de Frydman & al[140] prouve que, globalement, le contrôle des *outsiders* donne des meilleurs résultats que le contrôle des *insiders*. Les résultats de ce travail indiquent notamment qu'une entreprise dont le capital est partagé entre ses employés a des performances équivalentes à celles d'une entreprise publique. Toutefois, certains[141] estiment qu'une partie du capital peut être distribuée aux employés. Ils ont une expertise que n'ont pas les *outsiders* et leur

---

[139] *Carlin, W. et Aghion, P. (1996).*

[140] *Frydman, R., Gray, C., Hessel, M., Rapaczynski, A.(1997).*

[141] *Blanchard, O., Dornbusch, R., Krugman, P., Layard, R., Summers, L. (1991), pp. 52-53.*

statut d'actionnaire va les conduire à gérer l'entreprise de manière efficace. Trancher de manière définitive ce débat n'a en fait peut-être pas grande importance. L'analyse des études de cas révèle qu'il existe une grande diversité des relations entre les formes de propriété et la restructuration. Ainsi, "ceci laisse pressentir que, pour la trajectoire de la transition, le gouvernement d'entreprise est plus important que la propriété proprement dite[142]". Cette remarque s'adapte parfaitement au cas de l'Iran où un contrôle des *outsiders* ne conduira pas automatiquement à une restructuration des entreprises. Seuls le secteur privé, les *bazaris* et les réseaux proches du pouvoir auront la capacité financière de racheter les entreprises. Or, les *bazaris*, ou ces réseaux, sont surtout intéressés par des profits à court terme. On peut donc craindre qu'ils entrent dans une logique de "pillage" de l'entreprise (en vendant des équipements) ou qu'ils pratiquent une stratégie de "coups" (spéculation, corruption, etc.) qui limite toute possibilité de développement de l'entreprise. Dans le cas de l'Iran, il est sans doute essentiel que les dirigeants des entreprises publiques ou privées prennent conscience que les règles du jeu ont changé et qu'il ne faut plus compter sur le soutien de l'Etat. Par contre, le secteur privé iranien peut jouer un rôle efficace en tant qu'actionnaire externe et favoriser les restructurations indispensables.

Un autre débat concernant les privatisations porte sur le choix du mode de transfert. Faut-il vendre les entreprises ou distribuer gratuitement les droits de propriété ? Un certain nombre d'arguments ont été avancés en faveur d'une distribution gratuite du capital. Gros et Steinherr[143] considèrent qu'une telle méthode est cohérente avec l'idée de justice sociale, qu'elle permet de faire table rase par rapport à l'ancien système, qu'elle conduit à un large soutien politique. En outre, une telle stratégie implique qu'il n'y aura pas d'évaluation de la valeur des entreprises, tâche extrêmement complexe compte tenu du degré élevé d'incertitude

---

[142] *Andreef, W. (1999), p. 109.*
[143] *Gros, D., Steinherr, A. (1995).*

quant à l'avenir. Enfin, Blanchard & al[144] estiment que seule la nomenklatura a les moyens de racheter les entreprises. Ils considèrent par ailleurs que le degré élevé d'incertitude conduira les acheteurs potentiels à exiger de très bas prix d'achat, ce qui pourrait conduire à des tensions politiques si ces entreprises obtiennent des bons résultats par la suite.

Ces arguments sont cohérents avec la situation iranienne. Légitimer la politique de privatisation implique la plus grande répartition possible des droits de propriété. Sinon, les seuls capables de racheter les entreprises seront les *bazaris*, les réseaux proches du régime, les investisseurs étrangers et les investisseurs iraniens de l'étranger. Toutefois, se pose la question du manque à gagner budgétaire d'un tel procédé. Cette question est essentielle dans le cas de l'Iran. Ce pays, du fait de sa dépendance pétrolière, peut se retrouver dans une situation délicate sur le plan budgétaire et ces recettes liées à des privatisations permettraient de faire face à une telle situation durant la transition. En outre, le rééquilibrage des finances publiques est sûrement la pierre angulaire des réformes en Iran. Le risque est cependant non négligeable que l'existence des recettes budgétaires supplémentaires liées à des privatisations incite les autorités à remettre à plus tard la nécessaire refonte du système fiscal. De plus, le développement du secteur privé est en soi une garantie de hausse des recettes liées à l'imposition des sociétés. Toutefois, une privatisation gratuite pourrait conduire à des tensions politiques dans un environnement où subsistent des résistances à la privatisation[145]. De plus, une telle distribution des droits de propriété risque d'aboutir à un fiasco total. Si les actions sont négociables, elles vont être transformées en moyens de paiement et cela revient à distribuer gratuitement de la liquidité, ce qui est l'introduction d'un facteur d'inflation supplémentaire. Si les actions ne sont pas négociables, il n'y aura

---

[144] *Blanchard, O., Dornbusch, R., Krugman, P., Layard, R., Summers, L. (1991).*
[145] *On peut s'attendre en effet à ce que certains accusent le gouvernement de "brader" le patrimoine national. Ce type d'accusation pourrait rencontrer un certain soutien populaire si les privatisations aboutissent in fine à un contrôle par les actionnaires étrangers.*

pas de contrôle de propriété[146]. En outre, il serait bien naïf de croire que ce type de privatisation ne profitera pas *in fine* aux réseaux proches du pouvoir. Une distribution gratuite des droits de propriété est la meilleure manière de faire apparaître, comme en Russie, des coalitions rassemblant des managers internes à l'entreprise et des propriétaires extérieurs qui ne respecteraient pas les droits des petits actionnaires. Une privatisation par ventes d'actifs sur le marché ou par enchères est donc préférable. Cela permettrait en outre un développement du marché des valeurs et un apprentissage du mode de fonctionnement d'une économie de marché.

On pourrait procéder de la manière suivante en matière de privatisation. Concernant les entreprises de petite taille ne disposant pas de pouvoir de monopole, il faudrait procéder à une privatisation classique par ventes d'actifs sur le marché ou par enchères. Un élément important dans la réussite de ce programme de privatisation serait de laisser la possibilité aux investisseurs étrangers de racheter les entreprises publiques tout en limitant leur part dans le capital. Cette disposition est capitale si l'on considère le rôle décisif que pourraient jouer ici les Iraniens expatriés.

Concernant les entreprises publiques de taille plus importante, la méthode polonaise semble la plus adaptée à la situation de l'Iran. Il faudrait donc procéder à une restructuration des entreprises publiques avant leur privatisation. On pourrait imaginer la création de holdings publics, responsables devant l'Etat, mais dotés d'un pouvoir financier indépendant du gouvernement et du Parlement[147]. Ces holdings contrôleraient une part du capital détenu dans un ensemble de firmes et procéderaient à leur restructuration. Les dirigeants de ces holdings disposeraient d'une grande autonomie en matière de décisions. Leurs directions devraient être constituées de petites équipes composées d'experts financiers, industriels, de

---

[146] *Ces critiques qui concernaient la possibilité d'une privatisation gratuite de masse en Russie sont parfaitement adaptées au cas iranien. Voir Michel Aglietta et Pierre Moutot (1993).*
[147] *Cette proposition a été faite dans le cas de la Russie. Voir Aglietta, M., Moutot, P. (1993).*

gestionnaires provenant des secteurs public ou privé. En fait, l'Iran dispose d'un potentiel très important dans ce domaine. Une dotation en capital de l'Etat serait indispensable au démarrage. Des augmentations de capital pourraient provenir de la participation d'institutions financières, d'emprunts obligataires, et de participations étrangères. D'autre part, le gouvernement procéderait à une annulation initiale de l'ensemble des dettes du secteur public vis-à-vis du système bancaire (parallèlement, les créances sur le secteur public seraient donc sorties du bilan des banques). A terme, il serait envisageable de privatiser des holdings et de les coter en Bourse. Ce type de privatisation serait tout à fait intéressant car il permettrait de constituer des noyaux durs d'actionnaires qui continueraient d'orienter la politique de développement de ces entreprises privatisées.

La mise en place du processus de privatisation pose également le problème de ses possibles répercussions sur l'emploi et les finances publiques. Même si le processus de privatisation est graduel et implique une phase de transition, il est fort probable que le chômage risque de se développer si les pertes d'emplois liées à la restructuration des entreprises publiques ne sont pas compensées par les créations d'emplois du secteur privé. Ceci signifie que les autorités doivent veiller à favoriser le développement du secteur privé : création d'un environnement fiscal et législatif stable, diminution des pesanteurs administratives, restructuration et développement du système financier. L'investissement étranger pourrait là encore jouer un rôle décisif. Le développement de l'investissement étranger peut, ainsi, être un moyen efficace de favoriser le développement du secteur privé, notamment en ce qui concerne les petites et moyennes entreprises, comme cela a été observé en Pologne[148]. Il est clair que le développement du secteur privé sera facilité par une libéralisation des prix et la lutte contre les monopoles grâce à l'ouverture du commerce extérieur. Un élément qui semble particulièrement important dans le cas de l'Iran est de développer le niveau de concurrence. Ainsi, comme il a déjà

---

[148] *Aghion, P. and Blanchard, O. (1994), p. 312.*

été précisé, ceci implique de réintégrer les fondations religieuses dans le secteur public. Cela nécessite également que les dirigeants des holdings publics chargés de restructurer les entreprises publiques fassent pression sur les entreprises publiques pour que celles-ci développent une logique de profit et d'équilibre financier sans aide de l'Etat.

L'impact sur les finances publiques de cette méthode de privatisation apparaît gérable. D'une part, le gouvernement bénéficiera de recettes supplémentaires liées à des ventes d'actifs. D'autre part, la restructuration des entreprises publiques s'accompagnerait de l'annonce par le gouvernement d'une diminution graduelle et inexorable des subventions. Compte tenu de la culture de "l'initié" qui règne en Iran, il est évident que les entreprises publiques essaieront d'utiliser leurs réseaux pour obtenir des avantages (financements bancaires, allocations de change, autorisations administratives diverses, modification de la législation, etc.). On voit donc bien que l'une des solutions à ce problème est de nouveau que les dirigeants d'entreprise publique prennent conscience que leur environnement économique et financier a profondément changé. Les activités quasi-budgétaires diminueront du fait d'une évolution de l'attitude des banques et les dirigeants des holdings publics exigeront que le secteur public s'oriente vers la recherche du profit. La restructuration du système financier est donc l'une des conditions nécessaires à la réussite de cette politique de privatisation.

5 - *Pour un système financier simple et robuste*

Parallèlement au processus de privatisation, un besoin croissant de capital va se faire sentir pour financer le développement des entreprises privatisées. Or, ces entreprises n'auront pas ou peu, la possibilité de s'autofinancer. Il est donc indispensable de mettre en place un système d'intermédiation financière pour effectuer le transfert de l'épargne des ménages vers les entreprises. Ce système devra être simple, robuste et capable d'augmenter sa crédibilité avec le temps. Comme l'indiquent Blanchard & al[149], ce dont ont besoin les économies en transition n'est pas une prolifération de produits financiers et de produits dérivés mais plutôt de quelques instruments de base : dépôts bancaires, et fonds d'investissement ou de pension. Ces réformes passent d'abord par une redéfinition du rôle de la Banque Markazi.

a - Un nouveau rôle pour la Banque Markazi

Pour un rééquilibrage des relations avec l'Etat

Une des conclusions de cette analyse est que le mode de relation de la Banque Markazi avec l'Etat est au cœur des dysfonctionnements du système économique et financier iranien. La question du degré d'indépendance de la Banque Centrale d'Iran se pose donc.

Il semble clair que les relations entre le gouvernement et la banque centrale devraient être plus équilibrées. Cela suppose que d'importantes réformes de la politique fiscale se mettent en place. Ces réformes viseront à la fois à bâtir un véritable système fiscal mais aussi à limiter les activités de type quasi-budgétaire.

Toutefois, si des réformes des finances publiques sont mises en place, se pose la question du type d'indépendance qu'il faudra accorder à la BCI. Il faut se garder de "fétichiser" l'indépendance de la BCI. Plus qu'une indépendance institutionnelle et exclusive, la Banque Markazi a besoin de définir un mode de coopération avec le gouvernement qui leur permette de travailler ensemble et de résoudre d'éventuels différends. Plus particulièrement, la Banque Centrale d'Iran et le gouvernement doivent en premier lieu se mettre d'accord pour mener une véritable politique monétaire qui prenne en compte l'état de l'économie et non pas les besoins de financement du gouvernement. Un certain nombre de travaux ont d'ailleurs mis en avant l'importance des arrangements formels ou informels qui peuvent permettre au gouvernement et à la banque

---

[149] *Blanchard, O., Dornbusch, R., Krugman, P., Layard, R., Summers, L. (1991), pp. 77-78.*

centrale de travailler ensemble tout en établissant le degré de transparence maximum[150]. Le degré de transparence est d'ailleurs un des éléments importants qui peuvent permettre à la BCI de développer sa crédibilité. Cette transparence peut aussi permettre à la BCI de devenir plus responsable. La notion de responsabilité apparaît ainsi comme l'un des éléments les plus importants qui peut permettre à la BCI de devenir plus crédible. Un mode de fonctionnement approprié du lien sphère politique-BCI pourrait impliquer un développement des relations entre la BCI et le parlement.

Toutefois, ces relations ne pourraient pas se mettre en place trop vite compte tenu du caractère encore instable de l'environnement politique. Faut-il alors une nouvelle loi monétaire accordant une véritable indépendance à la BCI ? On peut estimer que les changements législatifs ont déjà été assez importants avec la mise en place de la loi sur les opérations bancaires sans usure en 1984. Toutefois, il apparaît important de définir une nouvelle loi monétaire compte tenu du fait que la loi de 1984 reflétait une logique de fonctionnement "non économique" (cf. chapitre IV). D'autre part, il importe également de faire comprendre aux agents économiques que ces réformes ont un caractère irréversible. En outre, comme le font remarquer Gros et Steinherr[151], une indépendance institutionnelle est nécessaire dans un environnement où les gouvernements et les parlements manquent de stabilité, de compétence et d'impartialité pour garantir une politique monétaire rigoureuse. De plus, il peut être très avantageux de déterminer dans cette loi les objectifs que devra atteindre la BCI indépendante plutôt que de devoir définir ces objectifs dans une situation économique marquée par le chômage et la disparition de nombreuses entreprises publiques.

Restructuration du bilan de la BCI

La BCI doit devenir une institution qui garantisse la solidité du

---

[150] *On peut voir à ce sujet Castello-Branco, M., Swinburne, M. (1991).*
[151] *Gros, D., Steinherr, A. (1995), pp. 200-201.*

système financier. Il est indispensable à cet égard que son bilan soit assaini car elle a été très souvent en déficit ces dernières années et cette situation est préjudiciable pour la santé de la monnaie ainsi que pour la crédibilité du système financier. C'est au gouvernement de remédier à cet état de fait. Jusqu'à présent, les autorités ont été très passives dans ce domaine en se contentant de laisser progresser dans le bilan la part des éléments non monétaires qui, avec l'inflation, augmente plus vite que celle des crédits au gouvernement. Selon la loi monétaire et bancaire de 1972, l'accroissement du revenu de l'Etat dû à une dévaluation doit d'abord servir à assurer le remboursement (intérêt et capital) des dettes du gouvernement vis-à-vis de la banque centrale mais ces dispositions n'ont pas été respectées après la dévaluation de 1993-1994.

Vers une régulation monétaire indirecte

La BCI pourrait se doter d'instruments lui permettant de mener une politique monétaire plus efficace et moins dirigiste. Il est ainsi logique que le développement du système financier s'accompagne de la mise en place progressive d'une régulation indirecte du système financier.

Le taux d'intérêt doit donc jouer un rôle central dans le système bancaire. Mc Kinnon[152] estime que la libéralisation du système financier devrait faire que, dans un premier temps, les prêteurs et les emprunteurs respectivement, reçoivent et payent des annuités basées sur des taux d'intérêt réels positifs. Une telle situation permettrait d'accroître le rôle du système bancaire officiel par rapport aux systèmes de financement parallèles (caisses de finance islamiques, bazar). Un rôle accru du taux d'intérêt donnerait, en outre, l'opportunité de gérer le système de change semi-fixe plus efficacement. Un tel objectif nécessite également que le système bancaire soit apte à supporter une certaine variabilité du taux d'intérêt.

Il est également important de renforcer les marchés

---

[152] *Mc Kinnon, R. I. (1991).*

interbancaires en devises. La création d'un marché monétaire et de véritables marchés des capitaux s'impose comme l'une des priorités des réformes en cours dans le cadre de la libéralisation économique. On comprend mal à ce propos pourquoi la BCI a d'abord essayé de développer le marché boursier à Téhéran. La création d'un véritable marché des liquidités pour les banques apparaît bien plus urgente et aurait permis à la BCI de développer les marchés de capitaux à partir d'une base saine. Il existe une relation clairement établie entre l'évolution de la politique monétaire et le développement graduel de véritables marchés monétaires[153]. Développer un système de paiements interbancaires donnerait la possibilité à la banque centrale d'avoir un lieu où elle peut observer quotidiennement les besoins de liquidité des banques. La mise en place d'un marché monétaire permettrait également d'effectuer une véritable réflexion sur le statut actuel des banques secondaires et surtout sur leur capacité à dégager des ressources. Toutefois, la création d'un tel marché apparaît bien difficile tant que la loi sur les opérations bancaires sans usure est en vigueur. Il faudrait, en effet, trouver un produit financier négociable et n'assurant aucune annuité d'intérêt. D'autre part, si ce problème est réglé, il est probable que, dans un premier temps, c'est la BCI qui devra animer le marché interbancaire. Parallèlement, il faudra sans doute développer les opérations de compensation pour améliorer le fonctionnement du système de paiement et le marché interbancaire. L'encadrement du crédit devrait être utilisé jusqu'au moment où les entreprises seront sensibles au taux d'intérêt. Ce moment sera arrivé une fois la consolidation des dettes passées achevée, lorsque le crédit servira à développer de nouvelles capacités de production sous contrainte de rentabilité. Toutefois, il serait utile alors de mettre en place un marché de désencadrement du crédit entre banques.

Mettre en place une véritable politique prudentielle

De nombreux travaux ont démontré que, dans toutes les

---

[153] *Khan, M.S., Sundarajan, V. (1991).*

expériences passées et présentes de libéralisation du système financier, l'instauration d'une véritable politique prudentielle est une des conditions nécessaires au succès de telles réformes[154]. Cette nécessité a bien sûr été également démontrée avec l'émergence de la crise des économies émergentes d'Asie en 1997. Une véritable politique prudentielle serait donc éminemment souhaitable. L'obligation faite aux banques de souscrire des obligations gouvernementales à hauteur de 36 % de leurs dépôts courants, ne peut pas être considérée comme une mesure allant dans ce sens car c'est seulement un procédé permettant à l'Etat de financer à moindre coût ses dépenses. Un des blocages dans ce domaine semble être dû au fait qu'une politique prudentielle ne peut être mise en place tant que les bilans des banques n'ont pas été restructurés.

Il est nécessaire de mettre en place des ratios prudentiels adaptés[155], d'améliorer le *reporting* des banques (notamment en ce qui concerne leurs engagements en devises), de rendre plus efficaces les procédures de contrôle des banques. Il est en effet indispensable de passer d'une procédure administrative de contrôle, conduisant souvent à des interférences avec le fonctionnement quotidien des banques, à un système de contrôle moins pesant. Le contrôle bancaire ne doit plus avoir comme objectif de vérifier si les établissements bancaires respectent les instructions des autorités mais de veiller à préserver la solidité du système bancaire. Cependant, il faut également veiller à ce que les règlements édictés (en matière de réglementation prudentielle) soient effectivement appliqués. Ces réformes impliquent un travail de formation important. Elles auront également un coût pour les finances publiques. On peut ajouter qu'un autre élément permettant d'assurer la stabilité du système financier est de mener une politique assurant la stabilité macroéconomique. La politique prudentielle doit également viser à contrôler les marchés de

---

[154] *On peut citer par exemple Cho, Y.J., Khatkhate, D. (1989).*
[155] *Gros et Steinherr proposent une adaptation du ratio Cooke qui tienne compte des particularités d'une économie en transition (incertitude, instabilité des institutions, etc.). ; Voir Gros, D., Steinherr, A. (1995), p. 206.*

capitaux. Plusieurs règles devront être mises en place : obligation de diffusion de toute l'information disponible à l'investisseur potentiel, supervision des intermédiaires de marché (capital minimum, contrôle des procédés de gestion des risques, etc.). Toutefois, l'évolution de la politique prudentielle ne pourra qu'être parallèle à une réforme de l'ensemble du système politique, économique et financier : le meilleur système de contrôle bancaire du monde ne peut rien contre le développement de la corruption.

En outre, il est important que la politique de contrôle prudentiel dépasse la simple notion de contrôle et prenne soin d'assurer le développement d'un système financier solide et efficace.

D'autre part, si une partie du système bancaire est privatisée, l'attribution des autorisations de création de banques par les autorités de tutelle sera une fonction d'une grande importance. La tourmente financière Russe de l'été 1998 a, en effet, illustré à quel point autoriser la création de banques fragiles et sous-capitalisées pouvait conduire à des crises de confiance qui affectent l'ensemble du système bancaire. Il faut, en fait, trouver, un juste équilibre entre un nombre suffisant de banques pour assurer une certaine concurrence et une certaine "qualité" pour les nouveaux entrants[156]. Une manière de s'assurer de la "solidité" des nouveaux entrants est de leur demander de satisfaire à un certain nombre de ratios prudentiels (en termes de capitaux propres notamment). Si le choix est fait de privatiser une partie du système bancaire, on peut estimer qu'il sera important d'autoriser les banques étrangères à intervenir en Iran. Toutefois, dans ce cas aussi, les autorités de contrôle devront veiller à ce que l'arrivée de banques étrangères ne conduise pas à une disparition progressive du secteur bancaire iranien.

Il paraît également souhaitable que la BCI continue de remplir sa mission de superviseur du système bancaire compte tenu de son rôle central dans le système économique et financier iranien. Il semble, en effet, que la BCI regroupe la plupart des compétences nécessaires dans ce domaine. Par ailleurs, la création *ex nihilo*

---

[156] *European Bank for Reconstruction and Development, Transition Report (1998), p. 137.*

d'une institution publique chargée du contrôle des banques n'offrirait pas, compte tenu de l'état de développement du système économique et politique, toutes les garanties d'indépendance.

b - Libéralisation du secteur bancaire

On peut d'abord estimer que l'on est en présence d'un système financier réprimé. Il apparaît donc primordial de libéraliser le secteur bancaire pour lui permettre de jouer son rôle d'intermédiaire financier. Cependant, l'état de délabrement du secteur bancaire (du fait notamment du poids des créances douteuses) exige auparavant une restructuration totale[157].

Restructuration du secteur bancaire

La restructuration du système bancaire implique d'accomplir simultanément deux opérations : sortir des bilans bancaires les créances insolvables héritées du passé et recapitaliser les banques. Le système bancaire iranien est en effet extrêmement fragile du fait du poids des créances douteuses dans son bilan et de sa faible capitalisation. Deux méthodes sont possibles :
• une méthode "interne" : les actionnaires ou un organisme financier de consolidation sont chargés à la fois de faire le tri entre les créances des banques à annuler et celles à prendre en charge et à consolider, de veiller aussi à la recapitalisation des banques, de remplacer de la dette par de la dette ("*debt for debt exchange*"), des anciens crédits par de nouveaux en modifiant les conditions et la maturité et des dettes par des participations dans les entreprises.
• une méthode "externe" : transformer les "créances douteuses" en obligations gouvernementales, vendre les créances à leur valeur marchande sur les marchés secondaires.
La méthode "externe" semble plus appropriée à l'Iran compte tenu du sous-développement du système financier et de l'incapacité des banques à devenir rapidement des actionnaires efficaces des entreprises. Il importe donc de prendre en compte que de telles

---

[157] *Mc Kinnon, R. I. (1991), p. 7.*

opérations impliqueront un coût supplémentaire pour les finances publiques. Ce d'autant que l'annulation des créances douteuses devrait concerner l'ensemble des dettes des entreprises publiques. Toutefois, pour limiter ce coût, il faudrait procéder à une opération de compensation entre les mauvaises créances sur le secteur public et les dettes vis-à-vis du secteur public. Pour limiter le coût pour les finances publiques, on pourrait envisager de créer des fonds d'investissement privés en transférant une partie des créances douteuses et des dépôts dans ces fonds.

Faut-il privatiser les banques ?

Une fois la restructuration accomplie, on peut se demander si la privatisation du secteur bancaire constitue l'étape suivante. La privatisation du secteur bancaire et l'ouverture aux banques étrangères présentent *a priori* de nombreux avantages[158] : limitation du poids de l'Etat dans le financement de l'économie, amélioration de la productivité des banques. Toutefois, Mc Kinnon[159] recommande d'être très prudent dans ce domaine et de ne procéder à la dérégulation du système bancaire qu'une fois la stabilisation macroéconomique et la restructuration du système bancaire achevées. Les expériences récentes en Asie démontrent qu'il est également indispensable de mettre en place auparavant un système efficace de supervision du secteur bancaire. Les diverses expériences menées dans ce domaine dans les économies émergentes rappellent que la privatisation n'entraîne pas automatiquement un mode de financement optimal du développement. La vente au secteur privé des établissements de crédit ne conduit pas forcément à une amélioration des capacités d'analyse des projets à financer de ces mêmes établissements. Une privatisation du secteur bancaire ne changera pas forcément les pratiques des banques si elles ont été habituées à financer

---

[158] *European Bank for Reconstruction and Development (1998), p. 140.*
[159] *Mc Kinnon, R. I. (1991).*

automatiquement tel grand groupe privé ou public[160]. Ce problème est particulièrement important en Iran où le risque est grand que les banques commerciales nouvellement privatisées continuent de financer des projets peu rentables du fait de pressions de réseaux politiques puissants et se concentrent pour réaliser des profits importants sur des opérations commerciales de court terme. En effet, la relation de dépendance banque publique-entreprise débitrice ne disparaîtra pas du fait d'un simple transfert au secteur privé du système bancaire. Or, l'économie iranienne a besoin pour développer une industrie non pétrolière compétitive d'un système bancaire qui finance des opérations à long terme et qui soit performant dans son activité de sélection des projets à financer. C'est dans ces conditions qu'une approche graduelle visant à restructurer les systèmes bancaire et financier tout en leur accordant plus d'autonomie afin de développer de nouvelles pratiques basées sur des critères de rentabilité prend tout son sens. Ces objectifs militent pour que le secteur bancaire ne soit pas privatisé dans un premier temps.

Par contre, il faut accorder plus d'autonomie aux banques tout en leur imposant un objectif de rentabilité. Par ailleurs, il faudrait introduire plus de concurrence entre les établissements bancaires. Cette plus grande efficacité devrait permettre aux banques de pouvoir fonctionner sur la base de taux d'intérêt réels positifs. Il serait possible, dans un deuxième temps, de privatiser les banques les plus efficaces sur la base de joint-venture avec des banques étrangères. On peut noter que le gouvernement iranien a autorisé en 2001 la création d'une banque privée pour introduire plus de compétition dans le système bancaire. Pour toutes les raisons précédemment évoquées, on ne peut que rester dubitatif vis-à-vis de telles mesures.

---

[160] *C'est ce qui s'est notamment passé en Corée du Sud où les banques, en dépit de la libéralisation du système financier, ont continué à financer les Chaebols. Voir à ce sujet : Balino, T.J.T and Ubide, A. (1999), p. 16.*

Quel modèle de développement pour le secteur bancaire ?

Le système de banque universelle à l'allemande semble bien adapté à la situation des économies en transition de l'ex-URSS. Ces économies ne disposent pas d'un environnement politique, institutionnel, juridique et économique favorable au développement d'un système de financement de marché. De plus, des banques actionnaires permettraient d'améliorer la gouvernance des entreprises privatisées. L'Iran est dans le même cas. Cependant, l'efficacité de banques actionnaires nécessitera un changement important de leur attitude. Il faut que les banques soient moins perméables aux pressions de toutes sortes. Une telle évolution sera néanmoins plus aisée si les banques ont un objectif de rentabilité. Dans un tel schéma, l'établissement de relations de long terme entre les banques et les entreprises permettrait de limiter l'accumulation des créances douteuses et de disposer d'un actionnaire capable d'imposer une bonne gouvernance aux entreprises.

c - Développer les marchés de capitaux

Même si la priorité est de construire un système bancaire solide, l'économie iranienne a besoin de développer les marchés de capitaux. Cela introduirait plus de concurrence avec le système bancaire dans ses fonctions de collecte et d'allocation de l'épargne. Cela diversifierait les possibilités de placement et devrait donc conduire à augmenter l'épargne intérieure.

Le développement des marchés de capitaux exige d'abord qu'un environnement légal et institutionnel approprié soit mis en place. Il est à ce propos important de définir une nouvelle loi régissant le fonctionnement des marchés de capitaux. En outre, un certain nombre de réformes institutionnelles semblent nécessaires pour améliorer le fonctionnement de la Bourse de Téhéran. Ces réformes devraient permettre de rendre la Bourse plus attractive pour les entreprises. Toutefois, les autorités devront mener parallèlement un travail de pédagogie compte tenu de la réticence traditionnelle des entreprises iraniennes à faire appel aux marchés de capitaux.

Enfin, le recours à l'épargne étrangère à travers le développement de l'investissement direct peut permettre de faire face aux besoins de financement du secteur privé[161].

La difficulté, dans le cas de l'Iran, à définir une séquence appropriée de réformes, vient du fait que l'on est en présence d'un système politique, économique et social qui tire sa cohérence de la prédominance d'une logique politique de redistribution de la rente dans tous les domaines. Le problème est donc de trouver le point de départ qui sera en quelque sorte le point d'application sur lequel s'appuiera l'ensemble des réformes. Il semble que l'ouverture du commerce extérieur iranien puisse être ce point d'application pour les raisons déjà évoquées.

Une autre difficulté provient du fait que la multi-périodicité des réformes conduit à des situations d'irréversibilité. Ceci signifie que la mise en place de certaines réformes "lourdes" engagent l'économie dans des directions où il est impossible de faire machine arrière. Il est donc évident que, dans l'environnement économique de l'Iran actuel marqué par de fortes tensions sociales et une dynamique inflationniste pouvant dégénérer en hyper-inflation, une erreur dans la séquence des réformes "lourdes" pourrait conduire à des effets pervers irréversibles.

Enfin, la question des réformes économiques en Iran implique que l'on distingue deux niveaux d'application. Un premier niveau comprend les priorités de départ, celles qui sont fonctionnelles à l'économie. Il s'agit ici d'analyser les changements économiques et techniques qui devront être effectués pour améliorer le fonctionnement du système économique. Toutefois, la régulation qui s'opère au niveau de la société est également décisive. Il existe notamment de nombreuses interactions entre la dynamique sociale et les réformes fonctionnelles du premier niveau, notamment dans un pays comme l'Iran qui est dans une logique d'économie rentière. Il est donc capital d'analyser maintenant si les évolutions possibles de l'environnement politique peuvent favoriser la mise en place de ces réformes.

---

[161] *Blanchard, O., Dornbusch, R., Krugman, P., Layard, R., Summers, L. (1991), pp. 78-81.*

V - Vers un environnement politique favorable a la mise en place de reformes ?

Une des principales conclusions de ce travail est qu'il existe, dans le cas d'une économie rentière comme celle de l'Iran, une très forte cohérence entre l'ordre monétaire, politique et social depuis la révolution. Dans ces conditions, les réformes économiques devront s'accompagner de la mise en place d'un nouvel ordre politique et social. La libéralisation économique nécessite en effet que le régime politique se démocratise. Plus particulièrement, elle implique qu'un nouveau type de "contrat" soit passé entre l'Etat et les citoyens. Dans le cas contraire, une libéralisation économique risque de faire de la République islamique une coquille vide où les anciennes solidarités assurant une certaine cohérence sociale auront disparu et où le caractère dictatorial du régime ne fera qu'empirer. Cette question a en fait deux dimensions. Est-ce que les évolutions politiques récentes reflètent une véritable démocratisation du régime ? Si oui, est-ce que les forces politiques en présence auront la volonté de mettre en œuvre de véritables réformes économiques ?

1 - Les évolutions politiques en cours reflètent-elles une véritable démocratisation du régime ?

Les évolutions politiques récentes ont surpris la plupart des observateurs. Or, il est impératif de comprendre que ces évolutions ne sont en rien accidentelles. Elles résultent d'une structure politique complexe et paradoxale, de dissensions politiques à l'intérieur du régime islamique ainsi que de l'émergence d'une société civile.

a - Les mouvances de la République islamique

Depuis sa naissance, la République islamique est traversée de courants qui, derrière le "voile islamique", défendent une vision de la société plus ou moins démocratique ou libérale[162]. En fonction des circonstances et de ses objectifs, l'ayatollah Khomeyni mettait en avant l'un ou l'autre de ces courants. Ces courants ou "sous-systèmes" pour reprendre l'expression de Nomani et Rahmena[163] étaient les suivants :

Le sous-système de l'ayatollah Motahhari

L'ayatollah Motahhari était l'une des plus importantes figures "intellectuelles" du clergé iranien au moment de la révolution. Il a joué un rôle décisif au début de la révolution en tant que porte-parole de l'idéologie islamique. L'objectif de Motahhari était de réformer l'image traditionnelle de l'islam et d'améliorer la structure organisationnelle du clergé afin de le protéger contre les courants islamiques radicaux populaires chez les jeunes qui récusaient le rôle "d'intermédiaire" du clergé. Motahhari était favorable à un retour à une identité islamique et s'opposait aux valeurs de la culture occidentale. Il raisonnait à partir de l'individu capable de se transformer et divisait la société en croyants et non-croyants. Pour lui, aucune classe sociale n'a le monopole de la foi. Il s'opposait ainsi clairement à ceux qui, à partir d'une vision "marxiste", concluaient que l'Islam considérait les déshérités comme la seule classe sociale porteuse d'une mission divine. Motahhari était clairement opposé à un système politique démocratique qu'il pensait incompatible avec un système politique islamique. D'autre part, il estimait que le clergé iranien devait réformer ses structures et être capable de jouer un rôle moteur dans l'évolution de la société et de se prononcer sur des problèmes comme la distribution équitable des revenus, la justice sociale, la notion de souveraineté nationale. Enfin, Motahhari tenait un discours pro-capitaliste et s'opposait à toute politique autoritaire de redistribution des richesses.

---

[162] Ceci est très bien décrit par Farhad Nomani et Ali Rahnema (1990).
[163] Farhad Nomani et Ali Rahnema (1990).

Le sous-système d'Ali Shariati

Ali Shariati est un intellectuel islamiste qui est souvent décrit comme le grand idéologue de la révolution. Shariati a en fait construit un islam radical et révolutionnaire en s'inspirant de la théorie marxiste. Il a interprété le message du Coran sur la base d'une lutte des classes entre les oppresseurs qui monopolisent les pouvoirs religieux, économiques et politiques et les déshérités dépossédés de ces pouvoirs. Selon Shariati, la lutte contre les oppresseurs a été menée historiquement par les prophètes qui étaient des leaders conscients des problèmes sociaux. Il s'opposait à ce que le clergé ait le monopole de la médiation entre les hommes et Dieu. Il accusait cette classe de devenir une aristocratie religieuse et de justifier les inégalités et les injustices existant dans la société. Il réclamait une société équitable basée sur la disparition de la propriété privée. Il défendait par ailleurs une vision totalitaire de l'islam politique : le leader religieux doit avoir tous les pouvoirs et n'être responsable que devant Dieu durant la phase de transition devant mener à la société idéale. Shariati a suscité un profond enthousiasme chez les jeunes et les intellectuels à la recherche d'une idéologie radicale et progressiste qui leur permette de conserver leur identité islamique. Paradoxalement, ses discours et ses théories étaient trop occidentalisés pour être bien compris par les masses "déshéritées".

Le sous-système de Navab-Safavi

Navab-Safavi a surtout été connu pour avoir dirigé, dans les années 1950 une organisation s'appelant les Fedayian-e Islam (ou Dévôts de l'Islam). Il n'était pas un intellectuel et était partisan d'un Islam combatif. Il était résolu à employer des méthodes terroristes afin d'établir une société basée sur la Sharia (ou loi de l'Islam). Son audience était surtout composée des catégories de la population déstabilisées par l'évolution de la société sous le Chah. Ces déclassés étaient pour la plupart d'anciens paysans émigrés en ville. L'Islam de Navab-Safavi les attirait car il leur présentait un monde stable et imperméable aux changements apportés par l'occidentalisation. Ce courant de pensée ne défend aucun système politique ou social en particulier. Le seul critère dans tous les domaines, publics et privés, doit être l'orthodoxie islamique. Navab-Safavi était d'autre part violemment xénophobe, et partisan d'isoler au maximum les Iraniens de toute influence étrangère.

Le sous-système de Mehdi Bâzargân

Bâzargân est un personnage important de la scène politique iranienne. De formation scientifique, il fut nommé Premier ministre en 1979. Il démissionna par la suite pour être un opposant déclaré aux gouvernements suivants. Bâzargân défend la version d'un Islam pacifique et tolérant. Tout en ressemblant beaucoup à la pensée de Motahhari, les théories de Bâzargân en divergeaient sur deux points :

• Bâzargân considère que la liberté et la démocratie sont les bases de l'Islam

• il est contre une intervention sans limites des phénomènes religieux dans la vie politique et veut associer, contrairement à l'ayatollah Khomeyni, Islam et nationalisme sans qu'une notion ne prenne le pas sur l'autre.

En matière d'économie, il est favorable à un système mixte dans lequel le secteur public s'occupe des domaines que le secteur privé est incapable de gérer. Il est d'autre part violemment opposé à la philosophie marxiste.

Selon les circonstances et ses objectifs, l'ayatollah Khomeyni a mis en avant l'un ou l'autre de ces courants sans jamais trancher définitivement pour l'un d'entre eux. Ces différentes mouvances ont donc, tour à tour, exercé une influence dominante dans le régime. Il existait donc à l'intérieur du régime un débat assez vif entre ces différents courants. Toutefois, ils étaient unifiés par la présence d'un leader incontesté. Après la mort de Khomeyni, ces mouvances se sont différenciées de manière croissante en dépit de l'absence de véritables partis. Peu à peu, sont apparus :

• une gauche "conservatrice", attachée à une économie étatique et à un parti unique.

• une gauche "moderniste". Celle-ci était marquée par une vision marxisante de la société dans la ligne de Shariati. Puis, à la suite de son échec électoral lors des élections législatives de 1992, craignant de plus une démobilisation de la société civile[164], cette mouvance a entrepris un important travail de "reconstruction" pour aboutir à un projet politique reposant sur une société civile basée sur la loi et la liberté. Elle s'est déclarée en faveur du multipartisme et d'un Etat de droit.

• une droite conservatrice. On peut rattacher cette tendance au sous-système de Motahhari. Ce courant conjugue des vues traditionnelles sur la moralité islamique et une vision du système économique où le secteur privé aurait un rôle moteur.

• une droite "moderniste" enfin, qui est favorable à la libéralisation économique, à la création de partis politiques dans le cadre de la constitution et à un certain assouplissement de la morale islamique. Cette mouvance reprend en fait à la fois des thèmes des courants de Motahhari et de Bâzargân. Ce courant s'est en fait développé dans le sillage du Président de la République de 1989 à 1997, Hashemi Rafsandjani.

• un courant nationaliste religieux qui défend la ligne de Bâzargân. Ce courant se situe clairement dans l'opposition au régime islamique.

Or, cette différenciation progressive des courants politiques s'est accompagnée d'une alliance, avant les élections présidentielles du printemps 1997, de la droite et de la gauche "modernistes" derrière la candidature de Mohammad Khatami. La victoire écrasante de ce dernier (70 % des voix avec un taux de participation de 80 %) face au candidat de la droite traditionnelle, Nategh Nouri, alors président du Parlement, a marqué la victoire des "modernes" contre les "anciens". Puis, ce succès a été confirmé par les élections législatives en 2000, victoire d'autant plus significative que le chef de file de la droite moderniste s'était alors

---

[164] *Le taux de participation aux élections législatives de 1996 n'a atteint que 49 %. Voir à ce sujet Kian, A. (1998), pp. 31-52.*

rangé du côté des conservateurs pour cette élection, par la très large réélection de Khatami en 2001. Il est intéressant de noter que Khatami a bénéficié du soutien critique des nationalistes-religieux depuis son élection.

b - Une dynamique sociale

L'évolution politique de l'Iran dans les années 1990 n'est donc en rien un accident mais résulte plus d'une dissociation croissante des différents courants de pensée existant à l'intérieur du régime et d'une maturation progressive de certaines mouvances vers une vision plus moderne de leur projet politique. Cette évolution politique est de plus portée par une dynamique sociale qui traverse l'Iran depuis la révolution. La société iranienne se complexifie et aspire à la modernité et à l'ouverture sur l'extérieur. Cela est dû à plusieurs facteurs :

• les comportements démographiques. La population a quasiment doublé depuis la révolution pour passer de 33,7 millions en 1976 à 63,9 millions en 2000. On est donc face à une population extrêmement jeune (près de 40 % a moins de 14 ans). Parallèlement, les comportements démographiques se sont rapprochés des normes des pays développés : la population urbaine est désormais majoritaire (61 %), l'âge moyen du premier mariage a augmenté, la mortalité infantile et la fécondité ont diminué.

• un effort très important en matière d'éducation. Le régime a réussi à élever le niveau moyen d'éducation de la population. Il est clair que les investissements en termes d'éducation ont été insuffisants depuis la révolution (cf. chapitre II). Toutefois, en termes quantitatifs, il semble que le gouvernement ait réussi à faire face, tant bien que mal, à la forte demande en matière d'éducation[165]. En outre, les familles elles-mêmes ont joué un rôle déterminant dans ce processus[166]. Il est intéressant de noter que,

---

[165] *Le régime a notamment autorisé la création d'une université privée, Azad Eslâmi.*
[166] *Cela dépasse le cadre de ce travail mais certains économistes ont noté que les familles ont très fortement "investi" sur l'éducation de leurs enfants. Cet investissement sur du capital humain a pris différentes formes (temps consacré à*

rassurés par le retour à un régime islamiste, de nombreux parents de culture traditionnelle ont autorisé leurs filles à aller à l'université. Dans ces conditions, le taux d'alphabétisation s'est accru. Ainsi, chez les hommes, il est passé de 59 % en 1976 à 85 % en 1996 et, chez les femmes, de 35 % en 1976 à 74,2 % en 1996. Cette jeunesse au poids démographique croissant et ces femmes de plus en plus instruites réclament naturellement une évolution de la société. Ils l'obtiennent d'ailleurs comme le reflètent les profonds changements qui sont intervenus dans des domaines aussi divers que la liberté de la presse, le poids croissant de l'expertise professionnelle dans le prestige social, la volonté des femmes de défendre leurs droits, etc.

Tableau 31 - Quelques indicateurs démographiques

	1976	1986	1991	1996	2000
Age moyen des femmes au premier mariage	19,7	19,8	20,9	22,4	
Nombre moyen d'enfants par femmes	7,2	6,2	4,2	3,7	2,45
Mortalité infantile (pour 1000)	112,5	51	32		29,7
Part de la population urbaine (%)	47	54	56	61	63,2
Taux d'alphabétisation des hommes (6-65 ans) (%)	59	71	81	85	
Taux d'alphabétisation des femmes (6-65 ans) (%)	35	52	67	74,2	

Source : Les Cahiers de l'Orient, FMI

• une base intellectuelle solide. Malgré la fuite des cerveaux consécutive à la révolution, un grand nombre d'intellectuels iraniens n'ont pas quitté le pays ou sont rentrés quelques années après. Hauts fonctionnaires, professeurs ou chefs d'entreprise, ils

---

surveiller les devoirs, cours de soutien, formations diverses en anglais ou informatique, cours de musique, etc.).

ont joué un rôle majeur dans la transformation de la société depuis cette date. On peut citer notamment les nombreuses revues qui sont apparues après la fin de la guerre avec l'Irak et qui ont contribué à la naissance d'un véritable débat intellectuel portant sur les notions de démocratie, la séparation de la religion et de l'Etat, le multipartisme, etc.

• un socle culturel, impossible à décrire en quelques lignes. On se bornera à constater que cette base culturelle s'est bâtie à travers la longue histoire du pays. C'est elle qui a permis à la population iranienne de résister au radicalisme de la révolution, surtout dans les premières années.

c - Une structure institutionnelle complexe

L'élection de Khatami et les victoires politiques des réformateurs ne sont au fond que l'écume de ces profonds changements sociaux. Il est intéressant à ce propos de constater que ces dynamiques sociales se sont concrétisées par des évolutions politiques parce que, contrairement aux idées préconçues, la République islamique n'est pas une dictature monolithique. En fait, le système politique de la République islamique tente d'allier en son sein une autocratie religieuse et des institutions représentatives élues au suffrage universel direct.

Ainsi, la constitution de la république islamique attribue un rôle déterminant au Président de la République et au Parlement qui sont désignés à partir d'élections. Toutefois, il existe une sélection des candidats pour ces élections. En outre, la Constitution attribue au Guide (qui n'est pas élu mais désigné par le Conseil des experts) de nombreuses prérogatives dans la République islamique : il est le chef de l'Etat et définit la politique générale, arbitre les conflits entre les pouvoirs législatif, exécutif et judiciaire, il est le chef de armées et nomme le chef du pouvoir judiciaire, etc. D'autre part, il existe des institutions auxiliaires comme le "Conseil des gardiens" qui veille à la compatibilité des lois avec l'islam et effectue une sélection parmi les candidats aux élections présidentielle et législatives. Le Conseil de discernement de l'intérêt supérieur du régime arbitre entre le Conseil des Gardiens et le Parlement. On est en fait face à des structures politiques complexes qui mêlent autocontrôle et démocratie[167].

2 - *Mais la lutte entre conservateurs et réformateurs va continuer*

Les évolutions politiques récentes vers une démocratisation progressive du régime islamique reposent donc sur un socle solide et vont continuer. On peut donc considérer qu'un tel environnement est propice à la mise en place de réformes économiques. Cependant, par ailleurs, l'environnement politique interne est resté jusqu'à présent assez instable. On reste en effet dans une configuration de lutte pour le pouvoir entre réformateurs et conservateurs. En dépit de leurs très nettes défaites électorales, les conservateurs disposent encore de nombreux réseaux de pouvoir dans le régime. Ils contrôlent l'armée, la justice, les médias, les fondations religieuses ainsi que des institutions au poids institutionnel décisif comme le Conseil des gardiens qui veille à la compatibilité des lois avec l'islam ou le Conseil des experts qui a théoriquement le pouvoir de contrôler les activités du Guide. En outre, le Guide, l'ayatollah Khamene'i, qui est le chef de file des conservateurs, dispose donc de nombreuses prérogatives dans la République islamique.

Dans ces conditions, tout va dépendre de l'attitude des conservateurs dans les prochaines années. Ou bien ils ne s'opposent pas aux évolutions politiques actuelles et acceptent de jouer le jeu d'un système démocratique usuel. Tout serait alors lié à leur capacité à construire un projet politique qui accroisse leur audience électorale. Ou bien, ils refusent les évolutions actuelles et cherchent à les freiner. Ils peuvent peser sur ces évolutions en utilisant tous les leviers à leur disposition, et/ou en ayant recours à des actions violentes de déstabilisation. Cette dernière possibilité semble en fait la plus probable pour plusieurs raisons. Les conservateurs ne représentent quasiment plus rien en termes d'électorat. De plus, il existe un véritable mécontentement

---

[167] *Voir à ce sujet Hachemi, S.M. (1998), pp. 13-30.*

populaire à leur égard. On imagine donc mal qu'ils puissent se repositionner politiquement. Or, ils disposent, pour l'instant, de réseaux très bien ancrés dans le cœur des institutions du régime islamique. Ils n'ont donc aucune raison d'abandonner ces positions qui leur assurent de très importantes rentes de situation en termes de pouvoir et de ressources financières. En outre, on est également en présence d'une bataille idéologique entre les conservateurs qui sont pour la primauté du religieux sur le politique et des réformateurs qui, dans un cadre islamique, veulent s'appuyer sur la société civile pour construire une démocratie. On risque donc de se retrouver face à une situation duale entre un processus électoral démocratique et une guerre de pouvoir pour la prise de contrôle de l'appareil d'Etat. On peut penser que, dans cette hypothèse, les réformateurs vont peu à peu, du fait de leurs succès électoraux, arriver à contrôler progressivement l'ensemble des institutions. Toutefois, ce processus sera graduel et long, Khatami ne souhaitant pas une confrontation directe avec les conservateurs qui pourrait dégénérer en guerre civile. De plus, il ne faut pas oublier que les réformateurs et les conservateurs partagent les mêmes ressources de légitimation : l'islam, l'héritage révolutionnaire, la fidélité à l'Imam Khomeyni, le combat patriotique contre l'Irak[168], etc. Dans un tel schéma d'affrontements plus ou moins feutrés, l'opposition systématique des conservateurs et le risque d'action violente de la part des plus extrémistes d'entre eux peuvent continuer de menacer le processus d'ouverture politique.

3 - *Un tel environnement politique est-il favorable à des réformes économiques ?*

Dans ces conditions, la question des réformes économiques peut être abordée de deux manières. Le gouvernement actuel peut considérer qu'il est trop risqué de les entreprendre, une augmentation des tensions sociales pouvant être mise à profit par ses opposants politiques pour reprendre l'avantage. De plus, une

---

[168] *Voir à ce sujet Adelkhah, F. et Bayart, J.F. (2000).*

telle politique serait renforcée par l'inclination naturelle des gouvernements, depuis la révolution, à se contenter de gérer à court terme l'évolution des recettes pétrolières ainsi que par l'incapacité de la République islamique à trouver des hommes "neufs" capables de mettre en place ces réformes, la constitution houleuse du gouvernement de Khatami après sa réélection en 2001 démontrant bien que ce sont toujours les mêmes vieux routiers (ou rentiers !) qui se répartissent les postes gouvernementaux depuis la révolution. Une telle attitude serait également liée au fait qu'il n'existe pas de consensus à l'intérieur du camp des réformateurs quant à la nécessité de telles réformes. En effet, une partie de la mouvance khatamiste, si elle a effectué une importante mue idéologique en adhérant au principe de la société civile, reste attachée en matière économique à un modèle où l'Etat reste l'acteur déterminant. Ces courants font également preuve d'un nationalisme exacerbé et restent opposés au développement de l'investissement étranger.

A l'opposé, l'application des réformes économiques permettrait de renforcer l'assise politique du régime et de contribuer à la réalisation du principal objectif de Khatami, la création d'une société civile, en accroissant le poids économique de groupes sociaux (le secteur privé, les experts des classes moyennes, les jeunes, etc.) qui soutiennent Khatami mais qui se situent politiquement en dehors du régime. En outre, l'ouverture économique sur l'extérieur pourrait permettre de combattre les tendances au "chauvinisme" que l'on perçoit aussi bien chez les conservateurs que chez les réformateurs, ce qui ne pourrait que contribuer à apaiser la scène politique intérieure[169]. Il existe par ailleurs une forte corrélation entre la place de l'économie iranienne dans la division internationale du travail, celle d'un pays producteur de matière première et importateur de produits finis, et le caractère "combatif" de sa politique étrangère. Une évolution du type d'intégration dans les échanges de l'économie iranienne

---

[169] *Ce n'est pas le propos de ce travail mais on a l'impression que, très souvent, les développements de la politique intérieure iranienne sont liés à une perception erronée de l'importance de l'Iran dans le monde...*

permettrait d'établir des relations plus apaisées avec le reste du monde. De ce fait, il est clair qu'une ouverture économique extérieure ne peut que renforcer la politique actuelle du gouvernement de "normalisation" de l'Iran sur la scène politique internationale. En outre, les réformes économiques permettraient d'éviter l'émergence d'une crise majeure. L'économie est en effet affectée par une série de déséquilibres très prononcés qui pourraient dégénérer en situation d'hyper-inflation ou en crise de système. Et les tensions sociales et politiques pourraient s'exacerber si l'appauvrissement continu de la population et la hausse du chômage s'ajoutent à une ouverture sociale et politique trop modérée par rapport aux aspirations de la société. En fait, il existe une interconnexion extrêmement profonde entre l'ouverture sociale et politique et la libéralisation économique. Il a ainsi été remarqué que la démocratisation de la société conduisant à une plus grande responsabilité des hommes politiques vis-à-vis de leurs actions (grâce au poids croissant de l'opinion publique et d'une presse libre), elle entraîne une diminution des politiques générant inflation élevée et rentes de situation[170]. En outre, comme cela a déjà été signalé, la poursuite des réformes politiques et culturelles peut avoir un impact très positif sur la politique de reconstruction des finances publiques ou de lutte contre l'inflation. Il est donc très difficile de différencier dimension politique et économique dans une politique d'ouverture. L'ensemble de ces facteurs pourrait conduire les réformateurs à lancer ces réformes économiques. Un élément, qui s'annonce décisif de ce point de vue, est le rôle de la droite moderniste. Le chef de file de ce courant, Hashemi Rafsandjani a subi une cuisante défaite politique aux dernières législatives en s'opposant aux réformateurs. Cependant, de nombreux leaders de cette droite moderniste sont restés alliés aux réformateurs. Partisans d'une libéralisation économique, ils pourraient jouer un rôle déterminant s'ils arrivaient à former un front favorable aux réformes économiques avec une partie de la mouvance khatamiste.

---

[170] *Äslund, A., Boone, P., Johnson, S. (1996).*

Au total, il est extrêmement difficile de dégager un scénario prévisible d'évolution. Néanmoins, il est possible qu'une ouverture politique progressive du régime islamique et l'exacerbation de la crise économique en cours conduisent enfin à mettre en place les réformes économiques nécessaires.

Le cas des réformes en Iran pose d'une manière aiguë le problème du dualisme entre réformes économiques et politiques. La mise en place de réformes économiques va entraîner des transformations sociales qui, si elles ne restent pas maîtrisées, peuvent conduire, comme en Russie, à une destruction de l'Etat. Engager de véritables réformes économiques est en fait un processus de transformation "ouvert" où le problème politique est en cause car ce sont les règles du jeu de la société que l'on tente de modifier. Deux exemples viennent à l'esprit s'agissant de l'Iran. Dans le cas de la Russie, la politique de libéralisation économique a conduit à des bouleversements de la société qui ont abouti à la destruction de la cohérence sociale et donc à celle de l'Etat. Ce contre-exemple est tout à fait révélateur des risques que pourrait induire une politique de libéralisation mal conduite. En Iran, l'importance des tensions sociales, un environnement favorable au développement de l'hyper-inflation, la présence d'un risque de système important constituent notamment un terreau favorable à de tels développements. Une libéralisation économique incontrôlée pourrait notamment faire ressortir au grand jour les clivages sociaux existant actuellement dans la société iranienne (cas de l'opposition entre les familles traditionnelles et modernes). Ces clivages pourraient exacerber les revendications sociales des catégories les plus défavorisées. En effet, la révolution islamique avait été notamment faite pour ces classes. Or, ce sont ces dernières qui ont subi de plein fouet les conséquences de l'économie de rente et notamment un très net appauvrissement lié à l'inflation. Une libéralisation économique pourrait donc conduire à une crise sociale et économique qui se traduirait par une situation d'hyper-inflation et une fuite des capitaux. La destruction de la cohérence de l'Etat pourrait résulter de ce type d'enchaînement.

Un autre exemple à méditer dans le cas de l'Iran est celui de la

Chine où a été opéré un découplage entre réformes économiques et politiques. Les réformes économiques se sont en effet accompagnées de la préservation d'un parti unique et de la cohérence absolue de l'Etat. Cette solution peut être tentante pour les autorités iraniennes et c'est elle qui a sans doute inspiré les réformes mises en œuvre par Rafsandjani. On peut noter toutefois que dans le cas de l'Iran, on ne retrouve pas cette cohérence d'un parti unique qui a permis les réformes chinoises. En outre, l'ouverture politique iranienne intervenue depuis 1997 est porteuse de fortes revendications démocratiques, ce qui fait qu'un découplage "à la chinoise" serait sans doute très difficile à mettre en place. Enfin, et surtout, le mode de fonctionnement rentier de l'économie fait que les relations entre les dimensions politiques et économiques sont beaucoup plus fortes qu'en Chine.

CONCLUSION

L'économie iranienne est en situation d'instabilité depuis la révolution. Les dysfonctionnements liés à son caractère rentier ont en effet été amplifiés par le caractère incertain de l'environnement économique mais aussi par la volonté de l'Etat de pratiquer une très large politique de redistribution de la rente pétrolière. On est face à un système économique qui a porté à son paroxysme la plupart des problèmes inhérents à une économie rentière : absence de politique fiscale, système financier inefficace, industrie dépendante de l'aide de l'Etat et des *inputs* importés et inefficace, etc. Ceci conduit à une grande instabilité de l'environnement macroéconomique depuis la révolution. Cet environnement est notamment caractérisé par une grande volatilité de la croissance et par une inflation forte et régulière : jamais l'Iran n'avait connu une inflation aussi forte depuis la naissance d'une économie moderne. Ce régime d'inflation élevée est lié à l'accroissement inexorable de l'écart entre le taux de change officiel et le taux de change du marché noir. Cependant, cette inflation élevée procède avant tout du financement monétaire de déficits budgétaires extrêmement élevés.

Ces déséquilibres des finances publiques résultent des dysfonctionnements de la politique budgétaire. Celle-ci a ainsi été complètement dépendante de facteurs exogènes tels que l'évolution des recettes pétrolières ou la guerre avec l'Irak. En outre, le système fiscal est, compte tenu du poids des recettes pétrolières, complètement sous-développé. Enfin, une volonté de redistribution en faveur de la "clientèle" politique de l'Etat surdétermine les choix budgétaires. Ce problème apparaît notamment à travers l'importance des subventions sur les produits de première nécessité, la priorité aux dépenses d'investissement à destination des zones rurales, l'effondrement du pouvoir d'achat des fonctionnaires, la très faible imposition des profits réalisés dans l'import-export, les exemptions d'impôts accordées aux fondations religieuses, etc.

Toutefois, s'interroger sur l'origine de l'inflation implique également de s'intéresser au fonctionnement de l'ensemble du secteur public. Il faut notamment prendre en compte les déficits du secteur public au sens large. Or, ces derniers ont été extrêmement importants depuis la révolution. Des organisations situées officiellement en dehors du secteur public, les fondations religieuses, ont ainsi bénéficié de très fortes subventions publiques (crédits à des taux subventionnés, allocations de change au taux officiel). En outre, il est indispensable de tenir compte des activités d'ordre budgétaire qui ont été menées en dehors du budget officiel, les activités quasi-budgétaires. En fait, l'inflation en Iran a permis de financer de multiples activités de ce type. Ces dernières ont pris une telle ampleur depuis la révolution qu'il est plus juste de parler, plutôt que de déséquilibres des finances publiques, d'une véritable politique de transfert des ressources du secteur public vers certains groupes sociaux, cette redistribution des ressources suivant une logique "politique". En particulier, l'existence d'un système de change à taux multiples a permis à l'Etat d'accorder des subventions extrêmement importantes aux importateurs qui obtenaient des allocations de change à des taux de change subventionnés. Ces allocations ont été financées en mettant la Banque Centrale d'Iran en situation de déficit, ce déficit étant couvert par la création monétaire.

Un tel environnement a conduit à un environnement macroéconomique extrêmement fragile, la dynamique inflationniste étant caractérisée par de nombreux éléments qui la rapprochent des situations d'hyper-inflation : fuite devant la monnaie, dollarisation, développement de systèmes financiers parallèles, adaptation des comportements des agents à un régime d'inflation forte, etc. Or, le risque que l'économie iranienne bascule dans l'hyper-inflation est très élevé compte tenu de l'incapacité de la politique monétaire à stabiliser l'environnement macroéconomique. Le sous-développement du système bancaire et l'ampleur des activités quasi-budgétaires conduisent en particulier à une très faible qualité des canaux de transmission de la politique monétaire. En outre, le recouvrement de la logique économique par une logique politique dans le mode de fonctionnement des banques a très fortement fragilisé le système bancaire. La valeur globale de son actif est très faible compte tenu de l'importance des créances douteuses. Le risque de système est ici extrêmement élevé.

Cependant, il est fondamental de reconnaître une cohérence d'ensemble à ce système économique. Le trait fondamental de ce phénomène est le caractère spécifique du régime d'inflation depuis la révolution. La valeur de la monnaie décline depuis la révolution. Mais, le rythme d'inflation est resté maîtrisé (20 % en moyenne annuelle) dans un environnement extrêmement propice à l'émergence d'une hyper-inflation. En effet, on aurait pu s'attendre à ce que la croissance et le financement de la dette publique (ou "sociale") conduisent à une situation de rejet de la monnaie par la population. Ce "quasi-équilibre" doit tout d'abord être relié à la dimension sociale de la monnaie. Cette dernière a continué de refléter une certaine hiérarchie de valeurs basée sur une idée nationale de l'identité islamique. Ces valeurs ont été mises en œuvre par le régime. Elles ont même été défendues d'une certaine manière par ce même régime à travers la guerre avec l'Irak. Ceci a permis de préserver une certaine cohérence sociale et donc d'éviter de sombrer dans l'hyper-inflation. En outre, la rente pétrolière, des mesures de politique économique (contrôle des changes, vente de devises sur le marché noir, etc.) et l'existence d'une très large économie parallèle (près d'un tiers du PIB) ont également permis d'éviter une crise financière majeure. La même cohérence d'ensemble se retrouve dans la logique de fonctionnement du système économique iranien depuis la révolution. Le système économique iranien ne fonctionne pas sur une logique de création de valeur ajoutée. On est véritablement en présence d'une logique de redistribution de la rente pétrolière entre l'Etat et des groupes sociaux qu'il entend favoriser en échange d'un soutien politique. Cette logique de redistribution a été imposée à l'ensemble des instruments de la politique économique (politique budgétaire, politique de change, politique monétaire). Ce mode de fonctionnement de l'économie a perduré car l'Etat a su fidéliser des soutiens politiques importants pour sa survie politique. Par ailleurs, cette politique de redistribution a permis à ces groupes sociaux d'extraire une partie de la rente pétrolière à leur profit. Toute la cohérence du système économique a reposé sur cet équilibre fragile entre déséquilibre macroéconomique et maintien d'une certaine cohérence sociale, ou entre une logique d'Etat de redistribution de la rente pour solidifier des soutiens politiques et une logique de rapport de force pour accaparer une partie de la rente pétrolière. On retrouve ici en fait l'ordre monétaire de l'Iran islamique qui s'est nourri de l'opposition entre une valeur englobante éminemment sociale (le retour à une identité nationale et islamique) et une valeur englobée moins sociale voire asociale (la redistribution de la rente pétrolière au profit quasi exclusif de certains groupes sociaux). D'ailleurs, on peut noter que les tensions politiques récentes sont en partie liées au fait que l'exacerbation de la lutte pour la répartition a accru les inégalités sociales et a sans doute miné la légitimité du régime islamique.

Néanmoins, cette cohérence dans le fonctionnement ne doit pas masquer le fait que l'économie iranienne soit sur une trajectoire dangereuse. La logique de redistribution de la rente conduit à une stérilisation graduelle et inexorable de l'économie et, surtout, des richesses humaines du pays. On assiste notamment à un appauvrissement progressif d'une grande partie de la population (c'est-à-dire tous ceux qui ne font pas partie des réseaux proches du gouvernement ou des "initiés"). Mais surtout, cette absence de véritable dynamique de création de valeur ajoutée rejette dans l'inactivité, dans une économie d'intermédiaires ou dans l'économie parallèle, des milliers d'iraniens souvent extrêmement bien formés. La poursuite d'un tel processus comporte donc des risques très importants de crise économique grave et de dislocation du tissu social. Il est donc urgent pour l'économie iranienne de changer de logique de fonctionnement. Or, on est face à une tâche d'une grande complexité. En effet, la cohérence du système économique actuel fait que l'on doit effectuer une réforme en profondeur de l'économie iranienne afin de transformer son mode de fonctionnement. L'idée qui a été retenue dans cet ouvrage est que l'objectif principal de telles réformes doit être de changer la place de l'Iran dans la division internationale du travail. Une ouverture de cette économie permettrait notamment d'engager une dynamique vertueuse qui permettrait d'en finir avec le fonctionnement en circuit fermé caractéristique d'une économie de rente. Il est évident que la cohérence du système actuel et les inerties créées par son fonctionnement depuis des décennies rendent ces réformes extrêmement difficiles à mettre en place. Le risque principal est qu'à l'image de l'expérience russe, une libéralisation économique mal conduite entraîne la destruction de l'ordre économique et social existant sans mettre en place une véritable alternative. Une telle éventualité pourrait s'accompagner d'une crise financière grave et de l'émergence d'une situation d'hyper-inflation compte tenu de la fragilité de l'ordre monétaire à l'œuvre depuis la révolution. Toutefois, la stratégie d'ouverture de l'économie pourrait permettre d'accorder une plus grande responsabilité économique à certains groupes sociaux qui sont, par ailleurs, favorables à une démocratisation du régime. Se pose ici la question de la nécessaire arrivée aux commandes économiques et politiques du pays de la classe moyenne éduquée. Une telle politique permettrait donc une mutation progressive du mode de fonctionnement économique et politique. Dans tous les cas de figure, la cohérence du système politique et économique depuis la révolution induit que le problème des réformes économiques apparaît indissociablement lié à celui des réformes politiques. Dans ces conditions, l'intensité de la lutte politique actuelle laisse craindre que les réformes économiques attendues et nécessaires avancent très lentement.

BIBLIOGRAPHIE

Adelkhah, F. "Les réseaux bancaires islamiques en Iran", Note de recherche, 1991.

Adelkhah, F. et Bayart, J.F. "Iran : les enjeux des élections législatives", *Critique internationale*, n° 6, hiver 2000, pp. 20-28.

Agence Financière du Trésor pour le Proche et le Moyen-Orient *Le système bancaire iranien*, Le Caire, décembre 1991

Aghevli, B.B., Khan, M.S., Montiel, P.J. "Exchange Rate Policy in Developing Countries: Some Analytical Issues", *Occasional Paper*, n° 78, International Monetary Fund, Washington, 1991.

Aghion, P. et Blanchard, O. "On the Speed of Transition in Central Europe", in S. Fischer, J.J. Rotemberg ed. *NBER Macroeconomics Annual 1994*, Cambridge (Ma), MIT Press, 1994, pp. 283-320.

Aglietta, M. "Le risque systémique", *Revue d'Economie Financière*, n° 18, Automne 1991, pp. 61-90.

Aglietta, M. "Ordre monétaire et banque centrale", in A. Orléan ed., *Analyse économique des conventions*, PUF, 1994, pp. 189-218.

Aglietta, M. et Moutot, P. "Redéployer les réformes", *Economie internationale*, n° 54, 2eme trimestre 1993, pp. 67-103.

Aglietta, M., Orléan, A. *La violence de la monnaie*, PUF, 1982.

Aglietta, M. et Orléan, A. ed. *Souveraineté, légitimité de la monnaie*, Cahiers "Finance, Ethique, Confiance", Association d'Economie Financière, 1995.

Aglietta, M., Orléan, A. ed. *La monnaie souveraine*, Odile Jacob, 1999.

Amirahmadi, H. *Revolution and Economic Transition : The Iranian Experience*, Albany, Suny Press, 1990.

Anderson, R.E., Claessen, S., Djankov, S., Pohl, G. "Privatization Effects in Central and Eastern Europe", *MOCT-MOST*, n° 3, 1997, pp. 137-162.

Andreef, W. "Privatisation et gouvernement d'entreprise dans les économies en transition", *Economie Internationale*, n° 77, 1er trimestre 1999, pp. 97-129.

Ashraf, A. "Historical Obstacles to the Development of a Bourgeoisie in Iran" in M.A. Cook ed., *Studies in the Economic History of the Middle East*, Londres, Oxford University Press, 1970, pp. 308-332.

Äslund, A., Boone, P., Johnson, S. "How to Stabilize : Lessons from Post-communist Countries", *Brookings Papers on Economic Activity*, n° 1, 1996, pp. 252-264,

Atkeson, A., Kehoe, P. "Industry Evolution and Transition : the Role of Information Capital", *Research Department Staff Report*, n° 162, Federal Reserve Bank of Minneapolis, août 1993.

Balassa, B. *Development Strategies in Semi-industrial Economies*, Baltimore, The John Hopkins University Press, 1982.

Balino, T.J.T and Ubide, A. "The Korean Financial Crisis of 1997 - A Strategy of Financial Sector Reform", *Working Paper*, n° 28, International Monetary Fund, Washington, 1999.

Basseer, P. "Banking in Iran", in E. Yarshater ed., *Encyclopedia Iranica*, vol. 3, Londres, Routledge and Kegan Paul, 1989, pp. 698-708.

Behdad, S. "Production and Employment in Iran : Involution and De-Industrialisation Thesis", in T. Coville ed., *L'économie de l'Iran islamique, Entre l'Etat et le marché*, Institut Français de Recherche en Iran, 1994, pp. 85-112.

Behdad, S. "The Post-Revolutionary Economic Crisis", in S. Rahnema et S. Behdad ed., *Iran after the Revolution : Crisis of an Islamic State*, Londres, Tauris, 1996, pp. 97-128.

Benedick, R.E. *Industrial Finance in Iran*, Division of Research, Graduate School of Business Administration, Harvard University, 1964.

Benoist, A. "Risque de système et crise du rouble", *Revue Economique*, n° 3, mai 1994, pp. 545-560.

Berthélémy, J.C. et Varoudakis, A. "Politique de développement financier et croissance", *Etude du Centre de Développement*, OCDE, 1996.

Bernanke, B.S., Gertler, M. "Inside the Black Box : The Credit Channel of Monetary Policy Transmission", *Journal of Economic Perspectives*, vol. 9, n° 4, Automne 1995, pp. 27-48

Bhagwati, J.N. "Directly Unproductive, Profit-seeking (DUP) Activities", *Journal of Political Economy*, vol. 90, n° 51, 1982.

Blanchard, O., Dornbusch, R., Krugman, P., Layard, R., Summers, L. *Reform in Eastern Europe*, Cambridge (MA), The MIT Press, 1991.

Blanchard, O. *The Economics of Post-Communist Transition*, Oxford, Clarendon Press, 1996.

de Boissieu, C., Renversez, F. "La question monétaire et bancaire en URSS", *Economie Prospective Internationale*, n° 44, 4ème trimestre 1990, pp. 35-45.

Cagan, P. "The Monetary Dynamics of Hyperinflation" in M. Friedman ed., *Studies in the Quantity Theory of Money*, Chicago, University of Chicago Press, 1956.

Carlin, W. et Aghion, P. "Restructuring outcomes and the evolution of ownership patterns in Central and Eastern Europe", *Economics of Transition*, vol. 4, n° 2, 1996, pp. 371-388.

Castello-Branco, M., Swinburne, M., "Central Bank Independence : Issues and Experience", *Working Paper*, n° 58, International Monetary Fund, Washington, 1991.

Cho, Y.J., Khatkhate, D. "Lessons of Financial Liberalisation in Asia : a Comparative Study", *World Bank Discussion Paper*, n° 50, World Bank, Washington D.C., 1989.

Clawson, P. "The Impact of the Military on Iran's Economy", in T. Coville, ed., *L'économie de l'Iran islamique, Entre l'Etat et le marché*, Institut Français de Recherche en Iran, 1994, pp. 69-84.

Coville, T. "Le système financier islamique en Iran", *Les Cahiers d'Etudes sur la Méditerranée Orientale et le Monde Turco-iranien (CEMOTI)*, n° 17, janvier-juin 1994, pp. 287-292.

Coville, T. ed. *L'économie de l'Iran islamique, Entre l'Etat et le marché*, Institut Français de Recherche en Iran.

Dabrowski, M. "Different Strategies of Transition to a Market Economy : How do they work in practice ?", *Policy Research Working Paper*, World Bank, Washington, mars 1996.

Dornbusch, R. "Multiple Exchange Rates for Commercial Transactions", *CPD Discussion Paper*, n° 1985-23, World Bank, Washington, Mars 1985.

Dornbusch, R., Sturzenegger, F., Wolf, H. "Extreme Inflation : Dynamics and Stabilization", *Brookings Paper on Economic Activity*, n° 2, 1990, pp. 1-84.

Downes, P., Vaez-Zadeh, R. ed. *The Evolving Role of Central Banks*, International Monetary Fund, Washington,1991.

European Bank for Reconstruction and Development *Transition Report*, Londres, octobre 1994.

European Bank for Reconstruction and Development *Transition*

Report 1998, Financial Sector in Transition, Londres, 1998.

Fischer, S. "Seigniorage and the case for a National Money", *Journal of Political Economy*, vol. 90, n° 2, avril 1992, pp. 259-313.

Friedman, M. "Government Revenue from Inflation", *Journal of Political Economy*, vol. 79, n° 4, Juillet-Août 1971, pp. 846-856.

Fry, M.J. *Money, Interest and Banking in Economic Development*, Baltimore, John Hopkins University Press, 1988.

Fry, M.J. "The Fiscal Abuse of Central Banks", *Working Paper*, n° 58, International Monetary Fund, Washington, 1993.

Frydman, R., Gray, C., Hessel, M., Rapaczynski, A., "Private Ownership and Corporate Performance : Evidence from Transition Economies", *Working Paper*, n° 26, EBRD, octobre 1997.

Ghasimi, M.R. "The Iranian Economy after the Revolution : An Economic Appraisal of the Five-Year Plan", *International Journal of Middle East Studies*, 24, 1992, pp. 599-614.

Giovannini, A., De Melo, M. "Government Revenue from Financial Repression", *The American Economic Review*, vol. 83, n° 4, septembre 1993, pp. 953-963.

Goldstein, M. "The Case for an International Banking Standard", *Institute for International Economics*, Washington DC, April 1997.

Goodhart, C. *The Evolution of Central Banks*, Londres, The MIT Press, 1988.

Guidotti, P.E., Rodriguez, C.A. "Dollarization in Latin America : Gresham's Law in Reverse", *Working Paper*, n° 117, International Monetary Fund, Washington, 1991.

Gros, D., Steinherr, A. *Winds of Change-Economic Transition in Central and Eastern Europe*, Longman, Londres, 1995;

Hankel, W. "Capital Markets and Financial Institutions in the Development Process", *Economics : a biannual collection of recent German studies*, n° 44, 1991, pp. 32-65.

Hachemi, S.M. "La République islamique au regard de sa Constitution", *Les Cahiers de l'Orient*, n° 49, 1er trimestre 1998, pp. 13-30.

Hourcade, B. et Khosrokhavar, F. "La bourgeoisie iranienne ou le contrôle de l'appareil de spéculation", *Revue Tiers-Monde*, TOME XXXI, n° 124, pp. 877-898.

Issawi, C. ed. *The Economic History of Iran 1800-1914*, Chicago, The University of Chicago Press, 1971.

Karshenas, M. et Pessaran, H. "Exchange Rate Unification, the Role of Markets and Planning in the Iranian Economic Reconstruction", in T. Coville ed. *L'économie de l'Iran islamique : entre l'Etat et le marché*, Institut Français de Recherche en Iran, 1994, pp.141-176.

Katouzian, H. *The Political Economy of Modern Iran : Despotism and Pseudo-Modernism, 1926-1979*, Londres, Mac Millan, 1981.

Khalatbari, F. "Iran : A Unique Underground Economy" in T. Coville ed., *L'économie de l'Iran islamique, Entre l'Etat et le marché*, IFRI, 1994, pp. 113-138.

Khalatbari, F. "The Tehran Stock Exchange and Privatisation" in T. Coville Ed., *L'économie de l'Iran islamique, Entre l'Etat et le marché*, Téhéran, IFRI, 1994, pp. 177-208.

Khan, M.S. Sundarajan, V., "Financial Sector Reforms and Monetary Policy", *Working Paper*, n °127, International Monetary Fund, Washington, 1991.

Kian, A. "les enjeux des élections législatives et présidentielle", *Les Cahiers de l'Orient*, n° 49, premier trimestre 1998, pp. 31-52.

de Kock, M. H. *Central Banking*, Londres, Crosby Lockwood Staples, 1974.

Livatian, N. "Inflation and Stabilization in Israel : Conceptual Issues and Interpretation of Developments", *Working Paper*, n° 10, International Monetary Fund, Washington, 1986.

Looney, R.E., *Economic Origins of the Iranian Revolution*, New York, Pergamon Press, 1982.

Meltzer, A., "Monetary, Credit and (Other) Transmission Processes : A Monetarist Perspective", *Journal of Economic Perspectives*, vol. 9, n° 4, Automne 1995, pp. 49-72.

Milgrom, P. et Roberts, J., "Comparing Equilibria", *American Economic Review*, vol. 84, n° 3, 1994, pp. 441-459.

Mishkin, F.S., "Les canaux de transmission monétaire : leçons pour la politique monétaire", *Bulletin de la Banque de France*, n 27, mars 1996, pp. 91-106,

Mc Kinnon, R. I. *Money and Capital in Economic Development*, Washington DC, Brookings Institution, 1973.

Mc Kinnon, R. I. *The Order of Economic Liberalisation - Financial Control in the Transition to a Market Economy*, Baltimore, Maryland, The John Hopkins University Press, 1991.

Nomani, F., Rahnema, A., *The Secular Miracle : Religion, Politics and Economic Policy in Iran*, Londres, Zed Book, 1990.

Nomani, F., Rahnema, A., *Islamic Economic Systems*, Londres, Zed Book, 1994.

Pesaran, M.H. "The System of Dependant Capitalism in Pre- and Post Revolutionnary Iran", *International Journal of Middle East Studies*, n° 14, 1982, pp. 501-522.

Pesaran, H. "The Iranian Foreign Exchange Policy and the Black Market for Dollars", Conference on Iran's Economy : Perspectives and Prospects, Genève, 1er-3 novembre 1990.

Pinto, B., Belka, M., Krajweski, S., "Transforming State Enterprises in Poland : Microeconomic Evidence on Adjustment", *Brooking Papers on Economic Activity*, n° 1, 1993, pp. 213-261.

Radelet, S., Sachs, J., Lee, J.W. "Economic Growth in Asia", *Development Discussion Paper*, n° 609, Harvard Institute for International Development, novembre 1997.

Rashidi, A. "The Process of De-Privatisation in Iran after the Revolution of 1979" in T. Coville ed., *L'économie de l'Iran islamique, Entre l'Etat et le marché*, Téhéran, IFRI, pp. 37-68.

Robinson, D.J., Stella, P. "Amalgamating Central Bank and Fiscal Deficits" in M.I Blejer. et A. Cheasty ed. *How To Measure The Fiscal Deficit*, International Monetary Fund, Washington, 1993.

Rosenwald, F. "L'influence de la sphère financière sur la sphère réelle : les canaux du crédit", *Bulletin de la Banque de France*, 1er trimestre 1995, Supplément "Etudes", pp. 105-121.

Sayers, R.S. *Central Banking after Bagehot*, Londres, Clarendon Press, 1957.

Salehi-Isfahani, D. "The Political Economy of Credit Subsidy in Iran", *International Journal of Middle Eastern Studies*, n° 21, 1989, pp. 359-379.

Schumpeter, J. *Business Cycles, A Theoretical, Historical and Statistical Analysis of the Capitalist Process*, New York, Mc Graw Hill, 1964.

Shaw, E.S. *Financial Deepening in Economic Development*, New York, Oxford University Press, 1973.

Shodjaeddini, M.R. "Instruments of Monetary Policy in Islamic Banking" (The case of Iran), Banque Markazi, Téhéran, non daté.

Sid Ahmed, A. *Développement sans croissance. L'expérience des économies pétrolières du Tiers-Monde*, Paris, Publisud, 1983.

Snoek, H. "Problems of Bank Supervision in LDCs", *Finance § Development*, décembre 1989, pp. 14-16.

Stark, D. "Recombining Property in East European Capitalism", *The American Journal of Sociology*, vol. 101, n° 4, janvier 1996, pp. 993-1027.

Stiglitz, J.E. et Weiss, A. "Credit Rationing in Markets with Imperfect Information", *American Economic Review*, vol. 71, n° 3, juin 1981, pp. 349-410.

Tanzi, V. "Financial Markets and Public Finance in the Transformation Process", *Working Paper*, n° 29, IMF, Washington, 1992.

United Nations Industrial Development Organization (UNIDO), *Industrial Sector Survey on the Potential for Non-Oil Manufactured Exports, Islamic Republic of Iran*, 1999

Vaez-Zadeh, R. "Implications and Remedies of Central Bank Losses", in P. Downes et R. Vaez-Zadeh ed., *The Evolving Role of Central Banks*, International Monetary Fund, Washington, 1991, pp. 69-92.

Wagner, H. "Central Banking in Transition Countries", *Working Paper*, n° 126, IMF, Washington, 1998.

Wyplosz, C. "Ten Years of Transformation : Macroeconomic Lessons", *World Bank Policy Research Paper*, World Bank, Washington, 1999.

World Bank "The East Asian Miracle, Economic Growth and Public Policy", *World Bank Policy Research Report*, World Bank, Washington, 1993.

World Bank *From Plan to Market*, World Development Report 1996, World Bank, Washington, 1996.

Yeganeh, M. "Bânk-e Markazi-e Irân", in E. Yarshater ed., *Encyclopedia Iranica*, vol. 3, Londres, Routledge and Kegan Paul, 1989, pp. 696-698.

Documents officiels

Bank Markazi *The Monetary and Banking Law of Iran*, juillet 1972.

Banque Markazi *Loi sur les opérations bancaires sans usure*, 1983.

Sources statistiques

Economic report and balance sheet 1359, Central Bank of the Islamic Republic of Iran.

Economic report and balance sheet 1360, Central Bank of the Islamic Republic of Iran.

Economic report and balance sheet 1361, Central Bank of the Islamic Republic of Iran.

Economic report and balance sheet 1362, Central Bank of the Islamic Republic of Iran.

Economic report and balance sheet 1363, Central Bank of the Islamic Republic of Iran.

Economic report and balance sheet 1364 (1985-1986), Central Bank of the Islamic Republic of Iran.

Economic report and balance sheet 1365 (1986-1987), Central Bank of the Islamic Republic of Iran.

Economic report and balance sheet 1366 (1987-1988), Central Bank of the Islamic Republic of Iran.

Economic report and balance sheet 1367 (1988-1989), Central Bank of the Islamic Republic of Iran.

Economic report and balance sheet 1369 (1990-1991), Central Bank of the Islamic Republic of Iran.

Economic report and balance sheet 1370 (1991-1992), Central Bank of the Islamic Republic of Iran.

Annual Review, 1371 (1992-1993), Central Bank of the Islamic Republic of Iran.

Gozâresh-e Eqtesâdi va Taraznâmeh (Rapport économique et bilan), 1372 (1993-1994), Bânk-e Markazi-e Irân.

Kholâseh-ye Tahavvolât-e Eqtesâdi-e Keshvar (Résumé des évolutions économiques nationales), 1373 (1994-1995), Bânk-e Markazi-e Irân (Banque Centrale d'Iran).

Gozâresh-e Eqtesâdi va Taraznâmeh (Rapport économique et bilan), 1375 (1996-1997), Bânk-e Markazi-e Irân (Banque Centrale d'Iran).

Kholâseh-ye Tahavvolât-e Eqtesâdi-e Keshvar (Résumé des évolutions économiques nationales), 1376 (1997-1998), Bânk-e Markazi-e Irân (Banque Centrale d'Iran).

Annual Review 1376 (1997-1998), 1377 (1998-1999), 1378 (1999-2000), Central Bank of the Islamic Republic of Iran.

International Monetary Fund *Islamic Republic of Iran : Recent Economic Developments*, IMF Staff Country Report, n° 27, IMF, Washington, avril 1998.

International Monetary Fund *Islamic Republic of Iran : Statistical Appendix*, IMF Staff Country Report, n° 37, IMF, Washington, mai 1999.

International Monetary Fund *Islamic Republic of Iran : Recent Economic Developments*, IMF Staff Country Report, n° 120, IMF, Washington, septembre 2000.

"Aperçu démographique", *Les Cahiers de l'Orient*, n° 49, 1er trimestre 1998, p. 10.

ANNEXE

CHRONOLOGIE DES FAITS POLITIQUES ET ECONOMIQUES MARQUANTS DEPUIS LA REVOLUTION ISLAMIQUE

1978 7 janvier - Article insultant contre Khomeyni dans Ettela'at et manifestation violemment réprimée à Qom.

1978 7 septembre - Loi martiale dans 11 villes.

1978 10 novembre - Manifestation gigantesque à Téhéran.

1978 31 décembre - Chapour Bakhtiar Premier ministre.

1979 16 janvier - Départ du chah en exil en Egypte.

1979 1er février - Retour triomphal en Iran de l'ayatollah Khomeyni.

1979 10 février - Insurrection et chute du régime impérial (22 bahman 1357), Mehdi Bâzargân Premier ministre.

1979 16 février - Premières exécutions par les tribunaux révolutionnaires.

1979 26 février - Nationalisation totale du pétrole.

1979 1er avril - Proclamation de la République islamique d'Iran.

1979 16 juin - Nationalisation des industries.

1979 4 novembre - Occupation de l'ambassade des États-Unis par les « étudiants musulmans étrangers suivant la ligne de l'Imam » puis démission de Bâzargân.

1980 25 janvier - Abo'l-Hassan Bani-Sadr élu président de la République.

1980 22 avril - Révolution culturelle, fermeture des universités et des centres de recherche.

1980 25 avril - Echec du raid américain de Tabas pour libérer les otages.

1980 22 septembre - L'armée irakienne envahit l'Iran, début d'une guerre de 8 ans.

1981 20 janvier - Libération des 52 diplomates américains après 444 jours de détention, suite à l'accord d'Alger.

1981 21 juin - Destitution de Bani-Sadr.

1981 24 juillet Mohammad-Ali Rajâi, élu président de la République, Mir-Hoseyn Musavi premier ministre.

1981 30 août - Assassinat de Rajâ'i.

1981 27 septembre - Début de la contre-offensive iranienne : fin du siège d'Abadan.

1981 2 octobre - Ali Khamene'i troisième président de la République.

1982 24 mai - Libération de Khorramchahr.

1982 15 août - L'Irak porte la guerre dans le golfe Persique pour bloquer le pétrole iranien.

1983 7 octobre - Livraison à l'Irak de cinq Super-Etendart français.

1984 24 février - L'Iran occupe les îles Majnun ; l'Irak utilise les armes chimiques.

1985 5 mars - Début de la première guerre des villes (bombardements par missiles).

1985 16 août - Ali Khamene'i réélu président, Mir-Hoseyn Musavi toujours premier ministre.

1986 10 février - Prise de Fao par les forces iraniennes.

1987 20 juillet - Résolution 598 de l'ONU demandant un cessez-le-feu entre l'Iran et l'Irak. Refus de l'Iran.

1987 31 juillet - Manifestation et massacre des pèlerins iraniens qui manifestaient à la Mecque, 402 morts dont 275 Iraniens.

1988 29 février - Reprise jusqu'à fin mars de la guerre des villes. 135 missiles sur Téhéran.

1988 17 mars - Bombardement chimique irakien sur Halabja.

1988 avril - Retrait iranien de Fao, puis de Shalamche et des îles Majnun.

1988 3 juillet - Un Airbus d'Iran Air abattu par un missile américain, 290 morts.

1988 18 juillet - Khomeyni accepte le cessez le feu (effectif le 20 août) selon la résolution 598 de l'ONU.

1989 14 février - Fatwa condamnant Salman Rushdie, auteur des *Versets sataniques*.

1989 21 mars - 1er Plan quinquennal.

1989 4 juin - Mort de l'ayatollah Khomeyni.

1989 28 juillet - Ali-Akbar Rafsandjani élu président de la République, référendum pour réviser la Constitution.

1989 9 août - Ali Khamene'i élu Guide de la République islamique.

1990 2 août - Invasion du Koweït par l'Irak.

1990 16 août - L'Irak accepte la paix avec l'Iran.

1991 avril - Nouvelle politique économique : le Majles déclare les privatisations conformes à la Constitution.

1991 6 août - Assassinat de Chapour Bakhtiar à Paris.

1991 29 décembre - Fin du différent financier entre l'Iran et les Etats-Unis négocié depuis 1981 à La Haye.

1992 10 avril - Election du quatrième Majles ; seulement 49 religieux élus. Victoire des traditionalistes, déroute des radicaux.

1992 12 décembre - L'Union européenne décide d'avoir avec l'Iran un « dialogue critique ».

1993 - Tentative d'unification du système de taux de change. Dévaluation du rial (1$ = 1400 rials). Crise de la dette externe.

1993 16 mai - Les Etats-Unis définissent leur politique de *dual containment* contre l'Irak et l'Iran.

1993 11 juin - Rafsandjani réélu président avec 63,5 % des voix.

1995 - Bill Clinton décrète l'embargo total contre l'Iran, « pays terroriste ».

1995 18 mai - Contrôle des changes, fin de la libre convertibilité du rial.

1996 8 mars - Elections du cinquième Majles.

1996 mai - Inauguration de la liaison ferroviaire Tejen-Seraks-Meshed reliant le Turkménistan et l'Iran.

1996 3 août - Les Etats-Unis menacent de sanctions les compagnies pétrolières étrangères investissant plus de 40 millions de dollars dans l'industrie pétrolière ou gazière en Iran et en Libye (loi d'Amato-Kennedy).

1997 avril - Victoire écrasante (70 % des voix avec un taux de participation de 80 %) de Mohammad Khatami, candidat « réformateur » aux élections présidentielles.

1997 septembre - Annonce de la signature d'un contrat de 12 milliards de francs par Total pour développer le champ gazier de Pars Sud - Ce contrat va à l'encontre de la loi d'Amato.

1998 - Assassinats de plusieurs intellectuels et personnalités politiques.

1999 février - Large victoire des réformateurs aux élections municipales.

2000 février - Nouvelle victoire écrasante des réformateurs aux élections législatives.

2000 avril - Fermetures de nombreux journaux réformateurs et arrestation de plusieurs journalistes.

2000 juillet - Emeutes étudiantes à Téhéran et Tabriz suite à l'attaque par des forces armées des campus universitaires.

2001 avril - Renouvellement de la loi d'Amato-Kennedy.

2001 avril - Réélection de Mohammad Khatami à la Présidence de la république avec près de 80 % des voix mais un taux de participation en baisse à 67 %.

2001 11 septembre - Attentats de New York - Condamnation de ces actes par Mohammad Khatami.

2001 - octobre-novembre 2001 - Guerre en Afghanistan entre la coalition Etats-Unis, Royaume-Uni, Alliance du Nord et les Talibans et le groupe Al Qaeda.

2001 décembre - Début des exportations de gaz de l'Iran vers la Turquie.

2002 29 janvier - Le président des Etats-Unis déclare lors de son discours sur l'Etat de l'Union que l'Iran fait partie d'un « axe du mal » avec l'Irak et la Corée du Nord.

TABLE DES MATIÈRES

30742 - octobre 2011
Achevé d'imprimer par